T. D. JAKES

NO TIRES

EL MICRÓFONO

L PODER DE TUS PALABRAS
UEDE CAMBIAR EL MUNDO

No tires el micrófono

No tires el micrófono

*El poder de tus palabras puede
cambiar el mundo*

T.D. JAKES
CON EL DR. FRANK THOMAS

New York   Nashville

FaithWords
Hachette Book Group
1290 Avenue of the Americas, New York, NY 10104
www.faithwords.com
twitter.com/faithwords

Primera edición: abril 2021

FaithWords es una división de Hachette Book Group, Inc. El nombre y logotipo de
FaithWords es una marca registrada de Hachette Book Group, Inc.

La editorial no es responsable de los sitios web (o su contenido) que no sean propiedad
de la editorial.

El Hachette Speakers Bureau ofrece una amplia gama de autores para eventos y charlas.
Para más información, vaya a www.hachettespeakersbureau.com o llame al
(866) 376-6591.

A menos que se indique lo contrario, el texto bíblico ha sido tomado de la Santa Biblia,
Nueva Traducción Viviente, © Tyndale House Foundation, 2010. Usada con permiso de
Tyndale House Publishers, Inc., 351 Executive Dr., Carol Stream, IL 60188,
Estados Unidos de América. Todos los derechos reservados.

Las escrituras marcadas como "NVI" son tomadas de la Santa Biblia, NUEVA VERSIÓN
INTERNACIONAL® NVI® © 1999, 2015 por Biblica, Inc.® Usado con permiso de
Biblica, Inc.® Reservados todos los derechos en todo el mundo.

Las escrituras marcadas como "RVR1960" son tomadas de la versión Reina-Valera ©
1960 Sociedades Bíblicas en América Latina; © renovado 1988 Sociedades Bíblicas
Unidas. Utilizado con permiso. Reina-Valera 1960® es una marca registrada de la
American Bible Society, y puede ser usada solamente bajo licencia.

Traducción, edición y corrección en español por LM Editorial Services |
lydia@lmeditorial.com, con la colaboración de Belmonte Traductores

ISBN: 978-1-5460-3605-0 (tapa blanda) | E-ISBN: 978-1-5460-3606-7 (libro electrónico) |
ISBN: 978-1-5491-0881-5 (audiolibro)

Impreso en los Estados Unidos de América / Printed in the United States of America

LSC-C

Printing 1, 2021

No tires el micrófono

Índice

Índice

PARTE 5
La comida en el mensaje

Introducción:
La voz de la esperanza

En el principio la Palabra ya existía. La Palabra estaba con Dios, y la Palabra era Dios...Entonces la Palabra se hizo hombre y vino a vivir entre nosotros. Estaba lleno de amor inagotable y fidelidad.

—Juan 1:1, 14

El libro que estás leyendo ahora no es el primero que imaginé.

De hecho, era un poco reacio a escribir un libro sobre comunicación, porque me considero a mí mismo mucho más practicante que profesor, más predicador que pedagogo, y más personal que profesional en mi enfoque. Con el paso de los años, sin embargo, hombres y mujeres más jóvenes me han pedido muchas veces consejos, consejería y sabiduría sobre cómo comunicar de modo eficaz. Muchas de esas peticiones se referían a la predicación, la cual es sin duda un área de habilidad experiencial, pero a medida que mi ministerio se expandió y nuevas oportunidades me condujeron a la oratoria, a la escritura y a la producción, frecuentemente me pedían consejos sobre comunicación en varios tipos de medios.

Entonces, mi amigo, el Dr. Frank Thomas, a la vez profesor de seminario y pastor, me instó a compartir la sabiduría que he obtenido de mis propias experiencias, junto con mis observaciones y sugerencias prácticas acerca de cómo maximizar el mensaje ante el micrófono. Con su ayuda, que explicaré en el capítulo uno, me emocioné al considerar cómo hago lo que hago y cómo ese conocimiento puede ayudar a otras personas. Pensando en mi concepto general para este libro, fui capturado por la dualidad y la paradoja de lo que significa "tirar el micrófono".

Por una parte, experimentar un momento de tirar el micrófono comunica el potente y resonante impacto que prácticamente todo comunicador desea tener ante su audiencia. Aunque tal vez tú no dejas caer el micrófono literalmente tras hablar en la reunión del consejo municipal, el evento escolar para recaudar fondos, el retiro de la junta directiva o el evento en la iglesia, sin ninguna duda, quieres aprovechar al máximo esas oportunidades cuando te piden que impartas un mensaje. Quieres dejar a los oyentes impresionados e inspirados, informados e intrigados, por lo que tú has compartido.

Por otra parte, tirar el micrófono también puede significar agarrar torpemente esas mismas oportunidades, ya sea por temor, falta de experiencia, poca familiaridad con la audiencia, falta de preparación u otras barreras de las que hablaremos. Este tipo de acción te cuesta más de lo que crees, y da como resultado malentendidos, confusión, ambigüedad y poca confianza en tus propias habilidades para comunicar. Aunque cada vez que hablas tal vez no hace temblar la tierra, no provoca una gran ovación, o no es un momento en el que tiras el micrófono, puede ser una conexión completa de conversación textual entre tu audiencia y tú.

Todo orador crea más distancia entre sí mismo y la audiencia, o bien cierra la brecha y concilia esas diferencias. Es mi deseo ayudarte a sacar el máximo de tu micrófono, cualquiera que pueda ser, y conectar con quienes reciben tu mensaje. A lo largo del camino espero que comprendas el poder sin igual de la comunicación exitosa, incluso a medida que la practicas con más productividad, pasión y potencia. Y déjame asegurarte: ¡yo estaré aprendiendo a tu lado!

Verás, durante los últimos meses, he estado predicando en una iglesia vacía debido a la necesidad de limitar el contacto humano y permanecer en casa para prevenir la perpetuación del virus COVID-19. Al igual que la pandemia global ha tocado y alterado todas las facetas de la vida humana, así también ha requerido que la iglesia una la tecnología con la tenacidad a fin de crear conexiones, facilitar la adoración colectiva mediante incontables pantallas, levantarnos unos a otros en oración, y experimentar sermones dirigidos a empoderar, equipar y aumentar nuestra fe durante estos tiempos de calamidad.

Antes de la pandemia, en The Potter's House a menudo emitíamos servicios en directo y proporcionábamos archivos de video de servicios y sermones anteriores para nuestra congregación global en el internet. En muchos aspectos, sin embargo, nuestras capacidades electrónicas y ofertas en el internet parecían complementarias, si no, periféricas, ante la participación en persona para la floreciente comunidad que estaba involucrada activamente en nuestra iglesia principal y las iglesias hermanas afiliadas. Entonces descendió nuestra consciencia del virus y lo cambió todo. Maximizamos nuestra capacidad técnica para llegar a todos, y de conectar y comunicar como iglesia. Grupos pequeños comenzaron a reunirse vía Zoom para tener sus estudios bíblicos, y las redes sociales se convirtieron en el método de alcanzar a quienes tienen necesidad. De la noche a la mañana, nuestra audiencia en el internet aumentó en un doscientos por ciento.

El coronavirus amplificó el poder del micrófono, y yo no iba a dejarlo caer. Me bombardearon peticiones de entrevistas, me vi abrumado por llamadas personales y mensajes de texto de personas que querían saber mis opiniones sobre cómo funcionar en la pandemia, y me buscaban pastores y líderes de ministerios para obtener consejo sobre cómo dirigir sus servicios y reuniones.

Lo único que nos sostenía eran nuestras palabras. No teníamos vacuna ni planes de distribución para las vacunas. Nadie sabía qué hacer, dónde ir o exactamente qué creer. Un reportero me entrevistó desde una estación conservadora muy conocida y me preguntó cómo oraba yo por nuestra nación. Otro periodista de un medio de noticias liberal hablaba conmigo sobre la pandemia y me preguntó si podía orar por nuestra nación y por el mundo ahí mismo.

Al sentir la responsabilidad de usar mi plataforma para combatir el contagio, invité a los doctores, científicos, expertos médicos y al director general de salud pública en nuestro estado a dirigirse a mis espectadores en línea con información crítica sobre cómo impedir la extensión del virus y cómo proceder en caso de haber estado bajo exposición o de estar experimentando síntomas. También pedí a psicólogos, consejeros y terapeutas que nos aconsejaran sobre cómo mantener nuestra salud mental al mantener a raya la depresión, la ansiedad, el temor y la ira. También participaron consejeros económicos y *coaches* de empleo.

Las palabras eran nuestras armas más poderosas al intentar educarnos a nosotros mismos y unos a otros sobre los detalles científicos de este virus sin precedente. Las palabras se convirtieron en nuestras cuerdas salvavidas contra la soledad y el aislamiento mientras soportábamos la separación de nuestros seres queridos, compañeros de trabajo, miembros de nuestra comunidad y familia de la iglesia.

Esta crisis dejó a nuestra nación más separada que nunca. No podíamos salir de casa, darnos la mano o abrazar a seres queridos y amigos. Trabajando desde casa, tuvimos que aprender a dirigirnos a una audiencia en línea mientras nuestros hijos lloraban porque querían más cereales, el gato atacaba el sofá, y el timbre de la puerta sonaba porque había llegado nuestro pedido de la compra.

Como muchos otros, yo estuve metido en casa, pero más ocupado que nunca. Aunque no viajaba como de costumbre, me comuniqué con más personas de más lugares del mundo que nunca antes. Uní mi voz a la de otros líderes de fe con la esperanza de aplacar la angustia y la agonía que todos sentíamos, sabiendo que nuestra mayor ofrenda era simplemente la esperanza en sí. The Potter's House hizo lo que pudo para suplir de forma segura las necesidades de nuestros miembros, de nuestros vecinos y de nuestra comunidad ministerial global.

Ayudamos a alimentar a los hambrientos, proveyendo más de tres mil comidas a trabajadores del hospital del tercer turno que a menudo se encontraban cerradas las tiendas de alimentación y los restaurantes de comida para llevar cuando salían del trabajo. Esto parecía tan importante como difundir información veraz sobre el virus, así como orar por las necesidades espirituales de las almas individuales. Cuando Jesús estaba predicando y la gente tuvo hambre, Él alimentó a los cinco mil antes de intentar impartir su enseñanza. Siguiendo su ejemplo, intentamos liderar usando el poder de nuestro micrófono global, apoyando el ecosistema y manteniendo la conexión.

Entrando en el internet para conectar con personas de todo el mundo vestido con mi pantalón de pijama y una camiseta, ofrecía las palabras de sabiduría, de ánimo y de esperanza que podía. Hablé con Neil Caputo en Fox News, Gayle King en *CBS This Morning*, mis amigos de *Good Morning America,* TBN, con conservadores y liberales sin discriminar a nadie. Me bombardearon pastores que llamaban de Nigeria, del Reino Unido, de Australia y de todo el mundo, todos queriendo aprender y compartir mejores prácticas sobre cómo servir en medio de un fenómeno sin precedente en nuestra vida.

Al margen de las distintas demografías a las que servimos, compartíamos un enemigo común y enfrentábamos una crisis común. Necesitábamos la sinergia de las distintas culturas, ideologías y prácticas para encontrar una cura sostenible para asegurar nuestra supervivencia individual y colectiva. En todo lugar imaginable, seguí hablando, enseñando, compartiendo y disipando mitos que nos estaban matando. No dudé y fui uno de los primeros pastores en hablar en contra de mantener la iglesia abierta durante la pandemia. Sin importar las consecuencias, no quería que nuestras reuniones se convirtieran en una placa de Petri para el coronavirus.

Cada día hablaba con pastores que ahora viven con respiradores o sufriendo los síntomas del virus, porque siguieron operando como siempre hasta que fue demasiado tarde. Estadísticamente hablando, los afroamericanos conforman casi la mitad de todas las víctimas de coronavirus en nuestro país. La comunidad latina también ha sido muy afectada.

Más razón aún para comunicar la verdad. No podíamos permitirnos adoptar los mitos culturales sobre beber agua caliente o mantener la respiración. Teníamos que difundir lo que se sabía médicamente y científicamente. Yo soy la persona menos calificada para hablar sobre el virus. No soy médico, científico, líder político ni autoridad sanitaria, ¡pero mi gente confía en mí! Ellos saben que nunca comprometeré la verdad. Ellos saben que estoy totalmente comprometido con su salud y bienestar, al margen de que estemos de acuerdo o no en todos los asuntos sociales, políticos o teológicos.

Cuando la pandemia nos apresó a todos, yo tenía más de once mil personas registradas para asistir a mi conferencia anual de liderazgo, pero no me lo pensé dos veces a la hora de cancelarla. Yo nunca usaría mi plataforma para perpetuar cualquier cosa que pueda poner en riesgo la salud y el bienestar de otros. Usar tu poder de comunicación para dirigirte a personas dentro de tu red de relaciones significa saber cuándo decir no y cuándo decir sí.

Aunque parecía que nos estábamos hundiendo en el *Titanic*,

juntamos nuestros recursos para mantener a flote nuestras comunidades. Con familiares batallando contra el virus y amigos íntimos muriendo, muchos pastores seguimos predicando frente a bancas vacías para ofrecer palabras de esperanza y poder espiritual a quienes servimos. Desde fundadores de megaiglesias hasta pastores en localidades de edificios, todos colaboramos en cómo ser relevantes a la hora de atender las necesidades de sus congregantes y el mundo en general.

¿Por qué? Porque las palabras de un líder nunca son tan importantes como en medio de una crisis. Los oficiales locales pidieron a los consejeros de nuestra iglesia que hablaran con los servicios de emergencia por teléfono. En medio de todo esto, no dejamos de hacer ninguna reunión, de hecho, ¡añadí más reuniones online! Sé lo importante que es tener una voz calmada que diga: "Estoy en esto con ustedes. ¡No están solos!". Adoramos juntos para recordarnos que Dios sigue estando con nosotros, en medio nuestro, obrando en nosotros y a través de nosotros.

Incluso los que hemos sido bendecidos con recursos, sueldos y relaciones hemos experimentado el trauma de las pérdidas colectivas, acumuladas y extensas que se produjeron a nuestro alrededor. Existen muy pocas personas de color en América que no sepan de algún modo quién ha muerto por el virus. Vimos cuerpos apilados en habitaciones de hoteles, camiones grandes y cámaras de frío industriales. Vimos a líderes de gobiernos contradecirse unos a otros o competir por los recursos como si estuviéramos compitiendo por un puesto en las Olimpiadas en vez de luchar por mantenernos con vida día a día. Hicimos todo lo imaginable por impedirnos a nosotros mismos y también a otros caer en el pánico, pero los efectos secundarios emocionales, los efectos del trauma y el trastorno por estrés postraumático durarán para siempre.

En medio de toda la incertidumbre, el temor, la ansiedad, la ira, la muerte y el dolor, nuestras palabras siguen dándonos vida. Nos dan fuerza y valor, fe y esperanza. Nuestras palabras importan ahora más que nunca. La comunicación es tan vital para la existencia humana como el aire, el agua, el alimento y el techo. Usando el poder del lenguaje escrito y hablado, podemos expresar nuestro amor, defender nuestros derechos, seguir nuestros estudios, persuadir a algún oponente, derrotar a un adversario y entretener a millones de lectores y oidores. Gracias a las redes sociales y la metodología en el internet, podemos conectarnos con millones de personas en todo el mundo.

Mientras podamos hablar, podemos tener esperanza.

La comunicación convierte las ideas en palabras y las palabras en acciones. Desde el momento en que el niño aprende a asociar el confort del abrazo de su mamá con llorar con angustia, los seres humanos aprenden a comunicarse. Escuchar sonidos repetidos forma patrones. Los patrones se convierten en lenguajes incluso al retener dialectos distintos y coloridos.

No es ninguna coincidencia que el regalo sagrado del Hijo de Dios esté expresado como la "Palabra se hizo hombre" (Juan 1:14), porque las palabras de verdad siempre tienen el poder de salvarnos y liberarnos. Hacemos una ofrenda sagrada cuando estamos dispuestos a decir la verdad. Recibimos un regalo sagrado cuando estamos dispuestos a escuchar.

A veces, la mejor manera de derrotar a un enemigo invisible

es con un arma invisible. La pandemia del coronavirus y todo lo que deja tras su estela nos recuerda que el lenguaje es seguramente uno de nuestros mejores recursos. Nuestras palabras forman la mayor defensa y proveen la herramienta más eficaz. Nos equipan, empoderan, entretienen e iluminan.

No, este no es el libro que primero imaginé.

Más bien, es mi oración que sea más relevante, más poderoso y más útil para ti cuando aceptes el micrófono en la plataforma que te ha sido entregada.

Tu voz es necesaria.

¡No tires el micrófono!

CAPÍTULO I

El regalo de las palabras

Primero aprende el significado de lo que dices, y después habla.

—Epicteto

Nuestras palabras vibran con el poder de la posibilidad. Del mismo modo que los circuitos canalizan el chisporroteo de las corrientes eléctricas, las palabras forman mensajes, ya sean escritos o hablados, que han cambiado el curso de la historia innumerables veces. Sentí por primera vez las chispas de la carga que podían tener cuando era un niño, apiñado con mi familia en torno a nuestro televisor. Nuestra pequeña casa era la última a la izquierda al final de una calle sin salida, ahora asfaltada, pero antes era un camino de tierra, en Charleston, Virginia Occidental. Aún puedo ver el andrajoso sofá en el que todos nos metíamos para mirar un armatoste lleno de tubos en el fondo y una pantalla delante hecha de un cristal tan grueso como las lentes bifocales de mi abuela.

Era el comienzo de los años sesenta, y nuestro país estaba

fracturado por la guerra de Vietnam, la era de Woodstock y el crecimiento del movimiento por los derechos civiles. Millie Mays estaba jugando al béisbol y las Supremes eran tan populares como lo es hoy Beyoncé. Lucy comía más dulces de los que podía pasar por la cadena de montaje de la fábrica, la tía Bee horneaba pasteles en Mayberry, ¡y Lassie era el perro que todos los niños querían!

Sin embrago, una noche destaca por encima de todas las demás. En las noticias de las seis, veíamos a un hombre joven vestido con traje negro embelesando a una gran multitud de oyentes entonces llamados gente de color. Pronto supimos que era un predicador bautista llamado Dr. Martin Luther King, y nunca en mi joven vida había oído a un orador con una voz tan melodiosa pronunciar tonos con la cadencia de una canción.

Aunque su discurso era cautivador, recuerdo distraerme por una revelación incluso más impresionante: mi papá estaba sentado con nosotros y viendo al Dr. King. Con ojos cansados y cubiertos con espesos párpados, mi papá miraba con mucha intensidad, y su admiración por el hombre que había en la pequeña pantalla era inconfundible. En raras ocasiones mi papá se sentaba y miraba televisión con el resto de la familia. Estaba demasiado ocupado trabajando para poder pagar las facturas de la luz y poder disfrutar de la frivolidad de la programación televisiva. Pero al ver al Dr. King con el resto de la familia, mi papá nunca había parecido estar tan absorto en algo, que yo pudiera recordar.

El controvertido mensaje del Dr. King de resistencia no violenta a la injusticia de los tiempos era tan asombroso para mí como lo era para mi papá. Con un fondo de perros ladrando y mangueras de incendios arrojando un aluvión de odio, en una atmósfera de violencia desbocada dirigida a personas inocentes que se limitaban a ejercer sus derechos de la Primera Enmienda, el Dr. King estaba de pie firme sin armas, sin tanques, nada salvo la apasionada locución que vigorizaba a su audiencia con el sonido de su voz y un mensaje de esperanza.

No importaba lo que le hicieran sus adversarios, ¡él se limitaba a seguir hablando! Su valor era extraordinario. Su cadencia era legendaria. Fue entonces cuando me di cuenta por primera vez del poder de un hombre con un micrófono. No estoy seguro de cómo cuantificar el nivel de la impresión que me produjo de niño. ¿Sería su mensaje lo que me conmovió? ¿O tal vez fue la mirada extasiada de mi papá? Sea cual fuese la atracción, aquella noche me dejó algo inolvidable: *¡Un hombre con un micrófono podía cambiar el mundo!*

El poder de la vida y de la muerte

El ejemplo del Dr. King ilustra el poder de la comunicación para conseguir lo que las guerras, las armas y las redes de hechicería no pueden lograr. Él prendió una consciencia en mí, junto a millones más de personas, de que lo que decimos puede desviar la devastación y unir a quienes están dispuestos a escuchar con entendimiento. El Dr. King ilustró y amplificó la verdad eterna que yo había aprendido en la escuela dominical: que la lengua tiene poder sobre la vida y la muerte (Proverbios 18:21).

Esta sabiduría sigue siendo tan actual como siempre. Ahora más que nunca, el poder de la comunicación dirige tanto nuestra atención pública como nuestras interacciones personales. En pocas palabras, mientras más afilado está nuestro conjunto de habilidades de comunicación, más exitosos somos prácticamente en cada esfuerzo.

¿Quién entre nosotros puede decir honestamente que su vida, sus amores e incluso su sustento no se beneficiarán de haber desarrollado y mantenido mejores habilidades de comunicación? Ya sea que se usen para resolver conflictos en una relación personal tempestuosa con alguien a quien amamos, o que estemos haciendo una entrevista para un cambio de carrera que podría afectar nuestro nivel de vida, de trabajo y de ocio, tenemos muchas más posibilidades de éxito si podemos comunicar con eficacia.

Al embarcarme en la tarea de compartir sobre la importancia de hablar y el poderoso don de la comunicación que se nos ha dado, espero que mi humilde oferta te resulte beneficiosa en diversos entornos. Aunque me he convertido en un estudiante de por vida y profesional de las comunicaciones, no escribo este libro con una actitud de arrogancia o superioridad. Más bien, mi intención es mejorar nuestro respeto por el arte del discurso y mejorar nuestra elocuencia como predicadores, presentadores, políticos, intérpretes, poetas y emprendedores.

Al compartir el viaje siempre en evolución de mi propio desarrollo lingüístico, espero que mis obstáculos puedan desviar la dirección de tu propio discurso, otorgándote un entendimiento más claro de lo que conlleva compartir el lenguaje para comunicar el significado. Al ser yo mismo un comunicador, entiendo su importancia dentro de la experiencia humana, la importancia que tiene en nuestras relaciones, en nuestro equilibrio emocional y en nuestras expresiones creativas, así como su importancia vital como unas lentes fuera de nosotros mismos para mirar otros estilos de vida, culturas, comunidades y empresas.

Sería un vandalismo contra la historia si perdiéramos los grandes discursos y documentos fundacionales que han desarrollado, definido y profundizado la condición humana. Grandes hombres y mujeres han abierto sus bocas y han cambiado el mundo. Escritores han agarrado sus plumas sin saber nunca de los incontables lectores a los que sus misivas inspirarían, instruirían y entretendrían, más allá de sus destinatarios planeados.

Tú y yo hacemos uso hoy en día de este mismo poder.

El método del mensaje

Aunque la tecnología nos da la capacidad de conversar con personas de todo el mundo a toda velocidad y con una precisión impecable, no es la fuente de poder de nuestra comunicación. Ahora bien, intentaré evitar la propensión que se exhibe a menudo entre mi generación a quejarse del desarrollo de la tecnología, en parte porque es esta misma innovación la que me permite escribir estas palabras de una forma cohesiva y extensa ¡de la forma más eficiente y eficaz posible! Tú y yo tenemos acceso al corrector de palabras, corrección gramatical, al llenado automático y otras ventajas lingüísticas que nuestros lingüistas de siglos pasados nunca podrían haber imaginado, sin mencionar los métodos como el correo electrónico, los mensajes de texto, tuits y otras redes sociales.

Es muy interesante que ahora vivimos en una era en la que

voces informatizadas nos guían con apuntes siempre que llamamos al servicio de ayuda al cliente de las grandes empresas. Otras compañías emplean especialistas en diagnósticos técnicos internacionales para abordar preguntas y preocupaciones domésticas, lo cual podemos notar por la voz con acento que responde a nuestras preguntas.

Aparatos de escucha como Siri y Alexa, además de activación por audio de autoescritura, graban nuestros patrones de discurso y fraseo repetido para reprogramarse en torno a nuestros patrones. Palabras clave en Instagram han reemplazado sitios de blog, y la conveniencia de los tuits ha reemplazado las charlas sinceras sobre prácticamente todos los temas. A menudo me pregunto si nuestros recuerdos han encogido, ¡a medida que nuestros teléfonos se han vuelto más inteligentes que sus compradores!

Antes de que te burles de la idea de que la inteligencia artificial le robe al cerebro su trabajo de siempre, permíteme preguntarte: ¿cuántos números de teléfono recuerdas? ¿Cuántos poemas, versículos bíblicos y estadísticas deportivas puedes recitar? Antes de que tuviéramos grandes capacidades cibernéticas, confiábamos en nuestra memoria, en los discursos emotivos y las conversaciones que dirigían nuestra nación, resolvían nuestros conflictos, unían a nuestras familias y educaban a nuestros hijos. En su mayor parte, los mensajes y los tuits han sustituido gran parte de la naturaleza personal de la comunicación. Las mentes tanteando para encontrar las palabras correctas ¡han sido reemplazadas por nuestros dedos buscando el botón correcto!

Aunque el internet y la tecnología de interconexión de lenguaje nos han proporcionado una manera de realizar reuniones sin tener que viajar, informar a otros sin invadir su espacio personal, o celebrar hitos familiares sin viajar ni un kilómetro, también han dañado la forma de escribirnos. Cuando los límites de tiempo, espacio en pantalla y cantidad de caracteres dictan nuestras directrices, perdemos algo más que elocuencia en los detalles. Las declaraciones ingeniosas se vuelven arcaicas a medida que los estilos personales de expresarnos al máximo grado se han vuelto menos importantes en los modos de comunicación culturales.

Estoy seguro de que entiendes que la comunicación invita a todos los sentidos, desde el ojo humano hasta el oído que escucha. La comunicación auténtica, no obstante, no es solo audio, sino que también es audiovisual, si no, multisensorial. La comunicación para nosotros como humanos es una mezcla interesante de señales subliminales y también sonidos audibles. Una pausa, una ceja alzada, el atisbo de una sonrisa… expresan tanto como nuestra dicción, tono y estilo de pronunciación.

La comunicación eficaz permite que nuestro lenguaje corporal e inflexión de voz se unan con nuestra lingüística. La conexión de todos estos modos crea una experiencia de expresión sinfónica que aumenta hasta ser un concierto más elaborado de impresiones sensoriales recibidas por nuestros oyentes. Mirando atrás, he meditado muchas veces en cómo el Dr. King dominaba esta fusión de orador y discurso, lenguaje y oyente, método y mensaje. Sospecho que todos los grandes comunicadores que han causado una impresión parecida en ti reflejan este mismo resplandor retórico.

La tecnología ha aumentado el tamaño de nuestra audiencia potencial, pero ¿hemos comprometido la intimidad sobreentendida de leer entre líneas? ¿De sentir un mensaje en lo más hondo de nuestros huesos antes de que nuestra mente tenga tiempo de procesarlo? Como una inundación que anega las planicies, nuestra comunicación en línea puede cubrir más área de superficie, pero carece de la profundidad para crear una corriente. Sin disminuir los beneficios de la tecnología, debemos considerar cómo maximizar la calidad de nuestra comunicación, cómo retener los ritmos retóricos y la lingüística lírica que penetran en nuestros corazones y nuestras mentes, no solo en nuestros ojos y oídos.

La comunicación exitosa exige un intercambio de entendimiento que transciende las sílabas que oímos o las frases que vemos. La comunicación exitosa exige dominar el arte de la traducción.

Perdido en la traducción

La comunicación, por muy elocuente o efusiva que pueda ser, es incompleta si no se ha logrado el entendimiento. Conectar con el receptor de tu mensaje es un elemento esencial de una comunicación exitosa, porque ser entendido es el objetivo supremo. Se pueden intercambiar palabras en un lenguaje común, pero si no se entienden tanto los métodos como las maneras, el mensaje está, por lo general, incompleto.

El entendimiento funciona como el pegamento para una comunicación eficaz. Ser entendido y entender a otros requiere una consideración compartida de contexto, motivo, intención y cultura. El entendimiento conduce a un espacio compartido donde emergen valores comunes, junto con metas de un beneficio mutuo. Tu semillero emocional florece en un entorno donde eres entendido. Tu fortaleza económica mejora; tu valor para el equipo se acumula cuando eres capaz de entender a otros y de ser entendido; y tu capacidad para liderar crece proporcionalmente.

Si la meta de la comunicación es el entendimiento, entonces conlleva compartir algo más que el mismo alfabeto, lenguaje y vocabulario establecidos. Los que hablan el mismo idioma deben aun así traducir los mensajes intercambiados dentro de un contexto cultural y de familiaridad. Vemos esto en los periodos históricos, en la jerga generacional y en las figuras retóricas regionales.

Por ejemplo, tengo un amigo del sur rural que a menudo expresa su sospecha o duda sobre algo diciendo: "¡Algo en esa leche no está limpio!". Las primeras veces que oía su coloquialismo, me reía por la llana sabiduría de esta memorable metáfora. Esa frase tenía una frescura que captaba mi atención y evocaba una imagen concreta. Con el tiempo, la expresión comenzó a penetrar en mis pensamientos, estableciendo residencia en mi cabeza, hasta que…¿sabes qué? ¡yo también empecé a decirla! Aunque no decidí adoptarla intencionalmente, ¡de modo subconsciente me dejé influir por la forma de hablar de otra persona!

¿No es así como todos aprendemos a comunicarnos cuando, siendo niños, nos apropiamos del lenguaje de nuestros padres? De simples palabras y nombres del vocabulario a frases y pensamientos completos, formulamos nuestros mensajes memorizando construcciones alfabéticas y lingüísticas. La mera repetición establece el fundamento más básico de comunicación hasta que dominamos otros aspectos del lenguaje y la expresión. Aunque usar las mismas letras y el mismo lenguaje es esencial al principio, a menudo pasamos por alto las idiosincrasias de nuestra lengua materna. Raras veces consideramos que algo que nos sale de forma tan natural como el hablar se podría mejorar o verse amenazado dependiendo de lo que hagamos con lo que se nos ha dado.

Hablar es algo que sentimos y se nos hace natural, sin embargo, solo porque nuestro primer idioma, en mi caso el inglés, no se habla meramente porque se estudia. Lo asimilamos porque nuestros padres o familiares lo modelaron en su forma de hablarnos. No solo su jerga o su vocabulario, sino también su intensidad de tono, implementación de humor o el tono general comunicado consistentemente en nuestro hogar y entorno desde edad temprana. Como espejos de mano, reflejamos lo que tenemos más cerca o dónde hemos estado y a quién hemos escuchado, sin tan siquiera ser conscientes de que están programando nuestra manera de hablar mediante los filtros de nuestras experiencias sensoriales y neurológicas.

Míralo de este modo: si una familia china me hubiera llevado a casa al salir del hospital, yo habría crecido hablando mandarín. Habría adoptado el tono y el ritmo que es propio de la atmósfera y la cultura de mi infancia. Si una familia de París me hubiera llevado al otro lado del Océano Atlántico al nacer, probablemente hablaría francés, ¡y pediría regularmente cruasanes! Por lo tanto, el idioma al que fuimos expuestos por primera vez puede convertirse a menudo en nuestro medio principal de comunicación, complementado con un acento, una forma de hablar cortada o una pronunciación lenta propia del sur.

Como la forma de hablar es reflectante y reflexiva, cuando tú hablas me estás diciendo algo más que las frases que construyes.

Estoy reuniendo información de lo que dices y también de lo que me sugiere tu forma de decirlo. Este tipo de interpretación a menudo se etiqueta como una impresión, como cuando quieres dejar una buena impresión en un posible jefe, en una cita atractiva o en un nuevo vecino. Muchas veces, ¡tal vez no nos damos cuenta de lo mucho que expresamos además de lo que realmente decimos!

Mensaje recibido

¿Dónde aprendimos estas matizadas formas de comunicarnos? Esas primeras exposiciones que tuvimos son como códigos postales en el sentido de que identifican ubicaciones generales, como dónde estamos en la vida, estatus social, fraseo generacional, coloquialismos culturales, sentido del humor e inteligencia. Las primeras imágenes y sonidos pueden dejarnos enunciando frases con una frescura británica o con la forma de hablar mascullada y trepidante de un gánster callejero. Ambos hablan el mismo idioma, pero pueden transmitir mensajes muy diferentes, ¡incluso utilizando las mismas palabras!

Somos influenciados, y a menudo valorados, por categorizaciones tempranas y suposiciones en ocasiones permanentes basadas en el tono y la textura de nuestra forma de hablar. Sé que no es justo, y sé que no es una valoración completamente precisa. ¡Tan solo estoy reconociendo que la gente lo hace constantemente! ¿No deberíamos conocer el mensaje completo que estamos enviando?

Viendo entonces que nuestras asociaciones, experiencias y

exposiciones pueden transformarse en un estilo particular tan diferente como lo es el *hip hop* de la música *country*, debemos dominar todas las facetas posibles de nuestra comunicación, tanto para ser entendidos como para entender a otros. Mediante esas primeras influencias adoptamos dialectos, moldeamos nuestro acento, aumentamos el uso de ciertos coloquialismos y establecimos eufemismos. Una mayor consciencia del lenguaje que hablamos, al igual que del cómo y el porqué decimos lo que decimos del modo en que lo decimos, es nuestro primer paso hacia una comunicación más eficaz.

Tú no eres simplemente el resultado de lo que dices. Tú eres el resultado de a quién escuchas con mayor frecuencia, con quién estás constantemente, ¡y con quiénes pasas el tiempo socialmente hablando! ¿A quién escuchas? ¿Y te has dado cuenta alguna vez de que simplemente el hecho de escucharlos y dialogar constantemente con ellos te está programando incluso cuando ya no estás con esas personas?

Sentarnos a escuchar a los que comunican como nosotros quisiéramos hacerlo, muchas veces puede mejorar nuestro estilo de hablar. Este refinamiento finalmente puede mejorar nuestra base económica, teniendo como resultado invitaciones a nuevas oportunidades, y mejorar el número y la calidad de nuestras relaciones. Así como los perros oyen silbidos agudos imperceptibles para el oído humano, nuestro estilo de comunicación atraerá a algunos y será ignorado por otros. ¡Razón de más para que nos oigan aquellos cuyo éxito deseamos emular!

Permíteme preguntarte de nuevo: ¿A *quién* estás escuchando?

Y más importante, ¿quién te está escuchando *a ti*?

Poder en la presencia

Mi mamá decía sabiamente que nadie conoce cuán inteligente o ignorante eres hasta que abres tu boca. En cuanto empezamos a hablar, aprendemos más de lo que dicen las palabras. Escuchamos la dicción, la articulación y los acentos. Obtenemos más entendimiento de la intensidad y la altura del tono, todo uniéndose para expresar más de lo que las meras palabras podrían comunicar. ¡Las emociones se cuelan en nuestro tono como pasa la arena por un reloj de arena!

Los intérpretes hábiles aprenden a dominar estos matices. Uno de mis actores favoritos siempre ha sido Denzel Washington. Como todos los maestros icónicos del oficio, él puede comunicar en una escena sin palabra alguna. Sus expresiones faciales pueden contar todo un arco de historia en cuestión de momentos, expresando más con una mirada, un gesto o una mueca de lo que podría hacer cualquier palabra del guion. Hay una escena en *El invitado* en la que el personaje de Denzel se está muriendo, y él controla todo el evento sin decir ni una sola palabra. Es fascinante y bastante intensa, y cuando tiene que hablar, este ganador del premio de la Academia usa tanto el poder de lo que dice como el modo en el que expresa las frases para comunicar la esencia del personaje que está interpretando.

A menudo llamamos a esta cualidad "presencia", esa fuerza intangible que Denzel, junto a muchos otros comunicadores expertos, posee y ejerce de forma tan juiciosa. Yo mantengo que la presencia, o como queramos llamarlo, emerge siempre que nuestro mensaje y nuestros métodos se unen para reforzarse el uno al otro. De hecho, es prácticamente imposible confirmar cómo se siente una persona con lo que se ha dicho sin oír su voz y leer su lenguaje corporal. Esta es la razón por la que los mensajes de texto, emails, cartas y transcripciones pueden dar lugar a malentendidos o malas interpretaciones con mayor frecuencia que cuando se hace de forma personal.

¿Quién querría a un abogado que no pudiera mantener el tipo delante del escrutinio de un jurado perplejo y pronunciar apasionadamente un alegato final persuasivo? ¿O cómo vence una representante de ventas la reticencia de un posible cliente si no tiene la capacidad de usar la pompa del lenguaje para cerrar un trato? ¿Qué harían los maestros sin la capacidad de parafrasear, de replantear y reorganizar las palabras necesarias para que sus estudiantes absorban conceptos nuevos?

Todos, desde la política hasta los púlpitos, desde los padres hasta el panelista, confían en el auténtico arte de la comunicación para forzar decisiones transformadoras cada día. El uso del lenguaje ha transformado a desconocidos en amantes, impulsando el vehículo que los transporta hasta el altar de un santuario sagrado para compartir los votos que formalizan su unión en santo matrimonio. La elocuencia del lenguaje se usó para disuadir a captores de rehenes y asaltantes en potencia de prender la violencia del genocidio en Ruanda y las atrocidades del *apartheid* en Sudáfrica. Discursos poderosos abolieron el antes aceptado apuro social de las leyes sureñas de Jim Crow, persuadiendo a la Corte Suprema para que limpiara nuestro país del espantoso pecado de la esclavitud.

Hemos conseguido hitos en la historia humana porque alguien en algún lugar apreció el poder del micrófono, no las balas de una AK47, la intimidación de un tanque del ejército o de perros ladrando junto a un policía nervioso. Los consejeros han usado el lenguaje para evitar suicidios hablando con quienes estaban desesperados para alejarlos del precipicio, mientras que una madre se comunica para calmar la histeria de su bebé y conseguir que se duerma y descanse. Las cuerdas vocales, junto con la lengua y los dientes, han sido tan poderosos como cualquier arma que conozcamos. La Biblia nos dice que incluso Dios "tuvo a bien salvar, mediante la locura de la predicación, a los que creen" (1 Corintios 1:21, NVI).

Sin duda, ¡el habla es una herramienta poderosa!

Habla desde el alma

A lo largo de los años, se me ha conocido más por mi comunicación como predicador y orador público. Además de predicar y hablar en público, sin embargo, también he aprendido a adaptar mis métodos y modalidades de comunicación a través de las películas que he producido, el trabajo televisivo que he realizado, y los muchos libros que he escrito. Al margen del medio que sea, mi estilo de comunicación es una mezcla de todos los hombres y las mujeres que me han precedido en el pequeño mundo en el que crecí. Nació de forma instintiva, influenciado al escuchar muchos modelos.

Mi estilo procede del alma porque mucho de lo que comunico

es alguna forma de ministerio. Mi conversación y el estilo que tengo de exponerlo comenzaron fuera del campamento del entrenamiento académico y más allá de las puertas de cualquier seminario. En su lugar, he confiado en el espíritu y el corazón, el viento y la intensidad, la compasión y la conversación, todo ello sazonado con una fusión apasionada y a menudo poética de abolengo, herencia y el poder de un oído que escucha y un corazón sincero.

Sin embargo, siempre he apreciado la perspectiva académica (teológica, hermenéutica y lingüística) mostrada por muchos otros predicadores y líderes ministeriales. Lo cual me lleva de nuevo a mi amigo el Dr. Frank Thomas y el catalizador para este libro. El Dr. Thomas y yo nos conocimos hace algunos años en una conferencia ministerial anual cuando él se presentó y comenzamos a charlar sobre las presentaciones de cada uno de nosotros. De inmediato me impresionaron sus credenciales y también su forma sólida y práctica de discutir los aspectos más académicos de la predicación. Como renombrado erudito que trabaja actualmente como director del programa de licenciatura en Predicación Afroamericana y Retórica Sagrada en el Christian Theological Seminary en Indianápolis, Indiana, el Dr. Thomas también enseña homilética allí y ha publicado frecuentemente sobre sus descubrimientos.

Enseguida descubrí que su equilibrado enfoque se derivaba de ser pastor por muchos años además de su educación y experiencia como profesor de seminario. Basado en mi experiencia, los mejores maestros también son practicantes en sus áreas de experiencia, y tal es el caso del Dr. Thomas. A medida que nos fuimos conociendo más, nos dimos cuenta de lo mucho que teníamos en común a pesar de los caminos tan distintos que habíamos tomado al responder al llamado del ministerio. Él no solo disfrutó mi predicación durante los años, sino que también comenzó a darme perspectiva y análisis que me dejaron impactado y provocaron un sentido de humildad en mí. Al escuchar a Frank explicar algunos de los sermones por los que soy más conocido, sentí que estaba escuchando un comentario en el descanso de un partido hecho por un locutor deportivo veterano que repasa lo más destacado de sus partidos favoritos.

Además de intrigado, también me sentí intimidado y confesé que nunca había considerado la forma en que hice lo que hago de las maneras que él las había descrito. El Dr. Thomas después me animó a escribir un libro en el que hice precisamente eso: compartí la sabiduría que he obtenido sobre la comunicación y la analicé de maneras que serían útiles para otros. Él subrayó la necesidad de crear un legado lingüístico para futuras generaciones que estudien la predicación y mi lugar en el canon histórico de los predicadores de color.

Yo sonreí por las elevadas aspiraciones que él deseaba encender en mí, y le expliqué que nunca podría escribir un libro así. Francamente, ¡la idea misma era a la vez intimidatoria e intrusiva! Tal escrutinio en mi estilo de comunicación me parecía una violación del proceso personal e íntimo de creación, una autopsia granular de lo que comienza en el nacimiento abstracto de una idea. Era como pedirle a tu abuela que te pase esa receta de cocina que se ha convertido en parte de quién es ella, la cual consiste en una realización instintiva de una pizca de esto y un poquito de aquello.

"¡Razón de más para pedirle la receta mientras puedas!", respondió el Dr. Thomas. Mientras más me resistía, más persistía él, hasta que finalmente le dije que estaba dispuesto a considerar el trabajo con una condición: que él participara de forma activa compartiendo algunas ideas analíticas alcanzadas por su formación académica. Sabía que mis intentos de explorar las facetas del proceso de comunicación serían limitados sin la perspectiva única provista por las varias lentes que podría aportar el Dr. Thomas. Intrigado por el reto creativo, él y yo seguimos teniendo conversaciones sobre el poder de la comunicación en nuestra cultura.

¡El resultado es este libro que estás leyendo ahora! Como verás, a menudo incluyo ideas del Dr. Thomas en mi exploración expositiva de elocuencia, extraídas tanto de su vasto conocimiento histórico como de su propia experiencia como comunicador talentoso. De hecho, me impresionó tanto su resumen de mi predicación dentro de una perspectiva histórica y teológica más extensa, que le pedí que escribiera sus propios capítulos, los cuales están recogidos en la Parte 5: "La comida en el mensaje". En ellos, el Dr. Thomas adopta nuestra metáfora culinaria y la desarrolla con un brillo que confío que te resultará tan delicioso y nutritivo ¡como una comida de domingo!

Tanto mi meta como la de él no es promover mi forma de comunicar como la única o la mejor. Meramente esperamos desafiarte a considerar las fuerzas y los factores que moldean tu propio estilo de comunicación incluso mientras adaptas, ajustas y aspiras a nuevas formas de autoexpresión. Al compartir las maneras en las que a menudo transformo mis ideas en palabras para compartirlas con varias audiencias, espero que puedas aprender de lo que me funciona a mí y también de los errores que he cometido durante el camino.

A veces aprendemos más cuando nuestra comunicación es un fracaso total. De hecho, ¡he oído a algunos eruditos sugerir que yo rompo cada regla que ellos enseñan sobre cómo predicar! Mientras que me disculpo de antemano por esas reglas rotas, lo hago sin avergonzarme, porque lo que hago me funciona a mí. Así que descubramos ahora lo que funciona mejor en tu caso, aunque tengamos que romper algunas reglas durante el camino. Aprendamos el alfabeto sobreentendido que está dentro de ti, ¡en espera de soltar el lenguaje de tu alma!

Aunque esto sea lo único, espero encender tu pasión por el lenguaje, elevar su significado más allá de las reglas formalizadas de la corrección gramatical hasta el lujoso colorido de los momentos triviales, e inspirarte a usar todas las tonalidades y sombras disponibles mientras despliegas los pinceles de tu expresión. El lenguaje es un regalo, y es hora de que lo abras del todo y maximices su potencial para influenciar tu vida.

Muchos han sido los portadores del ataúd de sus sueños simplemente porque no entendieron que mejorar sus habilidades de comunicación podría ser el conducto para alcanzar esos sueños. La habilidad de hablar puede servir para ayudar a personas, servir a los privados de derechos, aumentar las ventas, alcanzar a las masas, cesar guerras y lograr incontables avances, simplemente dirigiendo y canalizando la fuerza constructiva y creativa del lenguaje.

Mientras más versados nos volvemos en usar todos los recursos disponibles para comunicar nuestro mensaje, mayor es nuestro impacto. Desde amantes a fiscales, desde emprendedores a artistas, y desde los que escriben blogs a miembros de consejos directivos, todos queremos comunicar de forma más eficaz, íntima y eficiente. Ya sea que estés haciendo una entrevista para un nuevo puesto, proponiendo un nuevo plan de negocio, haciendo una audición para una actuación, entregando un reporte para tu comité, enseñando en la escuela dominical o compartiendo tu corazón con un ser querido, ¡este libro es para ti!

Vamos a comenzar, ¿te parece?

CAPÍTULO 2

Admite el factor temor

Lo que la mente no entiende, lo adora o lo teme.

—Alice Walker

La primera vez que prediqué, o al menos la primera vez que recuerdo estar tras el púlpito de una pequeña iglesia rural en Virginia Occidental, yo era un joven con más energía que elocuencia, más ambición que experiencia. Nunca olvidaré la sensación de que las piernas se me iban a doblar y colapsar como el archivador de fuelle que mi mamá usaba para acumular cupones. Tenía la boca tan seca como un desierto, y mi corazón parecía un ancla que se hunde en las profundidades de una ansiosa incertidumbre. Las mariposas en el estómago pasaron a ser abejas agitadas que zumbaban en mi mente como un enjambre de pensamientos enfrentados. Me había preparado, había ensayado, orado, había pedido a otros que oraran, y había ensayado un poco más.

Dudo que hubiera más de cien personas observándome ese domingo, pero bien podría haber estado hablando a multitudes en un estadio en aquella primera ocasión crucial. Crucial, y no necesariamente para los asistentes, aunque espero que recibieran algún nutriente espiritual de mi exposición de la Palabra de Dios ese día, pero crucial porque superé mis temores. Rehusé dejar que los nervios gobernaran mi retórica y mis dudas sabotearan mi sermón. Estoy seguro de que tartamudeé, me atasqué, pausé y perdí mi lugar en el bosquejo mental que había memorizado tan diligentemente y las notas que había escrito con tanto cuidado.

Pero como David al matar a Goliat, puse mis palabras en la honda de la fe e hice lo que sentí que Dios me estaba llamando a hacer. Di voz a expresiones e ideas mayores que yo mismo y mi entendimiento del mundo. Estuvo muy lejos de ser perfecto, pero fue una pequeña victoria que ha tenido consecuencias enormes en mi vida. Desde entonces, he predicado en iglesias delante de miles de personas, he hablado en escenarios delante de dignatarios mundiales y he orado con presidentes, pero ninguna de esas ocasiones se habría producido si nunca me hubiera subido a ese púlpito cuando era un joven decidido a compartir lo que tenía que decir.

El temor nunca debe ser el obstáculo que bloquee tu desarrollo, crecimiento y madurez como comunicador. El temor a fallar, el temor a tener éxito, el temor a lo que pensarán los demás, el temor a lo que opinará tu mamá, el temor a quedar mal, el temor a ser malentendido, criticado o sacado de contexto; como en cualquier área del crecimiento personal, el temor es probable que sea parte de la ecuación. Cuando se trata de comunicar, sin embargo, el temor es solo una variable entre muchas otras, no la limitación que te impida que te oigan los que te rodean.

Admitir tu temor es el primer paso para enfrentarlo, y enfrentarlo para vencerlo.

El sonido de tu voz

A menudo me sorprende que la gente sitúa el hablar en público cerca de las principales cosas de su lista de peores temores. Conocido con la palabra clínica *glosofobia*, el temor a hablar en público aterra a algunas personas más que la muerte, el divorcio, el cáncer, el desempleo, las arañas, ¡y las serpientes! Ahora bien, todas esas cosas ciertamente me dan miedo, en especial las dos últimas, pero permitir que alguno de mis temores me impida hacer aquello para lo que he sido creado tal vez es el mayor de mis temores.

No es que ya no me ponga nervioso, ansioso o incluso temeroso, antes de subirme a la plataforma o estar en el púlpito. No es que no pueda entender el estrés de querer que otras personas entiendan las ideas en niveles que parecen tan claras en mi mente pero que tantas veces se enredan cuando intento entretejer mis palabras. Mi asombro se debe a que la gente que rehúsa enfrentar su temor a comunicar delante de multitudes, reuniones empresariales o congregaciones pierde más de lo que gana al evitar tales oportunidades. En la comunicación, el antiguo adagio que dice "El que no arriesga no gana" se convierte en "El que no arriesga pierde algo".

Porque cuando dejamos que otros hablen por nosotros, cuando nos alejamos del micrófono que las circunstancias nos ha puesto delante, entonces renunciamos al poder y posponemos nuestros sueños. Finalmente, yo no puedo hablar por ti y tu experiencia, por mucho que podamos tener en común o las veces que hayamos compartido momentos importantes. Piensa en cuántas personas a menudo experimentan el mismo evento en el mismo lugar a la misma vez y se van con interpretaciones, entendimientos y experiencias distintas.

Solo tienes que pensar en ciertas historias familiares de tu infancia para darte cuenta de cuán diferente vio cada familiar el incidente en el momento en que ocurrió y cómo lo interpretaron desde entonces. Lo que uno de tus hermanos recuerda como un agradable incidente en el que se bromeaban unos a otros, quizá para ti fue un evento traumático que cambió tu relación para convertirla en una de un temeroso antagonismo. Lo mismo sucede con los padres y los hijos. Siempre me sorprende cuando uno de mis hijos o hijas recuerda un evento familiar de formas radicalmente distintas a cómo yo lo recuerdo.

Los psicólogos y neurólogos nos dicen que no solo experimentamos los mismos eventos de formas distintas unos de otros, sino que nuestros recuerdos también dan color a esos eventos con tonos y sombras únicos, tanto de manera positiva como negativa. Nuestra personalidad, temperamento, otras experiencias y circunstancias crean puntos de vista individuales tan peculiares como nuestras huellas dactilares. Aunque no hay nada nuevo bajo el sol, ¡hay maneras infinitas de filtrar su luz a través de las lentes de tu perspectiva única!

Mi punto es que, si no estás dispuesto a hacer frente a cualquier temor o aprensión que puedas tener acerca de hablar en público, entonces sales perdiendo y también pierden quienes te rodean. Tal vez tú tienes el aporte crítico que inspira a tu equipo a innovar nuevas soluciones para viejos problemas. Quizá eres el maestro capaz de dirigirse a los estudiantes con variantes de su propio lenguaje, revelando la relevancia de información que otros no fueron capaces de impartir. Podrías ser el siguiente cómico que se levante para llevar risas a millones de personas. O el siguiente mediador que facilite la paz entre accionistas enfrentados, o el siguiente líder que une comunidades para fomentar el cambio.

Pero si no estás dispuesto a arriesgarte a permitir que otros oigan el sonido de tu voz, entonces nada de todo eso será posible. Si tienes un sueño, si te sientes llamado, si te inspira perseguir tu mejor vida, entonces debes estar dispuesto a hablar. Debes estar dispuesto a comunicar antes de poder esperar desarrollar todo tu potencial. Las excusas siempre surgirán como hierba en las grietas de las aceras, pero no debes permitir nunca que te impidan avanzar ni dejar que se oiga tu voz.

Obstáculos gigantes

Mientras reúnes valor y encuentras tu voz, consuélate al saber que el temor a hablar en público no es nada nuevo. De hecho, vemos varios ejemplos destacados de oradores inexpertos y reticentes en la Biblia, entre ellos Moisés, Gedeón y Ester. Cuando medito en los distintos líderes que Dios escogió llamar y ungir para servir a su pueblo, me asombra el hecho de que nunca optó por la elección más obvia, al menos desde el punto de vista humano.

Tan solo consideremos el escenario cuando Dios envió a su profeta Samuel a ungir al sucesor de Saúl como el siguiente rey de Israel. Samuel fue enviado a un pequeño pueblo rural llamado Belén, importante como lugar de nacimiento no solo de este rey sino del Rey de reyes. Una vez en Belén, Samuel siguió la guía del

Señor hasta la casa de Isaí, donde el profeta comenzó a ver hijo por hijo solo para que Dios le indicara que ese no era el hombre escogido: "No te dejes impresionar por su apariencia ni por su estatura, pues yo lo he rechazado. La gente se fija en las apariencias, pero yo me fijo en el corazón" (1 Samuel 16:7, NVI).

Al quedarse sin candidatos, Samuel le preguntó a Isaí si había alguien más en su casa y descubrió que el hijo menor, David, un mero adolescente, estaba fuera cuidando de las ovejas. Ciertamente, ¡él no podía ser el que Dios escogiera como el siguiente rey! Sin embargo, así fue, él era sin duda la elección de Dios, un líder legendario que fue descrito más adelante como un hombre conforme a su propio corazón (1 Samuel 13:14; Hechos 13:22).

Mientras David esperó y maduró hasta llegar a su posición de autoridad real, obtuvo mucha experiencia en hablar en público. Ciertamente era un poeta y letrista con talento, algo que conocemos por la amplia evidencia de los muchos salmos que compuso. Pero escribir poemas en una colina mientras las ovejas pastan en verdes prados no es lo mismo que encontrar las palabras correctas en el fragor del momento, cuando esas palabras tienen el potencial de ser muy importantes.

Vemos al joven David en este tipo de situaciones no mucho después de que Samuel lo hubiera ungido, muy probablemente. Mientras Israel se defendía de la invasión filistea, la mayoría de los jóvenes con buenas condiciones físicas eran alistados al ejército del rey, incluidos tres de los hermanos mayores de David: Eliab, Abinadab y Sama (1 Samuel 17:13). Aunque fue dejado en casa para ayudar con las tareas y cuidar de las ovejas de su padre, David finalmente llegó a ver a la línea del frente de batalla cuando su padre lo envió allí para llevar comida y suministros a sus hermanos (1 Samuel 17:17-19).

A su llegada, David descubrió un enorme obstáculo que se alzaba imponente sobre los soldados hebreos: un guerrero gigante llamado Goliat. Los ejércitos enfrentados habían llegado a un empate, cada posición a un lado de la colina y separados por un valle que había entre ellos. Bloqueando el avance de los israelitas para defender sus fronteras, Goliat se deleitaba en su papel como un saqueador despiadado y tenía ya una reputación incluso antes de crear este punto muerto. Los detalles específicos de este adversario explican por qué Saúl y sus hombres "se consternaron y tuvieron mucho miedo" (1 Samuel 17:11, NVI) y "huían despavoridos" (1 Samuel 17:24, NVI).

Goliat medía casi tres metros de altura, ¡y solamente su armadura pesaba unos 75 kilos! No solo parecía un gruñón y mercenario militante, sino que a este gigante le encantaba usar la plataforma que tantos bravucones crean para sí mismos, usando el micrófono que su tamaño y las victorias militares le habían dado para burlarse de sus rivales (1 Samuel 17:4-10). El filisteo estaba tan confiado en su inmenso poder en la batalla, que se ofreció para sintetizar toda la guerra en una lucha hombre a hombre entre él mismo y cualquiera de los hombres de Saúl que estuviera dispuesto a enfrentarse a él, y donde el vencedor lo ganaba todo. Por si acaso, Goliat añadió: "¡Yo desafío hoy al ejército de Israel! ¡Elijan a un hombre que pelee conmigo!". Este punto muerto continuó por cuarenta días, con el gigante gritando su burla cada mañana y cada tarde.

Al margen de los siglos que nos separan en el tiempo, las mofas del gigante son notablemente similares a las de los troles y los *haters* de nuestras redes sociales en la actualidad. Los bravucones siempre presumirán, alardearán y menospreciarán a los que se les oponen o desafían su poder, su posición o su pasión. En nuestro mundo virtual de conectividad inmediata y extendida, cualquiera puede tener una voz, lo cual por desgracia incluye a quienes usan su comunicación para intimidar. Ignorarlos es a veces la mejor parte de la sabiduría, pero hay ocasiones en las que no se puede evitar en modo alguno confrontar a alguien que se postula como Goliat, ya sea en línea o en persona. Especialmente si está aterrando a quienes no se pueden defender o hablan ofensivamente de algo que para ti es sagrado.

¡Precisamente la razón por la que David se enojó tanto! Oía a Goliat mofarse del Dios de Israel, cuyos soldados rehusaron ni siquiera intentar enfrentarse en batalla contra el gigante. A pesar de su juventud, inexperiencia y falta de equipamiento adecuado para la batalla, David sabía que tenía que hablar y actuar en fe aceptando el desafío del filisteo. Algunas ocasiones demandan que hablemos y expresemos la verdad no diluida de una injusticia que se ha revelado o que ha dejado al descubierto la atroz ofensa perpetrada por quienes están en autoridad.

Y, bueno, los gigantes siguen existiendo hoy.

Tienen nombres como Prejuicio, Racismo, Brutalidad, Desigualdad y Opresión.

Tiempo de hablar

Recientemente hemos experimentado un trauma atroz que necesitaba no solo una, sino millones de voces juntas unidas en un coro de rabia, dolor e ira reprimida que habían estado supurando durante muchas generaciones. Cuando George Perry Floyd Jr. fue asesinado de forma trágica y sin sentido por un oficial de policía de Minneapolis ante innumerables testigos, millones más llegaron al colmo de su silencio. Ya no podían llorar a solas o de enojo encerrados en su cuarto. Ya no podían sencillamente alejarse o limitar su ira a un mensaje de texto aislado o un email para otros que se sentían igual.

No, el 25 de mayo de 2020, el reconocimiento de la otra pandemia que aflige nuestra nación llegó a su nivel crítico de consciencia pública. Quedó en evidencia la clara brutalidad y la autoridad arrogante que había detrás del cruel asesinato que se produjo delante de nuestros propios ojos cuando la rodilla del oficial de policía trasmitía todo su peso al cuello de un hombre indefenso que estaba tumbado en el suelo. Por más de ocho minutos, el insoportable peso fue ejercido sobre la columna de George Floyd, impidiendo el paso del aire a los pulmones mientras él gritaba con voz ronca: "¡No puedo respirar!".

Hay mucho que decir (libros y más libros después que yo me haya ido) sobre la intersección de problemas y la colisión de variables políticas, sociales, raciales y culturales en esa escena. Con lágrimas en mis ojos mientras escribo estas palabras, limitaré mi enfoque a la absoluta necesidad de vencer el temor al silencio para vocalizar la rabia no mitigada de tales asaltos. Aunque muchos, muchos otros, entre los que se encuentran Breonna Taylor, Erica Garner, Michael Brown, Freddie Gray, Tamir Rice y Atatiana Jefferson, solo por nombrar algunos, han muerto innecesariamente en encuentros fatales con los que supuestamente se dedicaban a servir y proteger y cobraban un sueldo por ello, la muerte de George Floyd abrió un aluvión de voces que protestaban por el innegable asalto y el racismo sistémico de nuestra sociedad.

Millones de personas se levantaron para hablar, para escribir un tuit, para enviar mensajes, para mandar un correo electrónico, para llorar, gritar y demandar reforma, reconocimiento y restitución. Marcharon juntos, lloraron juntos, se consolaron unos a otros, y demandaron que otros escucharan su mensaje: que las vidas negras importan tanto como las de cualquier otro ser humano. En medio de una pandemia viral incontrolada y global, personas se arriesgaron a juntarse en un coro de valentía en lugar de sufrir en silencio o mirar hacia otro lado para no ver el horror.

Y debo decir que fue la diversidad de gente que vi marchando, hablando y portando carteles lo que encendió la chispa de la esperanza en mi alma. Sí, estaba orgulloso de mi comunidad y de nuestra disposición a protestar con el mismo poder apasionado y pacífico de la marcha del Dr. King desde Selma a Montgomery en 1965. Y no esperaría menos de mi gente que ha sufrido, soportado y perseverado durante generaciones de esclavitud, salvajismo y segregación para alcanzar las mismas libertades humanas básicas que tiene cada ciudadano en estos Estados Unidos de América.

Lo que me dio aliento en las protestas que observé tras la muerte de George Floyd fue el número de hombres, mujeres y niños caucásicos que vi marchando en fila india al lado de vecinos, amigos, familiares y extraños, mostrando su rechazo a ser incluidos en el pasivo privilegio de su linaje. Mostraron que estaban con nosotros y que no se quedarían callados, indiferentes o despegados de este patrón atroz de injusticia, violencia y brutalidad que está rasgando el tejido de nuestra nación.

Muchas de estas personas, tanto negras como blancas, obviamente vencieron cualquier temor e inquietud que acechaban en su interior porque ya no podían soportar más el abuso de poder y las muertes sin sentido que hay en el exterior. Las personas que sufren siempre han encontrado un modo de comunicarse, desde las Lamentaciones y los Salmos de lamento que vemos en la Escritura, hasta las canciones góspel cantadas por esclavos para liberar su espíritu a pesar de la cautividad de sus cuerpos. Esta forma de comunicación es esencial para la supervivencia humana. Incluso en medio de una profunda desesperanza, como la que experimentaron los cautivos durante el Holocausto, las personas se han atrevido a grabar palabras de esperanza en tarimas o garabatear oraciones en restos de chatarra. La supervivencia humana confía en nuestra disposición a comunicar, especialmente ante el trauma.

Se nos dice en el libro de Eclesiastés que todo tiene su tiempo y que el tiempo lo es todo, incluyendo un tiempo de hablar y un tiempo de guardar silencio (Eclesiastés 3:7). Sin duda, hay veces en las que aprendemos que nuestra mejor contribución a una conversación es estar callados, pero nunca debemos permitir que el temor amordace la verdad cuando sabemos que debemos hablar. Incluso cuando sientas que no tienes un micrófono ni ningún tipo de plataforma desde la que otros puedan oír el sonido de tu voz, aún así, debes hablar, sabiendo que habrá oposición e intentos de silenciarte.

La horma perfecta

David ciertamente enfrentó oposición incluso cuando decidió con valentía hacer lo que nadie más, el rey incluido, estuvo dispuesto a hacer: enfrentarse al gigante en una confrontación a vida o muerte. No es sorprendente pero sí decepcionante, sin embargo, que el valiente pastor no recibiera ni un poco de apoyo de sus hermanos, sus camaradas y su rey. Su propio hermano aparentemente malinterpretó la motivación de David viéndola como puro ego, en lugar de convicción de defender su fe. Eliab básicamente acusó a David de ser igual que Goliat, jactancioso y arrogante: "Yo te conozco. Eres un atrevido y mal intencionado. ¡Seguro que has venido para ver la batalla!" (1 Samuel 17:28, NVI).

Cuando usas tu voz para hablar, siempre habrá otros que malinterpretan tus motivos. Los comunicadores con convicción siempre harán que algunas personas, especialmente los que justifican su propio silencio e inacción, se incomoden y se enojen. Estos desalentadores destructivos o bien carecen del valor necesario para hablar en el micrófono que tienen delante, o tienen miedo a las consecuencias de otros iguales a ellos que esperan abalanzarse y pulverizar su mensaje. Cuando sabes que estás haciendo lo que Dios te impulsa a hacer, cuando conoces la verdad de lo que te motiva, entonces no debes dejar que los desalentadores te disuadan.

Tampoco deberías dejarte intimidar por los aspirantes a instructores, esas personas que, ya sea con buenas intenciones o celosamente escépticos, te dicen no solo qué decir sino ¡cómo decirlo! Cuando David le dijo al rey Saúl: "No se preocupe por este filisteo... ¡Yo iré a pelear contra él!" (1 Samuel 17:32), el rey inmediatamente lo menospreció: "—¡No seas ridículo! —respondió Saúl—. ¡No hay forma de que tú puedas pelear contra ese filisteo y ganarle! Eres tan solo un muchacho, y él ha sido un hombre de guerra desde su juventud" (1 Samuel 17:33).

David, sin embargo, no dejó de comunicar tanto con palabras como con acciones su valentía propulsada por su fe. Le explicó a Saúl que había matado leones y osos para proteger a sus ovejas, y creía que Dios le ayudaría a matar a Goliat con la misma facilidad. No era el tipo de experiencia que el rey ni ningún otro esperaba, pero en la mente de David, sus victorias pasadas exigieron el mismo nivel de valor, determinación y destreza.

Con resignación ante lo que había percibido como ingenua determinación del joven, el rey Saúl intentó entonces equipar a David con su propia armadura y espada real. No solo le ofreció al joven su espada, su casco y su armadura, sino que Saúl también vistió a David con su propia túnica (1 Samuel 17:32). Tal acción por parte del rey fue a la vez atrevida y degradante.

Tal vez su ofrecimiento fue por lástima o para aliviar la cobardía que le susurraba en su propia conciencia. Muchas veces, cuando hablas y muestras liderazgo ante la adversidad, otros intentarán convencerte para que uses sus propias plataformas y micrófonos. Sus motivos, en definitiva, no se pueden discernir, pero a menudo son una mezcla de culpa por su propia cobardía, admiración por tu valor, y obligación de hacer un gesto para los ojos de los demás colegas que lo están viendo. Aunque deberías sopesar los beneficios de aceptar el micrófono que otro te presta, también deberías no tener miedo de rechazar educadamente su ofrecimiento.

Saúl hizo un gesto sorprendente, ya que los reyes no ofrecen su espada y su armadura personal a cualquiera, y para crédito de David, él intentó ponerse los elementos reales. Pero entonces, el joven pastor hizo algo casi tan valiente como enfrentarse a Goliat. David rechazó el ofrecimiento del rey: "No puedo andar con todo esto —le dijo a Saúl—; no estoy entrenado para ello" (1 Samuel 17:39, NVI). ¡Esa no era la respuesta políticamente correcta y socialmente conveniente que darle al rey!

No obstante, David sabía que no era el momento de pensar en la etiqueta social y la corrección política, porque la amenaza que suponía Goliat acechaba sobre todos ellos. Un obstáculo tan peligroso eclipsaba cualquier herida sentimental o ruptura de protocolo real que Saúl pudiera sufrir.

Cuando tienes un mensaje de Dios que entregar, tal vez te exija arriesgarte a pisar algunos callos, que renuncies a lo que otros ofrecen, que los decepciones, y posiblemente que hieras sus sentimientos y pierdas su apoyo. Seguro que no quieres apresurarte y dejar un daño colateral tras la estela de tu comunicación innecesariamente, pero al mismo tiempo no debes dejar que el temor a lo que otros puedan pensar ahogue tu voz o censure tu mensaje.

Al igual que David, ¡usa lo que conoces y lanza tu mensaje!

Y deja que tus palabras caigan donde caigan.

Sin fingimiento

Tras rechazar la armadura y la espada de Saúl, David tomó su vara de pastor y su honda y se acercó al arroyo que había cerca para buscar cinco piedras planas (1 Samuel 17:40). Usó aquello con lo que se sentía cómodo en lugar de las cosas incómodas que no le quedaban bien y que el rey le había ofrecido. David era un pastor de un pequeño pueblo rural que no tenía entrenamiento militar ni experiencia en la batalla. Aunque a otros les daría demasiada vergüenza usar unas armas tan rudimentarias, especialmente cuando podía haber usado las mejores armas que había, David sabía que tenía que confiar en sus fortalezas, en las experiencias del pasado que tenía, y en las herramientas familiares con las que se sentía cómodo.

En lugar de adoptar la pose como Goliat o el rey, David se presentó sin nadie más ante el micrófono. Si quieres vencer tu temor a hablar delante de otros, si quieres conseguir experiencia para desarrollarte como comunicador, entonces *comienza donde estás. Y ¡sé quién tú eres!* Sé fiel a quien tú eres, de dónde vienes y lo que sabes. No intentes ser otra persona. No intentes usar palabras de ocho sílabas ¡solo para impresionar! No te comportes como si supieras por lo que ha pasado tu audiencia si no es así.

Sé tú mismo y sé auténtico.

No puedo decirte cuántas veces he escuchado a jóvenes predicadores dar un sermón que les quedaba como un traje barato ¡dos tallas más pequeño! ¿Por qué? Porque intentaban predicar como yo, o como Joel Osteen o Jesse Jackson o Billy Graham o el pastor que fue su mentor. Una de las lecciones más difíciles de aprender a la hora de vencer tus temores, la vergüenza y la ansiedad es encontrar tu propio canal, tu propio carril y tu propia voz. Por supuesto, mostrarás ciertos rasgos y cualidades de los hombres y las mujeres que te han influenciado a ti y tu mensaje, ¡pero hay una gran diferencia entre implementación e imitación! No intentes imitar a otro, pero sí implementa aspectos de lo que admiras, aprecias y adoras de ellos.

Cuando llegó el momento para David de pasar al micrófono y dar su mensaje, habló la verdad antes de continuar y derrotar al gigante. Saber que puedes respaldar tus palabras con acciones es crucial si quieres ser oído, respetado y valorado como líder. Como tú y yo sabemos muy bien, muchas personas dicen lo que creen que otros quieren oír sin la capacidad de ir más allá y transformar sus palabras en acciones. La tentación es grande, ya sea liderando una familia, una clase, un grupo pequeño en la iglesia, tu equipo en el trabajo, una reunión del consejo directivo o una oficina del gobierno.

Cuando pasó al micrófono, David también tuvo que lidiar con las grandes burlas de su oponente. Al ver la vara de pastor en la mano de su joven oponente, Goliat se mofó, diciendo: "¿Soy acaso un perro para que vengas a atacarme con palos?" (1 Samuel 17:43, NVI). El gigante no se detuvo ahí: "Y maldiciendo a David en nombre de sus dioses, añadió: —¡Ven acá, que les voy a echar tu carne a las aves del cielo y a las fieras del campo!" (1 Samuel 17:44, NVI).

Si Goliat esperaba recibir el mismo tipo de insultos y amenazas por parte de David, entonces me pregunto cómo recibió su respuesta, la cual revela una perspectiva radicalmente distinta a la trivial amenaza del gigante:

> David le contestó: —Tú vienes contra mí con espada, lanza y jabalina, pero yo vengo a ti en el nombre del Señor Todopoderoso, el Dios de los ejércitos de Israel,

a quien has desafiado. Hoy mismo el Señor te entregará en mis manos; y yo te mataré y te cortaré la cabeza. Hoy mismo echaré los cadáveres del ejército filisteo a las aves del cielo y a las fieras del campo, y todo el mundo sabrá que hay un Dios en Israel. Todos los que están aquí reconocerán que el Señor salva sin necesidad de espada ni de lanza. La batalla es del Señor, y él los entregará a ustedes en nuestras manos (1 Samuel 17:45-47, NVI).

Antes de que David derrotara a Goliat con su honda, dijo lo que nadie más se había atrevido a decir. Reformuló la situación para expresar algo mayor y más importante que un guerrero que aterraba a soldados o incluso que una batalla decidiera el destino de Israel. Decir que David redujo la confrontación a bueno contra malo simplifica en exceso las capas culturales y espirituales inherentes en su punto de vista. A ojos de David, el gigante filisteo representaba algo más que meramente un fanfarrón arrogante o un adversario invicto en batalla, ya que Goliat había desafiado todo lo que David tenía como lo más sagrado: su fe, sus creencias y el poder de Dios. A la luz de todo lo que había en juego, David dio su mensaje describiendo lo que estaba a punto de hacer y por qué lo hacía.

Después lo hizo: ¡con una piedra, derribó al gigante!

Habla para acallar tus temores

Es mi oración que nunca tengas que enfrentarte a un gigante de tres metros que bloquea tu camino, pero si ocurre, espero que no permitas que tu temor te impida dar el mensaje que solo tú puedes dar. La mayoría de los gigantes que nos encontramos solo parecen ser más grandes por el estrés de la situación y nuestro punto de vista limitado. Permitimos que nuestra imaginación se quede en los peores escenarios posibles e intentamos adivinar lo que otros pensarán de lo que sabemos que tenemos que decir.

Por consiguiente, nuestros temores y ansiedades amplifican e inflan las maneras en que vemos y oímos a esas personas y posiciones que se nos oponen. Al fijarnos en nuestros temores, elaboramos posibles obstáculos en nuestro camino y aumentamos subjetivamente el tamaño de las posibles barreras. Sin embargo, el temor nunca es insuperable. Tal vez siempre nos sentiremos un tanto nerviosos o emocionados antes de hablar delante de un grupo, pero no tenemos que ser prisioneros del temor. Por lo tanto, veamos cuatro tipos distintos de reacciones temerosas que podríamos experimentar a la hora de hablar y cómo vencerlas.

La primera es simplemente las respuestas físicas y fisiológicas que produce el cuerpo bajo coacción. Cuando te ves ante una situación de amenaza, ¡tu sistema nervioso autonómico no puede diferenciar entre un merodeador, una pitón y un podio! Mentalmente, conoces la diferencia y el nivel de posible peligro que cada una de esas cosas supone, pero tu cuerpo entra en modo alerta roja y se prepara para huir, luchar o paralizarse. Tu presión sanguínea aumenta, tu ritmo cardiaco se acelera, y tu respiración es rápida y superficial. A un nivel extremo, sufres un ataque de pánico que incapacita tu capacidad de operar. En una escala más moderada, quizá te sientes débil, experimentas un ligero mareo, se te seca la boca y sientes un nudo en la garganta.

Vencer tu reacción fisiológica al temor a hablar exige que aprietes el botón de pausa en la respuesta natural de tu cuerpo y cuentes con un hábito físico, práctica o rutina que te ayude a relajarte. Podría ser algo tan simple como cerrar los ojos y respirar hondo mientras cuentas hasta diez. Puede ser dar un sorbito de agua y enfocarte en la sensación del líquido fresco que pasa por tu garganta y llega a tu cuerpo. La visualización es a menudo eficaz para calmar tanto tu cuerpo como tu mente, y algunas personas se imaginan una escena tranquila de belleza natural y serenidad como el océano, la cima de una montaña o la orilla de un lago.

Muchas personas, yo entre ellas, oramos en silencio unos momentos antes de decir las primeras palabras ante el micrófono. La clave es descubrir una práctica que ayude a tu cuerpo a salir del modo estrés y entrar en un estado de enfoque más relajado. Esta práctica se convierte entonces en una estrategia para manejar este tipo de ansiedad temerosa cada vez que hablamos, lo cual suele disminuir a medida que adquirimos experiencia.

Los aspectos mentales y fisiológicos del temor también se deben tratar antes de pasar al micrófono. Evaluar y expresar tus miedos a menudo ayuda a paliarlos. Reconocer que tienes miedo de quedar en vergüenza delante de tus compañeros de trabajo puede ayudarte a evitar que te pase precisamente eso. Reconocer que tomas consciencia de ti mismo y te vuelves crítico contigo mismo tal vez revela la necesidad de recordar o recitar afirmaciones, respuestas particularmente positivas de otros en el pasado, y también verdades alentadoras sobre tus habilidades.

Muchas personas se sienten avergonzadas por la posibilidad de hablar en público debido a ocasiones pasadas en las que no lo hicieron bien o sintieron vergüenza por errores que cometieron. Aunque no hay una fórmula mágica para dispersar tu vergüenza por actuaciones pasadas, se puede tratar y disminuir. Identifica qué elementos de incidentes pasados te hicieron sentir esa vergüenza y después encuentra tácticas para evitar que vuelvan a ocurrir. Controla el entorno todo lo que puedas asegurándote de tener un lugar donde poner tus notas, que la parte técnica de tu presentación funcione, y que tengas agua cerca.

Estas variables mentales pueden estar íntimamente entretejidas con la dimensión emocional de tus temores. Aunque muchos oradores obviamente tienen miedo a flaquear cuando reciben el micrófono, también pueden tener miedo a tener éxito tanto o más. La preparación, la investigación y el ensayo pueden ayudar a vencer un temor al fracaso, ¡pero deslumbrar a tu audiencia puede ser tan abrumador como decepcionarlos! Porque cuando llegas a ellos con contenido significativo expresado de una manera atractiva, creas expectativas: esencialmente tu marca.

Esto es algo bueno, claro está, pero también puede añadir presión y generar estrés. Este miedo a sostener el éxito es algo que la mayoría de las personas en entornos creativos experimentan a menudo. Los artistas son solo tan buenos como lo último que hicieron; los cantantes, tan exitosos como su última canción; los escritores, tan demandados como su último éxito de ventas; y los oradores, tan buscados como su último evento donde se llenó el aforo. La clave para lidiar con el temor al éxito es mantenerte fiel a quién eras la primera vez que hablaste. Recuerda: ¡David no tuvo reparos en usar una honda para matar a un gigante!

Finalmente, tal vez descubras que tus temores también incluyen una dimensión espiritual, especialmente si estás ministrando, predicando, enseñando la Biblia y queriendo inspirar y alentar a tu audiencia. Quizá te preocupe no tener nada nuevo o que valga la pena para ofrecer. Quizá temas si tu mensaje marcará la diferencia o, aún peor, que inadvertidamente tenga un impacto negativo de alguna manera. Estas son preocupaciones válidas, pero te retaría a regresar a lo que te inspira, te eleva y te ministra. ¿Qué has aprendido que vale la pena transmitir a otros? ¿Cómo has visto a Dios obrar en tu vida recientemente?

Cree que Dios es el único que te ha puesto ante esa oportunidad, y confía en que Él te proveerá su mensaje. Cuando miras a tu alrededor y te preguntas por qué nadie más está viendo el elefante en la sala, especialmente si se llama Goliat, ¡no esperes a que otro hable! Como David le dijo a su adversario, la batalla es del Señor. Lo mismo es cierto para nosotros hoy. Tienes lo necesario para vencer tus temores y dejar que se oiga tu voz.

Tu momento ha llegado, ¡así que habla!

CAPÍTULO 3

Predica, pero no *prediques*

He llegado a creer una y otra vez que lo que es más impor-
tante para mí lo debo declarar, verbalizar y compartir,
incluso corriendo el riesgo de que lo dicho sea maltratado o
malentendido.

—Audre Lorde

Ya sea una presentación para tu equipo en el trabajo, un discurso para aceptar un premio por servicio a la comunidad, un monólogo para una noche de micrófono abierto o tu siguiente sermón, cómo construyas tu mensaje determina su impacto. En la jerga de los pastores, tu congregación espera que prediques, así que quieres superar sus expectativas y predicar con poder, pasión y propósito como ningún otro. Ellos quieren que tu exposición incluya algo, siendo ese "algo" todo lo que hay dentro de ti para comunicar. Necesitan que tú seas su voz incluso aunque seas el mensajero divino para la voz transcendente del amor. Predicar se convierte en una plataforma para reconocer las profundidades del sufrimiento personal de todos en la sala, así como para ofrecer ideas, perspectiva, ánimo e inspiración para ir más allá del dolor y reclamar el poder personal.

Es importante notar, sin embargo, que la palabra *predicar* a veces tiene una connotación peyorativa. En este uso, predicar es algo directo, prescriptivo, a menudo autoritario y frecuentemente santurrón. La gente dice: "¡No me prediques!" o "¡Guarda tu predicación para el púlpito!". Hacen referencia a ocasiones en que han experimentado la predicación como un monólogo, no un diálogo, como una forma de arrollar a otros con ciertas creencias que se deben aceptar.

Sin embargo, este tipo de predicación raras veces funciona bien. A ninguno nos gusta que nos martilleen con el duro sermón de alguien ¡que tiene los humos subidos! Este tipo de predicación no está limitada al púlpito, sino que se encuentra también en el salón de clase, en la sala de juntas y en el recorrido en campaña. Supone una barrera en lugar de un puente entre el orador y los oyentes, una frontera que necesita refuerzo en lugar de ser reevaluada.

Al haber experimentado desde la niñez estar ante una gran variedad de distintos predicadores y maestros, rápidamente me di cuenta de que los que intentaban elevarse por encima de sus audiencias creaban una barrera que lo único que hacía era interponerse en la eficacia de su mensaje. Eran los maestros que se deleitaban humillando la ignorancia de sus estudiantes en el salón de clase en lugar de prender su curiosidad por el aprendizaje. Eran los predicadores que escupían fuego y azufre desde sus púlpitos y que no veían cuán cicatrizadas y quemadas estaban las personas de su congregación por las circunstancias de la vida.

La clave para predicar como un artista y no como un

antagonista comienza con tu actitud. Como ya hemos apuntado y exploraremos en otros capítulos, identificar a tu audiencia y conectar con ella es esencial. Incluso cuando tú y los que reciben tu comunicación no tienen nada en común salvo su humanidad y un mismo idioma, y a veces ni siquiera eso, lo cual significa que necesitas un buen traductor, tienes que construir desde ahí. Considera lo que tienes que ofrecer a los que reciben tu mensaje y después constrúyelo para maximizar el impacto.

Si quieres predicar en el mejor sentido y no en el peor, entonces debes alinear tu actitud con tu arquitectura.

Excavación antes de exclamación

Así como un plano ayuda a un constructor a darle vida a la visión del arquitecto, un bosquejo o repaso estructural de tu mensaje te aporta algo visual para navegar por su contenido. Aunque no quieras leer un guion ni tampoco olvidarte por completo del bosquejo y simplemente lanzarlo, verás que tener un plano abre el terreno intermedio entre esos extremos. Los bosquejos te mantienen afirmado, enfocado y centrado en los puntos principales de tu comunicación. Te dan un esqueleto, un andamio y una estructura para sostener las ideas, los ejemplos y las anécdotas de tu mensaje.

Uso el término "bosquejo" a falta de uno mejor, pero me doy cuenta de que un bosquejo a menudo evoca distintas cosas para cada uno. Algunos nos quejamos interiormente cuando oímos o vemos la palabra porque nos lleva de regreso a la clase de español, a las tareas y situaciones del pasado o a las oportunidades de hablar en público, en las que nos exigían un bosquejo y era parte de nuestra valoración. Nos sentíamos obligados a elaborar un orden artificial con un número de puntos prescrito y subpuntos de apoyo basados en la fórmula predeterminada de otra persona.

Aunque usar la fórmula de otra persona para bosquejar tu mensaje a veces puede ayudarte a comenzar, raras veces te permite el espacio que necesitas. En otras palabras, usa las fórmulas de otros para los bosquejos como punto de partida, pero no como recipientes limitantes. Esto te permite descubrir un sistema de bosquejo que te funcione bien. Los mejores bosquejos prestados pueden darte la seguridad de un lugar desde donde construir y la libertad para desarrollar orgánicamente, mientras tus ideas toman forma.

Si no te sientes obligado a usar un formato de bosquejo prescrito, entonces tienes el lujo de hacer el tuyo propio. Para algunas personas, esto resulta una tarea sencilla y tienen un talento natural para lo que quieren decir y cómo decirlo mejor. Estas personas, por lo general, son lógicas, pensadores analíticos que ven cómo encajan las secuencias de ideas unas con otras.

Pero sospecho que, para la mayoría de nosotros, nos resulta un poco intimidante y abrumador encontrar los primeros pasos a la hora de dar forma a nuestro mensaje. Tal vez tienes una vaga idea del tipo de mensaje que quieres dar para tu audiencia en particular en ese evento u ocasión, pero no sabes cómo empezar la construcción misma. Este lugar es donde yo me encuentro con frecuencia cuando me invitan a predicar, hablar o a dirigirme a una audiencia de cualquier tipo. A veces, veo rápidamente cómo conectan mis ideas y se me ocurre un posible bosquejo.

Sin embargo, la mayoría de las veces tengo que hacer algo de excavación ¡antes de mi exclamación! Llamo a este proceso "cavar en busca de huesos". Aunque algunos temas o mensajes pueden prestarse a ser bosquejados antes de investigar, la mayoría de los mensajes se benefician de recolectar las partes y las piezas que después se pueden ordenar y arreglar para poner carne y soplar vida en esos huesos. Los arqueólogos cavan y excavan en busca de artefactos como cerámica, monedas y joyas, y también los huesos de civilizaciones pasadas. Desde la evidencia descubierta, comienzan a formar una descripción y una hipótesis sobre esa cultura, sus costumbres y sistemas. ¡Armar tu mensaje te sitúa en el mismo tipo de función!

Tu investigación incluye mirar el cuadro general y también los pequeños detalles relacionados con tu tema, asunto y puntos principales. Estás haciendo de detective y también de arqueólogo, buscando pistas que revelen el corazón de lo que quieres decir. Quieres saber quiénes son los principales expertos en tu campo de estudio y buscar datos, figuras y hechos, dependiendo de su relevancia. Citas memorables, estadísticas sorprendentes y análisis históricos a menudo aportan los tonos y las sombras necesarias para colorear tu fresco estilo de expresión. Hazte notas para ti mismo, señalando fuentes o frases en las que quieras meditar o volver a repasar más tarde.

Recolecta más huesos de los que necesites para poder ver cuáles encajan mejor, de la forma más orgánica. Cuando nuestros hijos eran pequeños, recuerdo muchos días de víspera de la Navidad pasados con destornilladores y llaves inglesas en la mano mientras mi esposa y yo armábamos triciclos, carretas y bicicletas. Apretábamos el último tornillo o ajustábamos la última tuerca, y entonces Serita señalaba un puñado de tuercas, tornillos, arandelas y un surtido de piezas y decía: "¿Y qué hacemos con eso?".

Yo la miraba con los ojos muy abiertos y privados de sueño, y le comunicaba en silencio: "¿Estás de broma? ¡Pero si seguimos las instrucciones!". Después nos reíamos y le dábamos a nuestro vehículo recién construido otro repaso de seguridad. Siguiendo las instrucciones, habíamos montado todo bien pero aún quedaban piezas sin insertar. Mi punto es que esos triciclos y bicicletas funcionaban bien sin ellas, ¡y también lo hará tu mensaje!

Cuando sientas que tienes muchos huesos, es tiempo de unirlos para formar el esqueleto para tu mensaje, una columna vertebral que soportará el cuerpo del mensaje que estás dando a luz. En esta etapa, a menudo ordenas temas y puntos que tienen que ver unos con otros, agrupándolos a base de similitudes o su relación particular. Decides cuál pasa el corte y cuál no, qué ilumina y apoya contrariamente a qué distrae o desvía la atención de tu audiencia. Piensa en la cantidad de tiempo que tienes y elimina puntos que finalmente no justifican su inclusión dentro de las fronteras de tus limitaciones.

A medida que colocas los huesos, ¡no te sorprendas si descubres que tienes suficientes para dos mensajes!

El mejor sermón que nunca he predicado

Es importante en esta etapa ser muy objetivo y honesto contigo mismo. Varios de mis amigos escritores me han hablado de la importancia del adagio "mata tus pequeñas ricuras", un giro atribuido a varios autores entre los que se incluyen Oscar Wilde,

T. S. Eliot y William Faulkner. Al margen de su origen, la cruda sabiduría de este edicto editorial soporta la prueba del tiempo. Nadie está defendiendo el asesinato o la violencia de ningún tipo, sino simplemente la valentía de reducir tu comunicación. ¡Y es más difícil de lo que parece!

Y se debe a que tus "pequeñas ricuras" son a menudo tus partes favoritas de un mensaje, la historia personal que significa tanto para ti, los importantes hallazgos de tus investigaciones, o el contexto histórico y cultural del pasaje escogido para el estudio. Pero finalmente no son necesarios, y corres el riesgo de ser indulgente, tangencial, de distraerte o ser irrelevante. Sin importar cuán bien escritos estén o cuán emotivos puedan ser, tienen que encajar en el cuerpo del mensaje que estás formando. ¡El cuerpo no necesita más de un corazón!

Incluso te puedes sentir inspirado y crear todo un mensaje y al final descubrir que no sirve a las necesidades de tu audiencia. Tal vez el mejor sermón que nunca he predicado estuvo inspirado por uno de mis viajes a África. Si me conoces bien, sabrás que tengo un profundo amor por el pueblo, la cultura y los paisajes de este continente tan fascinante. Es una conexión trascendente y espiritual, y una afinidad que finalmente desafía mi capacidad para definir sus muchas facetas.

Por lo tanto, tras regresar de una visita a varias naciones africanas, me sentí atraído a la variedad de idiomas y dialectos tribales. Muchos lingüistas e historiadores creen que antes de la colonización se hablaban más de dos mil dialectos en el continente. Cuando llegaron los europeos para conquistar y explotar sus recursos, nuevos dialectos y expresiones culturales se inculcaron en los muchos dialectos que ya se usaban en los enormes y diversos pueblos nativos. Estas capas de supremacía blanca, reinado empírico y opresión tribal, incluyendo esclavitud y servidumbre, solo exacerbaron el desafío de la comunicación intertribal.

Incluso en la actualidad, muchas culturas africanas continúan desenredando la madeja enredada de los hilos lingüísticos entretejidos en su historia. Muchas naciones son relativamente nuevas en conseguir su independencia de la colonización, y se esfuerzan por entender la esencia de su identidad, incluyendo los lenguajes tribales y culturales. "¿Quién soy?" y "¿A quién pertenezco?" siguen siendo preguntas esenciales para muchos individuos al igual que para tribus enteras, culturas y naciones.

Con toda esta información en mente, yo naturalmente pensaba en Nimrod en la Biblia (Génesis 10). Algunos eruditos creen que Nimrod, bisnieto de Noé, temía que otro diluvio pudiera aniquilar la tierra, y por eso decidió construir una torre lo suficientemente alta para resistir el diluvio. Su plan coincide con lo que se nos cuenta sobre la Torre de Babel, lo cual se derivaba de que todo el mundo tenía un mismo idioma y una misma forma de hablar (Génesis 11:1). Aprovechando esta capacidad de comunicación generalizada, el pueblo decidió construir una torre que llegara al cielo para demostrar sus habilidades. El Señor, sin embargo, conocía el increíble orgullo que resultaría de una hazaña así, y "confundió el idioma de toda la gente de la tierra" (Génesis 11:9, NVI), presumiblemente para mantener a las personas humildes.

Así que comencé a compilar paralelismos entre los desafíos de comunicación en las culturas africanas y la historia bíblica de la Torre de Babel. Vi todo tipo de similitudes en la dinámica entre la conformidad del colonialismo y la arrogancia de la gente en los tiempos de Nimrod, junto a la catástrofe resultante de la comunicación cuando ambas se derrumbaron. Realicé toda esta investigación histórica sobre la Torre de Babel y cómo diferentes expertos lo interpretan y aplican. Con la excusa de ahondar en las lenguas y culturas de los pueblos africanos, comparé formas de comunicación entre las tribus y ejemplos famosos de mala comunicación.

Después, cuando todo esto iba teniendo sentido en mi mente e iba surgiendo este brillante y maravilloso sermón, me hice una pregunta que destruyó mi propia torre: *¿Qué diferencia marca esto?* Ahí estaba yo, dando a luz a un mensaje que se había formado de una forma muy natural y fácil, nacido de mi propia pasión, curiosidad y fascinación por dos de mis mayores pasiones, África y la Biblia, cruzadas y brevemente unidas. Con toda esa información y conocimiento para un sermón, di un paso atrás y miré todos los huesos... ¡y no pude averiguar cuál era mi punto!

¿Cómo iba mi mensaje, a pesar de todo su brillo autocomplaciente, a inspirar y animar a la mamá soltera con tres hijos que está en mi congregación? ¿Cómo le hablaría al líder prominente en la iglesia que lidia con cómo amar a sus hijos adultos en medio de sus adicciones? ¿Qué valor práctico tendría mi mensaje para la familia que todos los meses se rasca la cabeza para ver cómo pagar la renta, y no digamos el costo médico de la cirugía de su bebé?

Como no podía responder a esas preguntas, ¡nunca prediqué ese sermón! Aunque me gustaba mucho, me di cuenta de que no encajaba conmigo porque no comunicaba la promesa que me guía a comunicar. A medida que va tomando forma el cuerpo de tu mensaje, identifica su latido. Yo pienso en un sermón como una empresa piensa en su marca, porque quiero darlo sobre la promesa establecida por mi mensaje y mis métodos de presentación. Mis sermones deben tener relevancia espiritual, ánimo inspirador y aplicación que valga la pena poner en acción. Este, por mucho que valiera la pena, no cumplía estos criterios.

Aunque te guste mucho, asegúrate de que quienes reciben tu mensaje lo encontrarán útil, práctico y personalmente relevante. Yo podría hablar todo el día sobre lo que los teólogos piensan de Nimrod, pero ¿cómo se traducía eso en unos beneficios que otras personas a las que ministro y sirvo se pudieran llevar consigo? Podría contar historias de muchos momentos vívidos e inolvidables de mi último viaje a África, pero salvo quizá entretener a mis oyentes, ¿qué se podrían llevar que les ayude en su vida? ¿Para ayudarles a que su fe crezca?

Tú tendrás tu propia marca que presentar, pero al ensamblar tu mensaje es bueno que tengas en mente dos pilares fundamentales: *¿A quién le importa?* y *¿Ahora qué?* Un amigo mío es profesor de inglés que a menudo enseña clases de escritura a estudiantes universitarios, y estas son las dos preguntas sucintas y de referencia que él inculca en todos a los que enseña a escribir. "Identificar a tu audiencia y tenerlos en mente" (*¿A quién le importa?*) "es crucial para tener impacto", me dijo. "Pero también debe haber algo que valga la pena decir, el corazón de tu mensaje que de algún modo marque la diferencia para esa audiencia" (*¿Ahora qué?*).

Si tu mensaje no marca una diferencia que hace que las vidas de tus oyentes sean mejores, entonces no te molestes. Deja a un lado los huesos y empieza de nuevo.

Huesos y curvas

Tras haber colocado los huesos en el cuerpo de tu mensaje, después debes hacer que cobre vida. Una de las mejores formas de hacer que tu comunicación sea dinámica es seguir la energía de tu tema, pasaje o historia. Cuando lees un texto desde una perspectiva exegética, el pasaje o la historia tiene sus curvas incluidas, a menudo, cuando surgen los conflictos, se tratan y después se resuelven. Estas curvas pueden ser tan sutiles como un parpadeo, basadas en una elección de una palabra curiosa o tan explosivas como una mina que explota desde el texto.

Pongamos, por ejemplo, la parábola que contó Jesús sobre el hijo pródigo (Lucas 15:11-32). El drama comienza cuando cierto hijo, el más joven de los dos, le pidió a su padre la herencia antes de que el padre muriera. Quería ver el mundo y disfrutar sin tener que esperar a eventos que estaban más allá de su control. Así que decide hacer las cosas a su manera y su padre le concede su herencia, lo cual supone la primera curva importante cuando el hijo recibe lo que pidió. Disfruta de la libertad que acaba de descubrir y el lujoso estilo de vida que se puede permitir por un breve espacio de tiempo.

Después se produce la siguiente curva de la historia cuando una hambruna sacude la tierra. Todos podemos identificarnos con las consecuencias tumultuosas, dolorosas e inesperadas que este joven experimenta cuando lo inimaginable envuelve a su tierra natal. Ninguno imaginábamos el tamaño, ni la forma o el impacto continuo que la pandemia del COVID-19 produciría en nuestras vidas, pero sin duda ha afectado la historia de todos en direcciones inesperadas. Así que el hijo pródigo hace lo que tiene que hacer para sobrevivir: trabaja como peón de campo para un agricultor.

Después, cuando el joven está alimentando a los cerdos, como solemos decir en Virginia Occidental, donde yo crecí, tiene una revelación: otra curva en la historia. Se da cuenta de que está allí, tan hambriento que envidia a los cerdos las sobras de vainas, cáscaras y pieles con las que los alimenta, cuando recuerda que incluso el más bajo de los jornaleros está mucho mejor alimentado que él en la casa de su padre.

El hijo pródigo regresa a su casa para descubrir que su padre no solo le da la bienvenida, sino que también organiza una fiesta como ninguna otra para celebrar su regreso, lo cual podría parecer la curva final en esta historia. Pero hay una última revelación: el hijo mayor se molesta por el amoroso perdón de su padre para con su hermano y envidia la espectacular fiesta que le ha preparado. A lo cual, su padre responde: "Hijo mío, tú siempre estás conmigo, y todo lo que tengo es tuyo. Pero teníamos que hacer fiesta y alegrarnos, porque este hermano tuyo estaba muerto, pero ahora ha vuelto a la vida; se había perdido, pero ya lo hemos encontrado" (Lucas 15:31-32, NVI). Todos los hilos se unen para reforzar lo que significa ser perdido y hallado.

Encontrar las curvas y los golpes en tu mensaje no se limita a los pasajes bíblicos. Sea lo que sea de lo que hables, cualquier ejemplo, ilustración y anécdota que quieras incluir tendrá giros y curvas en los que deberás maniobrar y maximizar tus métodos. A veces, el lienzo para tu material es un mural mayor que la vida, mientras que otras veces es una exquisita escena reducida a su esencia. ¡Y puedes usar uno para informar al otro!

Si quieres incluir contexto histórico con fechas y documentos, no te olvides de pensar en el impacto sobre las vidas humanas durante esos momentos icónicos. Si estás mostrando un primer plano del evento transformador de un individuo, también querrás pintar amplios brochazos en el trasfondo. Una cosa es hablar sobre los derechos civiles durante la década de los sesenta, y otra cosa es describir los pies doloridos e hinchados de Rosa Parks al subir al autobús para ir a su casa y tomar una decisión histórica y llena de impacto.

Puedes hablar sobre dar mentoría a jóvenes en riesgo o de programas de transición para quienes han salido de la cárcel e incluir datos asombrosos para establecer tu punto. Pero sencillamente no hay sustituto para las lágrimas enojadas que recorren el rostro de una niña mientras asimila el devastador dolor que siente en su corazón tras perder a su padre en el fuego cruzado de una guerra entre pandillas en su vecindario. No hay estadística que se pueda comparar con las miradas despectivas y los portazos en la cara de un hombre que ha terminado su contrato de trabajo y ahora busca empleo. El dolor siempre tiene un rostro, y tu trabajo como comunicador es situar a tus oyentes delante y en un primer plano para que oigan los gritos ahogados, para que saboreen las lágrimas y huelan el sudor humano de aquellos cuya historia tienes el privilegio de compartir.

La alegría también tiene un rostro. La Biblia nos dice: "Por la noche durará el lloro, y a la mañana vendrá la alegría" (Salmos 30:5, RVR1960). Para que la alegría, la paz, el consuelo y la esperanza que deseas ofrecer a tu audiencia tengan poder, tienes que enmarcarlos en los dolores de los que nacieron. Los mensajes cargados de poder sobrenatural para inspirar, elevar y animar nunca eluden los bordes duros y rugosos del dolor humano.

Para apreciar el descubrimiento de la resurrección de Jesús el tercer día, tienes que mostrar las lágrimas amargas de su doliente madre a los pies de la cruz el día de su muerte. No debes retraerte ante el agudo dolor de los clavos al atravesar sus manos y sus pies, el punzante dolor de la espada que había atravesado su costado, la sangre que recorría su frente hasta llegar a sus ojos por la corona de espinos. Solo cuando sabes que Cristo sufrió la mayor injusticia e hizo el sacrificio supremo, entonces su resurrección y el regalo de la salvación pueden tener poder para hablar a nuestra experiencia.

Obviamente, casi estoy empezando a predicar aquí yo mismo, pero espero que reconozcas mi punto. Ya sea que estés hablando del reporte del presupuesto del último trimestre, dando un discurso para un grupo de mujeres o predicando en tu iglesia esta semana, tienes que identificar y seguir las curvas en tu mensaje para llevar a tu audiencia contigo hasta un destino donde les darás algo que no tenían, no sabían, no entendían o no les preocupaba antes de escuchar tu mensaje.

Conoce las necesidades

Una de las claves para asegurarte de ser fiel a tu promesa al realizar tu mensaje es conocer las necesidades de tu audiencia antes de exponerlo. Después de haber sido establecido como pastor y obtener algo de experiencia en el púlpito, comenzaron a invitarme a hablar en eventos no relacionados con la iglesia. Aunque sabía que los líderes de la ciudad no querían que yo predicara un sermón, tuve que asegurarme de saber qué esperaban de mí. Cuando ejecutivos de recursos humanos llegaron con una invitación para dirigirme a un auditorio lleno de empleados, quise asegurarme de hablar a los asuntos que los habían llevado a invitarme.

Rápidamente supe la importancia de una conversación previa al evento para discernir y refinar el propósito de mi mensaje para su asamblea. ¿Querían que motivara a estudiantes de secundaria a seguir con su educación y asistir a la universidad? ¿Me habían invitado para ayudar a propietarios de pequeños negocios a navegar por los desafíos del nuevo crecimiento y una posible expansión? ¿Querían los planificadores de la ciudad conocer mis ideas sobre cómo anticipar patrones de crecimiento para el desarrollo urbano en el área metropolitana? Responder a estas preguntas antes de poner huesos al cuerpo de mi discurso se convirtió en algo clave para darle vida. Las reuniones antes de tu momento ante el micrófono te dan claridad sobre tu mensaje.

Recientemente, me pidieron hablar en una reunión de la Asamblea Nacional de Concesionarios Minoristas de Vehículos (NAMAD, por sus siglas en inglés). Me pidieron que hablara de estrategias empresariales de mercadotecnia para consumidores de la forma más extensa posible. Aparte de mi habilidad para manejar y apreciar los automóviles, no tengo experiencia con su producto ni en la venta de vehículos en ningún clima económico, y mucho menos en los tiempos tan desafiantes en los que vivimos. Obviamente, sabían que eso estaba fuera de mi ámbito de experiencia, y en su lugar querían que hablara sobre cómo me he mantenido fiel a mi marca ante una audiencia diversa y multiétnica.

Una vez que entendí lo que esperaban de base de mi identidad de marca, disfruté preparando mi mensaje para ellos. Como el farmacéutico que prepara las recetas que le da el doctor para los pacientes a los que ambos sirven, yo obtuve sabiduría de los líderes de la NAMAD para aportar ideas medicinales para todos sus miembros participantes.

A veces un grupo, empresa, institución o evento tiene un tema o un mensaje predeterminado. Cuando me invitan a participar, por lo general, como uno de los varios comunicadores inaugurales, confían en que tendré en cuenta el enfoque mayor y global y que construiré mi mensaje para ensamblarlo a ello en consonancia. Por ejemplo, cuando hace poco accedí a hablar en la Cumbre Global de Liderazgo (CGL), pasé tres horas al teléfono con su equipo para que me ayudaran a modelar mi mensaje según los asuntos temáticos prometidos por su marca para la Cumbre de ese año. Tenía que entender su motivación, la necesidad que estaba abordando esta gran marca, y después ver qué tenía yo que ofrecer y cuál sería la mejor forma de compartirlo. El enfoque para esa Cumbre era ¡ayudar a los líderes a abordar y practicar la inclusión y la diversidad en sus propios estilos de comunicación!

Tanto el equipo de la CGL como yo acordamos que yo quería hacer algo más que dar el tipo de mensaje que muchos de estos participantes esperarían de mí. Los asistentes, por lo general, tienen grandes plataformas propias, así como experiencia en la comunicación eficaz. Ellos necesitaban algo fresco, honesto y práctico para hacer frente a los desafíos presentados por nuestro actual clima cultural de división política y racismo sistémico. Estos líderes necesitaban algo más que tan solo un resumen de lo que ya estaban haciendo. De nuevo, me enfoqué en el factor "¿Y ahora qué?" para esta audiencia, y así asegurarme de que les importara y les pareciera valiosa mi comunicación a la vez que también cumplía con la idea general de la marca prometida por la CGL.

Sabiendo el tipo de batallas de primera línea que muchos de estos líderes estaban enfrentando, escogí algo que sospechaba que cada uno de ellos había enfrentado y seguiría enfrentando: cómo manejar a los *haters*. Yo no soy más inmune a las críticas que nadie y, de hecho, he atraído más a medida que mi plataforma y mi visibilidad han aumentado. Por lo tanto, para los líderes en la CGL compartí sobre un joven de Chicago que regularmente me atacaba en las redes sociales. Sin importar lo que yo escribiera, tuiteara o compartiera en línea, este crítico franco nos condenaba a mí y a mi mensaje. No mostraba compasión alguna ni intento de ser amable o de criticar de forma constructiva en su diatriba envenenada de ordinariez contra mí.

Con los líderes en la Cumbre, compartí lo más vulnerablemente que pude sobre cuán enojado me hacía sentir este bandido en línea, cómo me provocaba deliberadamente e intentaba hacerme daño con duras críticas cargadas de maldad y epítetos de gamberros callejeros. Les conté mi honesta reacción a este crítico: "¡Cómo te atreves! ¿Quién te crees que eres para expresar tanto veneno personal cuando ni siquiera me conoces?". Después revelé cómo algo dentro de mí cambió cuando solté mi enojo e intenté practicar lo que predico, es decir, la compasión, la aceptación y el entendimiento.

Entendí que solo porque ese joven y yo fuéramos de color y hubiéramos experimentado la pobreza durante nuestra infancia, yo había supuesto que él debería vernos como personas que tienen algo en común. Pero entonces pensé en todas las experiencias de su vida que eran distintas y ajenas a mí: el delito, la violencia de las pandillas en los barrios urbanos, las drogas, la brutalidad policial y la falta general de justicia y protección. Tuve que admitirme a mí mismo que hasta que pude mirar el mundo con sus lentes, no pude ver una manera de puentear el abismo entre nosotros.

Con una visión más condescendiente y unos lentes más comprensivos, pensé que sus ordinarieces eran simplemente el lenguaje de la calle para él, ni siquiera necesariamente lenguaje vulgar desde su perspectiva. Vi que, a su propia manera, ¡él estaba intentando mantener una conversación conmigo! Estaba enviando un grito de ayuda y, sin embargo, lo único que yo podía hacer era enfocarme en que él no me conocía ni me entendía, cuando, de hecho, yo le estaba haciendo lo mismo a él. Estaba demasiado ocupado manteniéndome enojado como para ver a un joven sin padre que pedía a gritos poder conectar conmigo.

Tras este ejemplo y cómo se inició una conversación regular con alguien a quien antes veía como un asaltante en línea, compartí observaciones de la misma dinámica cuando aconsejo a parejas. Mi papel siempre ha sido ayudar a cada individuo a ver el punto de vista de su cónyuge y usar un lenguaje distinto para lograr que pudiera tener lugar esa verdadera comunicación de diálogo. Cuando hay conflicto, es muy tentador acudir a la seguridad de nuestros guiones por defecto, pero la verdadera comprensión solo se produce cuando nos arriesgamos a escucharnos entre líneas unos a otros.

Girar hacia el poder

Mi tarea para los líderes de la CGL fue desafiarlos a experimentar un entorno con personas distintas a ellos mismos, con un nivel de diversidad que les forzara a salir de su zona de comodidad. Su meta era simplemente observar, escuchar y aprender a ver y oír de formas nuevas. Te animo a realizar este mismo ejercicio con respecto a nuevas audiencias a las que deseas alcanzar. Piensa en lo que verán y oirán esos individuos cuando te miren y oigan el mensaje que les estás dando.

Recuerda: predicar no tiene que ver con predicarle a alguien sino con conversar, expresar, compartir y escuchar a los que deseas alcanzar. Pasa tiempo preparando, excavando huesos, formando el cuerpo; y usa la chispa entre tú y tu audiencia para infundir vida a tu mensaje. La preparación te da la libertad de ser espontáneo. Mientras más conozcas tu material y todas las curvas de la narrativa, más en sintonía puedes estar con tu audiencia.

Muchas veces, yo desarrollo un bosquejo o esqueleto de un mensaje que cambio en el dinámico momento de la exposición. Quizá he preparado tres puntos principales de un pasaje, pero en el púlpito sentí que la reacción de mi audiencia al punto número dos necesitaba que pasara el resto de nuestro tiempo juntos explorando ese segundo punto, y por qué había tocado una fibra sensible. Si me hubiera apresurado para asegurarme de terminar donde había planeado terminar, habría perdido la oportunidad de suplir las mayores necesidades de mis oyentes.

Es bueno cubrir todo el material que has investigado, explorado y preparado, pero si estás presente en el momento y sientes la necesidad de girar hacia donde hay más poder, ¡entonces hazlo! Recuerda que, a pesar de toda tu investigación avanzada y tu preparación, ¡la comunicación entre tu audiencia y tú sigue siendo un evento en directo! Los actores y artistas en el escenario saben que a veces los mejores momentos vienen de improvisar y de hacer cambios espontáneos.

Quizá la tecnología no coopera y tu presentación de Power-Point se congela en la pantalla detrás de ti, pero esos fallos técnicos no pueden cambiar el impacto de tu mensaje a menos que tú lo permitas. De hecho, cuando el PowerPoint y la tecnología emergente se introdujeron por primera vez en reuniones, sermones y actuaciones, el mensaje a menudo quedaba eclipsado por la novedad de los nuevos medios electrónicos. Ahora se ha recuperado el equilibrio, y la mayoría de los oradores usan los trucos tecnológicos o las diapositivas de PowerPoint para mejorar sus mensajes, no para comunicar sus puntos más importantes. Los datos, las imágenes y los dibujos proyectados son más simbólicos que instructivos.

Tú eres el mensajero para el mensaje que estás exponiendo, ¡no tu computadora! Tu teléfono, tableta o computadora es tu herramienta, no tu muleta, tu sustituto o tu suplente. Tu audiencia quiere oír lo que tienes que decir que es relevante para la ocasión, el contexto y las circunstancias que les han reunido. Domina tu mensaje para que nunca tires el micrófono, ¡al menos no hasta que lo hagas deliberadamente al final de tu exposición!

PARTE 2

El legado del lenguaje

A pesar del inmenso poder del lenguaje para producir cambios, no puedo evitar preocuparme al observar que el arte de la comunicación ha comenzado a erosionarse en nuestro mundo actual. La diplomacia ahora se considera una debilidad. La negociación ha dado paso a la polarización de una mentalidad del tipo "nosotros contra ellos". Las palabras pierden poder ante nuestros propios ojos y oídos cuando los líderes niegan, revisan significados, y manipulan afirmaciones que hacen aquellos que se les oponen. Tan solo hay que escuchar a los analistas políticos para ver que nuestro discurso político, antes considerado la marca de la democracia, se ha convertido en una pelea callejera.

Por consiguiente, quienes están en autoridad y aquellos a los que sirven, a menudo no se comunican porque la acritud y la desconfianza tiñen de color sus intercambios. Desde los pasillos sagrados del Congreso hasta la energía electrizante de los púlpitos de las iglesias, parece que hemos perdido una parte vital del proceso de comunicación. Los sonidos transformadores que antes producía Smith Wigglesworth, Aimee Semple McPherson, el

Dr. Gardner Taylor, el Dr. Charles Adams y el Dr. E. V. Hill se han convertido en bocados de sonido con poca sustancia. ¿Dónde están nuestros grandes oradores como Sócrates, Lincoln, Churchill y otros incontables más?

Por supuesto que aún encontramos remanentes de tal retórica resonante en grandes comunicadores como el presidente Barack Obama, quien tuvo mucho éxito al hablar a los ciudadanos estadounidenses de ambos partidos para que votaran con una participación histórica. Pocos pueden negar que el gangueo suave del presidente Bill Clinton de Arkansas tiene una forma taimada de conquistar a una multitud lo cual se ha convertido en algo legendario. También vienen a mi mente los tonos relajantes de las expresiones cuidadosamente coreografiadas de Max Lucado. Recuerdo estar en la ciudad de Detroit en el funeral de Rosa Park cuando una mujer con el cabello cuidadosamente peinado tomó el micrófono y cambió la atmósfera, deslumbrando a la multitud. Después supe que estas palabras cargadas de poder y de pasión pertenecían a la exgobernadora de Michigan, Jennifer Grandholm.

Es probable que puedas pensar en tus propios ejemplos excepcionales, pero sospecho que estarás de acuerdo conmigo en que estos magníficos oradores son contados. Puede que nos veamos tentados a culpar a nuestros sistemas educativos, pero la culpa no es enteramente suya cuando pensamos en salones de clases masificados y programas educativos con bajos presupuestos. No, no es simplemente una falta de trabajos orales y debates públicos en nuestras escuelas. Nos falta la conectividad conversacional en nuestros hogares que antes era una parte asumida de nuestras relaciones personales.

La mayoría de las mesas a la hora de comer escuchan el silencio de los miembros de la familia mientras deslizan, escriben y envían mensajes de texto a todo el mundo. Actualmente, el único sonido que escuchamos por encima del sonido tintineante de la cubertería es el sonido del reconocimiento ocasional de que un mensaje se ha recibido o enviado. Esto supone que a las familias incluso les molesta tener que reunirse para comer, sabiendo que las propensiones en el internet de cada uno raras veces se cruzan. La charla de la vida familiar que antes anclaba esa vida en el hogar ha dado paso a un silencio social, dejándonos desconectados.

Antes de que existieran los videojuegos o Nintendo, el internet y Netflix, incluso las familias pobres como la que yo tuve nos entreteníamos con programas de talento caseros y escenarios improvisados con cortinas hechas de las sábanas de la cama en las que mi hermano, mi hermana y yo actuábamos ante una audiencia compuesta por nuestra mamá y nuestro papá. Mi hermana y yo pasábamos mucho tiempo preparándonos para estas sencillas actuaciones. Mi hermano de vez en cuando se unía, ¡pero raras veces lo hacía sin protestar! De vez en cuando, quizá bailaba al ritmo de un disco o recitaba alguna poesía. Mi mamá era muy buena citando a James Weldon Johnson, moviéndose con facilidad desde ahí a Edgar Allan Poe. Eran sus lecturas lo que me hizo apreciar siendo niño a Walt Whitman, Langston Hughes y Nikki Giovanni.

Admito que nos entreteníamos de ese modo porque en parte nos faltaban los recursos para hacer otra cosa. No obstante, la pobreza puede que fuera una bendición, porque desarrolló y perfiló una creatividad que la automatización ahora amenaza con arrebatarnos.

Los prominentes discursos que antes nos inspiraban para alistarnos en las fuerzas armadas y nos unían en nuestra humanidad compartida se han reducido a 280 caracteres de comentario sucinto.

Sin embargo, tenemos la obligación de oír tanto como hablamos, de pensar antes de vociferar, de permitir que aquello que nos conecta venza a lo que nos divide. Me temo que el discurso público de alguna forma ha disminuido mientras que la adquisición de datos se ha vuelto más refinada y los algoritmos se han convertido en parte de nuestra conversación diaria. ¿Ha pasado esto para vergüenza de la decencia humana? ¡Espero que no! Antes de enredarnos demasiado en las aguas revueltas de la cobertura 5G, no permitamos que el poder de la conversación se diluya hasta convertirse en un goteo superficial de respuestas monosilábicas vacías de la ingeniosa inclusión de expresión humana, ¡junto al respeto mutuo compartido por las ideologías opuestas!

Quizá parezco un tanto alarmista, pero es posible perder este gran regalo del lenguaje, o al menos ver cómo se convierte en alguna otra forma de comunicación distinta y menor. Aunque los números parecen fluctuar, parece que más de siete mil lenguajes vivos están activos en nuestro mundo hoy. Este número cambia, porque dentro de cada lengua emergen muchos derivados. Incluso, cuando algunos dialectos y variaciones expiran, a menudo los que hablan otros lenguajes ni se dan cuenta. Aparentemente, cerca del cuarenta por ciento de estos lenguajes están en peligro de extinción, porque solo mil personas o menos los hablan y escriben. Verás, casi la mitad de la población mundial confía en menos de dos docenas de lenguas.

Muchos otros lenguajes antiguos han muerto ahora al haber

sido reemplazados, haberse quedado anticuados o simplemente no se transmitieron de una generación a otra. Asia y África parecen tener la mayor diversidad de lenguas. Me sorprende la gran cantidad de lenguas que hay en esos continentes y cómo los usuarios a menudo ven necesarios la lengua tribal y también los idiomas de uso más extendido para competir en un mercado global para oportunidades laborales y un sentido de inclusión. Está claro que cualquier lenguaje que no se use, finalmente se acaba perdiendo.

Por desgracia, no hay un cementerio o una morgue que albergue estos lenguajes sepultados. Algunos de estos lenguajes que antes eran vibrantes han quedado reducidos a grabados misteriosos en una pared preservados en un museo, mientras que otros son como una maleta que nadie reclama en la cinta de equipajes de la cultura contemporánea, esperando a oradores y escritores que nunca regresarán. Su única esperanza de resurrección viene de los reportes forenses de astutos eruditos que filtran los huesos en descomposición de lo que antes era una lengua vibrante y usada con frecuencia.

La fragilidad del lenguaje puede conducir a una epidemia de indiferencia o a una evolución cultural que se dirige a la extinción. Cualquier cosa puede reemplazar al lenguaje, no solo nuevas palabras o alfabetos que sobreviven. Desde formas táctiles como el Braille hasta los gestos del lenguaje de señas, siempre hay nuevas formas de conectar y comunicarse. Lo cual me lleva de nuevo a mi preocupación, porque la tecnología está cambiando drásticamente lo que comunicamos y también la forma en que nos comunicamos.

Cuando nuestras máquinas comienzan a dirigir toda la conversación, ¿quién está siendo más humano? ¿Y quién se está volviendo más robóticamente sintetizado? Debo admitir que mi teléfono inteligente es tan inteligente, que a veces me ofrece mi siguiente palabra mientras aún estoy pensando en ella. Para alguien de mi generación, ¡esto es como una escena de la película *La invasión de los ladrones de cuerpos*! A fin de utilizar la tecnología para una mejor comunicación, primero debemos enfocarnos en lo que tenemos que decir y cómo queremos decirlo.

CAPÍTULO 4

¡Encuentra la coyuntura!

De quien todo el cuerpo, bien concertado y unido entre sí por todas las coyunturas que se ayudan mutuamente, según la actividad propia de cada miembro, recibe su crecimiento para ir edificándose en amor.

—Efesios 4:16, RVR1960

Entiendo que el título de este capítulo podría significar cosas distintas para diferentes personas. Para el cocinero, evoca ciertas imágenes a la hora de descuartizar un pollo. Para el cirujano, podría ser el examinar una placa de rayos-X y estudiar el tejido que rodea la rótula de un paciente. Para el que está atascado y no encuentra una salida, significa ver una oportunidad favorable para su situación. Para el que necesita una racha de buena suerte, significa la combinación de factores y circunstancias que se presentan en un momento dado.

Obviamente, ninguno de estos significados expresa lo que el apóstol que escribió esta escritura tenía en mente. En cambio, él alega que el Cuerpo de Cristo es edificado mediante el poder de la *conectividad*. Así que enfoquémonos en su significado y dejemos que otros exploren el resto.

Al margen del lugar o de la ocasión, todos los comunicadores quieren conectar con su audiencia. Todo buen cómico lo sabe. Todo orador público lo busca. Todos, desde presentadores de tertulias hasta artistas de YouTube, desde los que dan charlas por video (TED) hasta *coaches* de vida, desde comentaristas políticos hasta novelistas románticos, todos buscan conectar con el abanico más amplio de personas. Nadie quiere perder oportunidades para el tipo de alineamiento personal necesario para conectar con su audiencia. De hecho, cada predicador conoce el sentimiento desolador, desgarrador, casi nauseabundo que se produce en el fondo de su estómago cuando, diez minutos después de haber empezado la presentación, se da cuenta de que aún no ha conectado con su audiencia. ¡Esos sermones parecen durar el doble para todos los presentes!

El contexto de la conversación

Mi conexión con mis oyentes refleja la intersección entre donde yo he estado y hacia donde ellos van. Soy consciente de que mi perspectiva refleja mi experiencia, etnicidad, la cultura de las montañas Apalaches que me incubó, mi postura en mi hogar como patriarca, y mi género mediante el cual he experimentado el mundo. Yo crecí en la iglesia bautista, lo cual también me influyó como comunicador, igualmente como observador que como participante. Aunque esta iglesia comparte similitudes teológicas con la denominación

Bautista del Sur y otros movimientos predominantemente evangélicos blancos, no es sabio considerarlos totalmente homogéneos. Hay una gran diferencia en enfoque, forma y prioridades.

Unido esto al hecho de que mis primeros años de predicación estuvieron moldeados y entrenados por iconos pentecostales, mis experiencias religiosas y espirituales depositaron un entendimiento de las Escrituras y también del objetivo del momento de la predicación. Tanto la experiencia afroamericana como la opresión de los pentecostales afectan el tono de cómo hablamos sobre la predicación en general. Los pastores afroamericanos a menudo confían en un método de llamada y respuesta que lleva el momento de la predicación de ser un monólogo de verdad expandido a ser un diálogo de verdad compartido y experimentado.

¿Cómo se relaciona todo esto? La respuesta habla de lo que yo considero como el contexto comunicativo de la conversación. Para comprender el entorno de la predicación tal como yo la entiendo y la practico, hay que entender las dinámicas sociales, culturales, económicas y espirituales de los afroamericanos que hicieron su brutal viaje desde África oriental hasta las costas de este gran país. Dicho de forma sencilla, entramos en el sueño americano mientras aún dormíamos en medio de la pesadilla africana. Todo lo que somos y todo lo que hemos experimentado es lo único que tenemos para llevar al podio. Son las lentes mediante las que vemos un texto o un asunto. Todos nos esforzamos por ser objetivos, pero las personas inevitablemente, irreprimiblemente, llevan todo lo que son a lo que comunican y a cómo lo comunican. Las lentes coloreadas de nuestro trasfondo e historia tiñen de color todo lo que llevamos a nuestro estudio.

Ya sea que estés hablando *hip hop* o poesía, comedia o la novelización de una saga contada durante generaciones, lo que tenemos para aportar es la suma total de todo lo que somos o hemos experimentado. Separar la historia de alguien de sus ideas y su enfoque ¡es prácticamente imposible! Finalmente, tal separación desinfectaría la expresión de todo lo que nos hace únicos y distintos de aquellos que solo quieren influenciar las convicciones de la multitud en lugar de impartir verdad desde la relación que provoca el llamado y la respuesta de nuestro trasfondo africano.

Permíteme decirlo de otra forma: no es infrecuente recibir comentarios espontáneos de la audiencia.

"¡Así es, predicador!", "¡Amén, hermano!" y "¡Sigue hablando!" son meramente representaciones de todas las demás reacciones que se expresan durante el momento de la predicación cuando existe una conexión. Estos comentarios son algo más que estallidos emocionales; son el resultado del viaje que hemos hecho que nos lleva a un entendimiento más profundo de verdades compartidas. Tales respuestas y todos los demás momentos del auditorio que expresa quién escucha al orador reconocen nuestra conectividad con esa audiencia.

Este trasfondo que refleja el ministerio y su mensaje como teológico y también terapéutico de una audiencia traumatizada da color a la forma en que entendemos la experiencia del micrófono y con el micrófono. Por casi cuatrocientos años, sobrevivimos en una estructura sociológica que estabilizó, y a menudo anestesió, el dolor de un pueblo oprimido, lo cual explica por qué los principios apoyados son coiguales a las necesidades del pueblo al que servimos. Por lo tanto, según nuestra perspectiva cultural, el mensajero es responsable del bienestar espiritual y emocional de los que escuchan. Negar esta parte de nuestra discusión es ignorar la intención del mensaje y el origen del propósito de la predicación.

Tu arma secreta

El difunto cómico y actor Bernie Mac en su libro *Maybe You Never Cry Again* (Quizá nunca vuelvas a llorar) explica que se hizo cómico porque vio a una temprana edad cómo la comedia podía tener un impacto muy poderoso. Él veía cómo su mamá pasaba de llorar por su vida a reírse como una loca con el cómico mensaje del entonces popular Bill Cosby. La atracción de Bernie Mac no era la fortuna o la fama. En su caso, su atracción a la comedia fue el poder que daba el micrófono, el darse cuenta de que sin duda era posible que un cómico aliviara las almas abatidas de las personas aportando un alivio que alegraba.

La intención, entonces, al menos en este ejemplo, modeló el objetivo percibido del cómico. Muy parecido a la predicación, al menos para Bernie, era el poder de aliviar el dolor de la vida con el poder de la risa. Todos los demás factores giraban en torno a la exposición sincronizada en el motivo subyacente de ser medicinal creando una experiencia que tranquilice el dolor con esperanza y risa. Si se aplica a hablar en general, descubrimos la relación esencial que existe entre experiencia y relevancia: *Es casi imposible conmover a una audiencia con algo que no te conmueva a ti mismo.*

¡El amor es el arma secreta de un gran mensaje!

Como yo soy hijo y soy padre, esposo y hermano, la mayor

parte de lo que soy queda declarado en mis relaciones. Te sugiero que las conexiones personales son el mejor recurso para el orador. Las relaciones ofrecen algo más parecido a la polinización cruzada que a la impartición solamente, lo cual a su vez afecta el resultado de cómo definimos el éxito. Además, el papel del clero tiene un objetivo distinto cuando se comunica a un pueblo que nunca ha tenido un presidente que se pareciera a ellos hasta la última década.

En su lugar, tuvimos las sabias voces de los predicadores que se veían como profesionales y líderes de la comunidad en ese entonces. Esto también es cierto en cuanto a cómo veíamos a los maestros. Se les consideraba profesionales a un nivel que deberían tener, pero a veces no se les considera así hoy. Los estilos de comunicación de nuestros maestros a menudo se convertían en el catalizador para algo más que solo la información asimilada en sus planes de lecciones. Ellos plantan semillas de desarrollo personal y aumento de las aspiraciones.

Sí, la mayoría de los maestros tenían los mismos libros de texto, pero los que de verdad eran grandes acrecentaban los datos fríos y estériles de cada página involucrando a los estudiantes de formas únicas y abstractas para que el tema fuera más prominente en diferentes entornos para grupos de edades distintas. Aún recuerdo a mi mamá trabajando como maestra, y ella a menudo pasaba muchas horas desarrollando planes de lecciones para involucrar y estimular a sus estudiantes. Su enfoque en llegar a ellos le ayudaba a seleccionar las herramientas de enseñanza, y estas, también, armonizaban con su consciencia de la demografía de sus clases.

Una brújula para la comunidad

A lo largo de la historia de nuestra nación, el sermón ha sido la brújula que dirigió a nuestra comunidad en general hasta la iluminación. Desde voces como la del reverendo Jesse Jackson, el Dr. Martin Luther King, desde Frederick Douglass hasta Harriet Tubman, quien, aunque no era predicadora, se creía que recibía mensajes de Dios que la guiaban en su lucha como abolicionista. Su ejemplo ilustra las múltiples facetas de un comunicador hábil. Casi sin excepción, las voces que nos guiaron fueron las mismas voces que nos alimentaron los domingos en la mañana. Por lo tanto, hay una expectativa en nuestra comunidad para quienes alcanzan la prominencia de ser llamados por Dios para lograr tener impacto. Sus voces transcienden su personalidad individual y amplifican el mensaje interno del pueblo para los que empuñan el micrófono.

Este fenómeno no se disipa, sino que evoluciona de modo creativo. Considera cómo el nacimiento del *hip hop* fue recibido ampliamente como el clero de las calles que hablaba al mundo, y muchas veces *en nombre* del mundo, informaba de su perspectiva. El lenguaje era vulgar y a menudo impactante. Pero muchas veces era tan cierto como el relato de cualquier reportero que estuviera en la escena reportando lo que ocurrió, lo que significa y dónde estamos en la vida en un momento dado. Aunque hay enormes distinciones entre la predicación tradicional y hacer *hip hop*, en ambas se esperaba y se espera que "se diga tal y como es" en lugar de hablar filosóficamente con tópicos para sentirse tranquilo con la conciencia. Ninguno de los dos grupos fue aclamado por apoyar principios por encima de las personas.

El *hip hop* no es el único género que refleja este enfoque. Incontables músicos, compositores, artistas y productores a menudo han aceptado la tarea de crear obras desde la base reordenando la percepción pública de lo que es cierto. Las voces que nacieron en la década de los sesenta como el gran James Brown y su osado mensaje: "¡Soy negro y estoy orgulloso!"; el clásico de Marvin Gaye: "Qué está sucediendo", tan relevante ahora como lo fue cuando se publicó en 1971, asumían la responsabilidad por quienes no tenían voz mientras expresaban la disonancia sentida por generaciones de personas que se atrevieron a cuestionar los espejismos establecidos.

Junto a muchos otros artistas talentosos, alcanzaron la prominencia desde dentro de la comunidad en la que se inspiraron en primer lugar. Aceptaron la responsabilidad, tanto sobreentendida como declarada, de usar su influencia y su arte para avanzar una agenda que incluía, pero no estaba limitada, a defender y hablar en nombre de quienes los impulsaron hasta la prominencia. De ahí, la relación necesaria con las personas en las bancas, en la sala de baile o en las calles para hablar por ellos tanto como para hablarles a ellos.

No es suficiente con tener una relación con Dios.

También debemos tener una relación con la gente.

¡Nuestra capacidad para conectar con esa audiencia crea confianza!

Al haber viajado para dirigirme a varias audiencias, rápidamente aprendí que no basta con conectar con la sustancia de mi mensaje e ignorar cómo lo recibirá mi audiencia. Si no estudio a la que será mi audiencia, me perderé puntos sinérgicos de conectividad. Conocer todo lo que pueda sobre mi audiencia es fundamental para mi exposición. Para mí, esa investigación comienza cuando acepto el compromiso y pienso lo que revela la carta de invitación sobre mis futuros oyentes. Continúa al observar a la persona que me recoge en el aeropuerto, cómo me hospedan, y también toda la música, mensajes y charlas que preceden a mi exposición. De nuevo, la comunicación es una síntesis de relaciones.

Tu capacidad para encontrar un terreno común, puntos de conectividad e ilustraciones con las que se identifique la gente es clave para tu éxito. A decir verdad, mi voz ha ido más allá del color de mi piel para servir a los venezolanos, los caucásicos, los hispanos, los africanos y los europeos. En cada participación, el evento no se trataba solamente de a quiénes me dirigía, sino más bien desde dónde hablaba. Al margen de los grupos diversos a los que me dirija, nunca debo olvidar por quién hablo y las personas que me ayudaron a subir la escalera para llegar a mi púlpito.

Curiosamente extraño en una sociedad a la que le encanta encontrar distinciones enfocándose en lo que es único para nosotros, un buen orador es la antítesis de ese ideal. Tienes que buscar lo que nos une, no lo que nos divide. Al hablar con cualquiera o con cualquier grupo de personas, ¡la conectividad lo es todo!

El carisma conecta

Todos hemos soportado esas sesiones en las que la persona que hablaba quizá tenía mucho conocimiento sobre el tema, pero escucharle era tan interesante como ver cómo se seca la pintura en una pared. ¡Carisma, presencia y personalidad son activos enormes cuando hablamos a cualquier grupo!

Yo comencé a hablar principalmente a grupos de mujeres cristianas afroamericanas a través de una sesión de empoderamiento con base de fe llamada "Mujer, eres libre". Estos mensajes fueron creados para mi audiencia específica sobre necesidades espirituales y emocionales que me sentí llamado a tratar. Más adelante, hice una sesión similar dirigida a hombres llamada "Manpower". A medida que aumentaron las oportunidades para hablar, muchas veces tenía que pasar de un grupo masivo de mujeres a una sala llena de hombres. La mayoría de las veces, conectar con cada audiencia no era difícil.

Sin lugar a dudas, es más fácil conectar con personas entre las que vives que con personas con las que no tienes similitudes y congruencias. Ese sentimiento auténtico de conexión es incalculable. Muchas veces, pude no solo conectar sino también ahondar profundamente en material muy personal una vez que la audiencia se había conformado a mi estilo y sustancia. Dicho esto, he tenido grupos con los que me ha resultado bastante difícil conectar por alguna razón. Esos momentos fueron dolorosos para mí y para la audiencia, ¡porque es imposible esconderse cuando no encuentras la coyuntura para conectar con tu audiencia!

La conectividad se construye en torno a encontrar las metáforas correctas, la comedia compartida, o un lenguaje con el que la audiencia se identifique. Jesús lo hizo mediante la narración de sencillas parábolas que se convirtieron en conductos de conceptos complejos. Sus historias revelaban verdades más profundas de maneras tangibles a las que su audiencia podía acceder y también aplicar. Él modelaba la esencia de la conectividad encarnada escogiendo estrategias de comunicación con las que su audiencia se identificaba.

Tales estrategias siguen siendo esenciales si quieres que tu audiencia recuerde el significado de tu mensaje. Desarrollar una estrategia al hablar que permita que la audiencia encuentre una identificación personal y cultural es algo que construye puentes entre los dos. Puede ser algo tan sencillo como situaciones familiares, similitudes culturales, habilidades culinarias, jerga tecnológica, o cualquier cosa que exprese tu trasfondo y metas comunes. Los puntos personales de conexión se alinean para crear una red de conexión con cada individuo en la audiencia.

Si tu pasado no lo aporta, tus metas y ambiciones futuras tal vez sean la coyuntura que te conecte con tu audiencia. Podría ser un amor compartido por un país, la fe, valores compartidos o principios de liderazgo que tienen en común. En su mayor parte, entender la edad, el género, la profesión y las perspectivas políticas de los que reciben tu mensaje te ayuda a expresarlo con eficacia. Raras veces todas estas áreas proporcionan sinergia, pero cualquiera de ellas puede ser eso que necesitas para romper el hielo y crear una sensación de conexión y unidad con la audiencia.

Es un gran error emplear todo tu tiempo pensando sobre dónde quieres llevar a la audiencia, o cómo quieres inspirarlos, motivarlos o informarlos. Esos son puntos de destino, pero de forma similar a utilizar Uber, Lyft o algún otro servicio de transporte que proporciona la tecnología, no puedes limitarte a introducir el destino sin incluir también tu ubicación actual.

La conectividad tiene que ver con encontrarte con la audiencia donde ellos están, y después llevarlos donde tú estás intentando ir. No puedes llevarlos al destino hasta que no localices su ubicación actual y calcules la distancia que hay entre ellos y tú. ¿De qué otra forma puedes cerrar la brecha entre donde estás empezando con ellos y donde quieres ir?

Lección de química

Fundamentalmente, la conectividad es más como una ciencia, ya que se afirma sobre el conocimiento. Mientras más sabes de ellos, más probabilidades tienes de ubicarlos. Pero si la conectividad es una ciencia, entonces tu química con una audiencia es más bien arte. Parecido a una primera impresión o una primera cita, la química es clave. Es menos intelectual y más instintiva, menos objetiva y más subjetiva.

La química es mucho más ambigua. No todos los oradores tienen la química correcta para conectar con todas las audiencias. Se puede aprender a conectar investigando profundamente a la audiencia, pero la química no es algo que se puede discernir solo a base de la investigación. Es como intentar enseñar a una persona a tener carisma o encanto. No estoy seguro de que esas cualidades se puedan realmente enseñar, aunque se pueden fomentar.

La ciencia de la química se apoya en reacciones químicas, lo cual siempre resulta en estados alterados. Cuando añades una sustancia química a otra, una alterará el color de la otra, formará un precipitado, formará un gas, cambiará el olor o cambiará la temperatura. Pero cuando hablamos sobre química entre personas, la reacción se vuelve un poco más difícil de explicar. Es más bien una experiencia que una explicación.

Cuando un hombre y una mujer tienen una cita, intentan ver si hay química entre ellos. Su atracción mutua no está basada meramente en algo físico, aunque puede ser un factor que contribuya a ello. Puedes conocer a una persona muy atractiva pero no sentirte atraído a ella, porque no hay una reacción instintiva. Pero a medida que la conoces, puede que tu visión de ella cambie, bien confirmando que no hay absolutamente ningún interés en conocer más de ella o inclinándote hacia una impresión revisada que despierta la curiosidad por ella. Personas que tal vez no te atrajeron a primera vista pueden terminar relacionándose contigo de una forma que te atrae a ellas magnéticamente.

Por otro lado, si no hay química, no se puede fingir. Algunas personas sencillamente no son para nosotros. No es meramente cuestión de atractivo sexual o energía positiva. También incluye cómo su presencia crea un sentimiento, un cambio, una comodidad y una sensación de emoción. Pocos pueden predecirlo. Incluso menos pueden explicarlo. ¡Pero todos sabemos cuándo está ahí y cuándo no!

La química con tu audiencia a menudo funciona de forma parecida. Ciertos tipos de personas se identifican mejor con ciertos tipos de grupos que con otros. A veces, la química puede parecer misteriosa e incluso arbitraria. Otras veces, puedes identificar razones por las que te sientes atraído a ciertas personas al igual que tu audiencia entiende por qué disfruta participando contigo, con tu mensaje y tu forma de expresarlo.

He observado que la química es muy importante en las campañas políticas. El carisma de un candidato y su atractivo para sus electores es importante. La naturaleza de nuestro proceso electoral a menudo consigue ímpetu por el carisma del candidato y por lo bien que se comunica. A menudo, elegimos a aquel que más les gusta a las personas, sin considerar que es posible ser bueno haciendo campañas, pero no muy bueno liderando. Este aspecto de cualquier proceso político democrático deja un margen para la mala apropiación del carismático antes que el competente y calificado. Se puede ser un líder fuerte pero no ser telegénico, gregario o autoritario en apariencia.

De hecho, algunos de los más brillantes, líderes y directores generales, doctores y gerentes no siempre son buenos en las entrevistas o haciendo campaña. Como el final no es la entrevista o la campaña, perdemos oportunidades de tener grandes líderes o empleados simplemente porque no siempre tienen una química inmediata con la audiencia. Esta pérdida se produce cuando la comunicación reposa solamente en el carisma y la química.

Recuerdo cuando mi mamá padecía una enfermedad, y uno de sus médicos tenía la personalidad de una manija de una puerta. Su manera de tratar a los pacientes era directa e insensible. No era grosero sino sencillamente objetivo, lo cual resultaba en una falta de química con la familia. Nos pareció desconectado de cómo nos sentíamos como familia e insensible hacia mi mamá como persona.

Aunque le faltaba el aspecto compasivo y de afirmación que anhelábamos, era un cirujano brillante que hacía un trabajo magnífico y sobresaliente en el quirófano. Casi buscamos a otro, pero después de mucha discusión y algo de investigación, decidimos dejarle a cargo de la cirugía de mi mamá, porque nos dimos cuenta de que su trato con la familia no era la razón por la que él estaba ahí. Estaba ahí porque era un gran cirujano.

Si eres orador, comunicador o artista, sin embargo, debes tener en cuenta la química. Aunque los médicos y los líderes políticos se comunican para desempeñar sus funciones, el trabajo de un comunicador es comunicar. Si no tienes una buena química con una audiencia, no puedes pasarlo por alto y decir: "¡Pero puedo hacer este trabajo!", ya que el trabajo *es* hablar.

Con toda franqueza, debo admitir que de vez en cuando me he dirigido a una audiencia ¡y he sentido que me faltaba por completo la química correcta para ese grupo! Mi estilo, mi aspecto o mi enfoque solo enfatizaban que no era la persona adecuada para ellos en ese entorno y en ese momento. Eso no significa que yo no era valioso o que no tenía algo digno de impartirles. Significa, como diría mi mamá, que yo no era su taza de té. No puedes ser todo para todos, especialmente si eso significa que tienes que fingir ser algo que no eres. En palabras sencillas, no puedes estar preparado para ganar hasta que puedas vivir con la posibilidad de perder.

¡Probar las aguas es mejor que ahogarse en la piscina!

Expresar tu propia marca

Ningún orador es bueno en todos los entornos. Es aquí donde la marca es importante. Es importante que un orador no piense de sí mismo en términos generales de ser un orador. Es importante entender qué tipo de orador eres. Al igual que los médicos o los abogados, los cómicos o incluso los políticos, tiene que haber un análisis más profundo para determinar con más concreción el tipo de orador que realmente eres. Esta consciencia de ti mismo te ayuda a determinar muchas otras decisiones relacionadas con cómo, cuándo, por qué y a quién comunicarás.

El desarrollo de la marca es, en su núcleo, una promesa. La gente quiere saber: "¿Qué recibimos nosotros cuando te invitamos? ¿Qué se llevarán los que estén en la audiencia de lo que les comuniques?". Hay algunos entornos en los que tú quizá no seas la mejor opción para esa audiencia. La información está ahí. El interés y la compasión están ahí. Pero la química puede que aún falte.

Como una pareja que empieza a conocerse, a veces no descubres este déficit hasta que estás en la situación misma. No permitas que eso te haga sentir derrotado. Aprovéchalo al máximo en el momento y aprende todo lo que puedas de la experiencia. ¡Deja que esos momentos te ayuden a encontrar a tu mejor audiencia!

Pensemos en ello como si fuera agricultura. No todas las plantas crecen bien en todos los climas. A veces la tierra no es conductiva. Otras veces el clima no es el correcto para ese tipo de planta. No es que alguna de las dos cosas esté mal o que necesite cambiar. ¡Es simplemente cuestión de que ambas cosas no funcionan bien juntas! La consciencia de tu marca, tu entorno y tu audiencia puede ayudarte a plantar las semillas correctas para tener una buena cosecha.

Mi rango de audiencias ha sido extremadamente diverso. He

hablado a muchas variantes de la audiencia basada en la fe. He hablado delante de audiencias de entretenimiento sobre varios aspectos de películas basadas en la fe, aunque la audiencia tal vez no tenía una base de fe. He hablado delante de varios presidentes estadounidenses. Y he tenido el distinguido honor de hablar para el Caucus negro del Congreso. He hablado también en muchos entornos empresariales, desde el Banco Nacional de Kenia hasta los buenos amigos de la oficina corporativa de Toyota. Me he dirigido a líderes de Microsoft.

Me han entrevistado en *All Things Considered* en la NPR y he disfrutado de charlas más relajadas como si estuviéramos delante de una chimenea con iconos como Oprah Winfrey. He tenido el privilegio en muchas ocasiones de sentarme con el fallecido Larry King en su programa *Larry King Live,* así como de dirigirme a una audiencia en directo en el programa del Dr. Phil. En términos de diversidad, he hablado para rangos de grupos desde los avivamientos de CBN de Pat Robertson hasta Operation PUSH para el reverendo Jesse Jackson.

En cada ocasión, intenté añadir valor a los formatos que estaban a mi alcance. No estoy seguro del nivel del impacto que realmente tuve en muchos casos, pero mi meta era añadir valor a la oportunidad. Busqué aportar perspectiva y ser leal a quien yo era, a la vez que entendía el abanico de opiniones y de instituciones para las que hablaba. Aunque esas audiencias eran bastante diversas, sus diferencias no me exigieron poner barandales en mis capacidades. Como todos los comunicadores, tengo fallas y estoy limitado, pero esas fallas y limitaciones no disminuyen mi valor cuando estoy en mi elemento.

Carriles y limitaciones

Para encontrar tu mejor molde, debes considerar: ¿cuál es tu elemento? Todo orador se ve limitado en diversos grados por el rango de su versatilidad. Aunque todos queremos ser lo más versátiles que sea posible, la verdad es que todos tenemos limitaciones. Reconocer esas limitaciones es el conducto por el que tenemos enfoque. Es imposible extendernos más allá de nuestra capacidad sin comprometer nuestra autenticidad.

Si intentas serlo todo, ¡terminarás no siendo nada!

¿Cómo determina uno su rango? Creo que el rango de tu versatilidad proviene de una crítica sincera de cada experiencia. También se deriva de la exposición a varios entornos y asistir a eventos que estén más allá de la fuerza de gravedad que te resulta familiar y en la que estás cómodo. Si quieres expandir tu marca o provocar una química más dinámica, entonces debes hacer algo más que predicar a tu propio coro.

El autoanálisis, junto a un consenso general, nos ayuda a determinar el rango de influencia. Aunque creo firmemente que cualquier comunicador puede crecer y mejorar, una consciencia de tus fortalezas y debilidades a menudo ayuda en el cultivo estratégico de esas áreas en las que tienes el mayor potencial de mejora. Esa consciencia también te ayuda a evitar malgastar tiempo y energía en áreas con poca rentabilidad de tu inversión. Aceptar tus limitaciones aporta contención para una posible calamidad, mientras que acentuar tus fortalezas refuerza tu marca.

Hay algunos entornos que prefiero que sean en un formato de

entrevista en lugar de hablar directamente desde la plataforma, mientras que otros sencillamente los rechazo, o bien porque no tengo pasión por el tema o porque reconozco que la petición está fuera del alcance de mi marca. Simplemente no es lo mío. A veces, tal vez me importa el tema y a la vez no soy la mejor opción para dirigir la conversación. La autenticidad es algo que simplemente me niego a comprometer. Sin entender siempre lo que estaba haciendo en ese entonces, aprendí a las duras que la conformidad no solo sabotea mi mensaje, sino que también termino lamentándolo.

Hace varios años atrás, había un amigo muy querido que tenía un ministerio intenso y significativo con adolescentes. Su pasión era contagiosa, y las estadísticas reflejaban su potente impacto en alcanzar a este importante sector demográfico. Mi problema fue que permití que su pasión me alejara de la mía propia. Él estaba seguro de que yo tendría un gran impacto en su estadio lleno de esos jóvenes. Así que accedí a ir.

Por desgracia, yo no estaba muy versado en hablar a este sector demográfico. Como estaba de acuerdo en que eran una audiencia importante de alcanzar, acepté la invitación de mi amigo. Incluso antes de subir a la plataforma, supe que la audiencia estaba fuera de mi ancho de banda. Ellos fueron amables y educados, pero no pude acceder a los puntos de conexión necesarios para una comunicación atractiva. Lo hice, y espero que hubiera algo de valor para los que estaban en la audiencia, pero aprendí a escuchar a mi intuición más que a la apasionada persuasión de otra persona.

Cuando manejaba de regreso a mi hotel sintiéndome como un perro con el rabo entre las patas, supe que no aceptaría otra vez invitaciones similares. La lección fue clara: solo porque creas en una causa no siempre significa que tú seas la mejor persona para dirigir la discusión. ¡Conocer tus limitaciones es sin duda una fortaleza en sí mismo!

Desafiar las convenciones culturales

Para entender cómo conectar con tu audiencia, debes reconocer las diferencias culturales y considerar cómo afectan tu estilo y tu exposición. Frecuentemente, identificamos las diferencias culturales y asumimos que son límites inmóviles o murallas defensivas que no se pueden escalar. Uno de mis ejemplos favoritos no tiene nada que ver con la etnicidad o la demografía, sino que es simplemente un condicionamiento contextual y cultural en un microcosmos.

¿Alguna vez te has subido a un elevador lleno de gente y has notado que alguien alza la vista para mirar la cuenta de descenso de los números de piso iluminados encima de la puerta, como si estuviera esperando a que se produjera una posible revelación? Siempre me resulta divertido, porque mirar hacia arriba es realmente un intento de evitar el riesgo de hablar con desconocidos que prefieren parecer ajenos a nuestra presencia. A veces participo en el juego y también alzo la mirada, ¡observando fijamente, como los discípulos estaban cuando Jesús ascendió para ocultarse en una nube!

Otras veces, me siento obligado a romper el hielo con una cálida sonrisa y un sencillo saludo, quizá "¡Buenas noches!" o "Bonito día, ¿verdad?". La mayoría de las veces en esas ocasiones he sido testigo de cómo todo el apretado cubículo de cultura se relajaba tras mantener su respiración colectiva en un agradable suspiro de alegres intercambios. A menudo me sorprendo al ver cómo, en muchas ocasiones, la gente rápidamente sonríe con niveles similares de brillo, abandonando su mueca de maniquí para adoptar una expresión mucho más cálida y personal ¡simplemente porque alguien tuvo el valor de hablar!

A veces percibimos ciertas condiciones culturales existentes en nuestra posible audiencia y suponemos que no podemos conectar. Pero, por favor, entiende que etiquetar a audiencias y entenderlas solamente mediante etiquetas culturales puede ser engañoso. A menudo me sorprenden las falsas asunciones que hace la gente basándose en etiquetas. Las generalidades y los estereotipos reemplazan realidades e individuos. No todas las personas de color, o las personas blancas o los cristianos o los republicanos o los demócratas son monolíticos.

Hay muchos subconjuntos y creaciones sociológicas que existen dentro de las anchas aplicaciones que se hacen a grupos de personas, y confiar en las etiquetas te dejará muy mal preparado para entender las tonalidades particulares de estos subconjuntos dentro de nuestra audiencia. A menudo nos vemos influenciados a pensar en ciertas personas de ciertos modos sin incluso permitir los matices de ese grupo individual.

Es importante entender que no todas las iglesias piensan igual, incluso dentro de las mismas denominaciones. Es igualmente importante entender que las regiones afectan a la cultura de una organización tanto como cualquier etiqueta. Las edades y otras consideraciones demográficas contribuyen a la forma en que una entidad opera y siente cuando tú estás hablando a sus integrantes. Aunque a menudo existen creencias esenciales compartidas, dentro de esas creencias esenciales hay otras fuertes distinciones que vale la pena considerar.

Si quieres encontrar la coyuntura en la oportunidad para hablar que se te ha presentado, entonces conócete a ti mismo, conoce tu mensaje, conoce tus limitaciones, y lo más importante, ¡conoce a tu audiencia!

CAPÍTULO 5

El proceso de la predicación

La calidad no es un hecho puntual, es un hábito.

—Aristóteles

En un mundo ideal, tendrías todo el tiempo que quisieras para hacer una tormenta de ideas, reflexionar, orar, investigar, estudiar, bosquejar, hacer un borrador y ensayar antes de exponer tu mensaje o hacer tu actuación. En el mundo real, a menudo tienes que condensar y combinar esos elementos, usar la investigación específica a la que tengas acceso, y sacar el máximo provecho a lo que tienes. El proceso de predicación, o de comunicar públicamente en casi cualquier medio, por cierto, me recuerda la cita atribuida al icónico inventor Thomas Edison: "La genialidad es un uno por ciento de inspiración y un noventa y nueve por ciento de transpiración".

Aunque me siento tentado a alterar el porcentaje de Edison al aplicarlo específicamente a la predicación, me encanta reconocer que la transpiración, el trabajo duro y el esfuerzo suelen determinar cuán bien se enciende la chispa creativa de la inspiración; sin embargo, el modo en que se juntan en diferentes combinaciones con diferentes ingredientes y en momentos distintos, hace que analizar el proceso de creación sea bastante desafiante.

Como dije anteriormente, al principio me sentía reticente a escribir este libro porque no estaba seguro de cómo diseccionar las formas en las que comunico y estudio mi propio proceso a fin de describirlo. Tras muchas décadas predicando, hablando, actuando, enseñando y escribiendo, confío en mis instintos y experiencias como combustible para mi creatividad. Cada persona tiene su propio estilo de comunicación en sus respectivos carriles, así como yo tengo el mío, y no quería animar a nadie a imitarme o creer que yo podría reducir lo que hago a una fórmula transferible.

Por lo tanto, para discutir el proceso de predicación, debemos considerar cómo la sabiduría de la experiencia a menudo marca una diferencia crucial. Así como el chef experimentado produce comidas deliciosas más regularmente, los comunicadores con experiencia aprenden a adaptar su proceso para cumplir con los requisitos de su oportunidad de una forma también más exitosa. La experiencia no es meramente repetir tu sermón, discurso o actuación cierto número de veces hasta que alcances la perfección. ¡La experiencia es el glaseado que cubre toda tu tarta!

Controla, reduce, expresa

La sabiduría de la experiencia te permite adaptar, girar y conectar tu mensaje al componerlo para cada audiencia en particular.

Por esa razón, al principio de mi ministerio aceptaba casi todas las invitaciones a predicar. No solo estaba deseoso y emocionado de usar mis dones, sino también quería tener otra experiencia en la cual basar el siguiente sermón que diera en algún otro lugar.

Los regalos de la experiencia no se pueden subestimar. Muchos adultos jóvenes con talento me han buscado para pedirme consejo sobre cómo usar sus habilidades para lanzar y sostener un ministerio o una carrera artística. Varios de ellos tienen dotes excepcionales con una impresionante capacidad para predicar, pintar, actuar o producir, ¡e incluso algunos hacen bien todo esto!

Basado en nuestras conversaciones, sospecho que la mayoría de estos individuos aspirantes quieren que les revele algún secreto sobre mercadotecnia en redes sociales o cómo cambiar los matices de su actual exposición. Han visto algo que se ha hecho viral y ha catapultado a un compañero a la estratosfera del éxito de la noche a la mañana. Ven cuán rápidamente un texto o una fotografía en las redes sociales o un tuit pueden hacer o deshacer la carrera de alguien. Aunque esas cosas sin duda influyen en el mundo de hoy, los aspirantes con talento no deben pasar por alto el trabajo duro del ensayo, la repetición y la revisión.

La mayoría de las veces, cuando alguien me pide consejo sobre cómo predicar mejor o actuar con más impacto, simplemente enfatizo la importancia de la experiencia. "Sigue haciendo lo que haces", les digo. "Presta atención a la retroalimentación que te dan las personas en las que confías. Pero finalmente, escucha tus propios instintos mientras aprendes de tus experiencias".

Si mi consejo les decepciona o parece demasiado obvio para repetirlo, son demasiado educados como para decírmelo. Las personas a las que he visto ascender a las grandes alturas del éxito y la aclamación ilustran repetidamente mi punto. Descubren lo que es único en lo que les ha sido dado y después perfeccionan su habilidad para controlarlo, desarrollarlo y expresarlo.

Usando nuestra metáfora de la cocina, estos jóvenes cocineros toman las recetas que les han pasado, las hacen suyas, y después aprovechan cada oportunidad para servir los resultados a otros. Aprenden rápidamente que, si no reconoces los ingredientes que tienes a tu disposición, entonces pierdes oportunidades de maximizar tu potencial. Dicho de otra forma, ¡no pases por alto lo que tienes para ser algo que no eres!

Si pasaste años trabajando como electricista, usa lo que sabes para explicar tu mensaje a tu audiencia o tu congregación. Si tienes una experiencia considerable como peluquera o maquilladora, comparte las comparaciones naturales que ves con el mensaje que estás dando a tu grupo o a los participantes en una conferencia. Especialmente si estás empezando, puede ser tentador adoptar una imagen de lo que crees que deberías ser. Ya sabes, el profesional serio y solemne con el uniforme perfecto para la ocasión, lentes para parecer más inteligente, y un nuevo maletín de piel. Estoy exagerando un poco, ¡pero no mucho!

Si quieres que tu audiencia esté cómoda contigo, ¡tú mismo tienes que estar cómodo contigo! No intentes ser quien crees que ellos quieren que seas a expensas de quién eres. Por supuesto, definitivamente hay un tiempo y un lugar para aclimatarte a las costumbres y las expectativas culturales locales, ciertamente en lo que tiene que ver con la etiqueta y el respeto a tus anfitriones y tu audiencia, pero la mayoría de las veces ellos están interesados en quien tú eres. Usa tus oportunidades de hablar o predicar como momentos para ser tan auténtico como apropiado para la ocasión.

Muchas veces me han pedido hacer un llamado en un evento, conferencia o banquete. A veces son entornos familiares con rostros familiares, pero a menudo son lugares nuevos con personas que quizá conozco, pero no personalmente. Por ejemplo, nunca olvidaré asistir a un evento excepcional donde me sentí abrumado por la grandeza. Me sentía intimidado, por así decirlo, pero déjame decirte que ¡a mí no es fácil intimidarme!

El espíritu del evento

Mi amigo Tyler Perry estaba organizando la gran presentación de su nueva película y estudio de televisión en el sudoeste de Atlanta. Con un área de 133 hectáreas, el edificio de 250 millones de dólares presenta doce estudios de sonido, cada uno de ellos con el nombre de un actor icónico de color, entre ellos Cicely Tyson, Sidney Poitier, Diahann Carroll, Denzel Washington, Will Smith y Whoopi Goldberg, y todos ellos iban a ser honrados en la gala en conmovedores homenajes a las carreras cinematográficas tan brillantes que han desarrollado.

Tyler estaba decidido a que este evento, al que algunos se referían como el "Black Met Gala", fuera digno de las revolucionarias instalaciones que inauguraba oficialmente. Fusionando pasado y presente en la culminación de los sueños de un hombre, es el único estudio cinematográfico importante en la nación propiedad de un afroamericano. Presenta una réplica de la Casa Blanca, una terminal de aeropuerto, un hospital, una cárcel, un parque de caravanas, y un barrio suburbano. El estudio incluye autopistas de seis carriles para accidentes de automóviles junto a decorados que representan grandes paisajes urbanos tanto en los Estados Unidos como en Europa. El lugar literalmente tiene todo tipo de escenarios, tanto de exteriores como de interiores, ¡que todo director de cine o productor quisiera tener! El hecho de que estas instalaciones estén edificadas sobre una propiedad que antes se usaba como una base de entrenamiento para soldados confederados de la Guerra Civil llamada Fuerte McPherson hace que sea incluso más asombroso.

Así que no hace falta decir que Tyler hizo todo lo posible, ¡y creó algunas presentaciones que nadie sabía que existían para este espectacular evento! Y me había pedido que orara haciendo un llamado al comienzo del programa de la noche, algo que simultáneamente me hizo sentir honrado y con un sentido de humildad a un nivel que pocos eventos han conseguido hacerlo. Sabía que mi papel sería breve y lo daría ante un "quién es quién" literal de superestrellas de todas las áreas importantes, incluyendo cine y televisión, música, deportes y política.

Estar de pie delante de no unos pocos, sino de cientos de rostros famosos, ¡me dejó sin aliento! Bill y Hillary Clinton estaban sentados en una mesa sonriéndome. Veía a los premiados, muchos de los cuales he tenido el privilegio de conocer o trabajar con ellos, pero también a muchos individuos icónicos que me dejaron deslumbrado. Estaba Oprah, por supuesto, susurrando a su mejor amiga Gayle King. Mirando a la multitud, observé a Halle Berry y Viola Davis, Jennifer Hudson y Patti LaBelle, Usher, Ludacris,

Beyoncé y Jay-Z. A mi derecha vi puntales políticos como la alcaldesa de Atlanta, Keisha Lance Bottoms, miembros de la Cámara de Representantes como Maxine Waters, John Lewis (menos de un año antes de su fallecimiento), Stacey Abrams, y muchos más. Honestamente, odio parecer pretencioso, ¡especialmente porque hay otros cientos que dejo sin nombrar!

En pocas palabras, fue una reunión distinta a cualquier otra que hubiera asistido antes o después. Y ahí estaba yo con un micrófono, preguntándome si lo que había preparado para decir y orar era elevado y sensato, además de ser lo suficientemente festivo y reverente para esta estimada audiencia. No podría repetir exactamente lo que dije, pero básicamente intenté reconocer los logros de aquellos a quienes estábamos honrando, incluyendo la asombrosa visión y vicisitud de nuestro anfitrión mismo. Tuve en mente que, aunque había muchos cristianos protestantes en la audiencia, también había numerosos asistentes de una tradición de fe católica, musulmana y judía, junto a algunos ateos y agnósticos. Con tal diversidad en mente, me enfoqué en los logros por los que nos habíamos reunido a celebrar y cómo las artes creativas nos unían a todos. Intenté expresar el espíritu del evento como una voz ¡para todo el poder espiritual en la sala!

El sabor del favor

Una vez que has evaluado dónde hablarás o actuarás y la audiencia que tendrás, puedes escoger entonces los ingredientes que quieres incluir. Aunque los temas, asuntos, o incluso la etiqueta del evento tal vez dicten tu enfoque, aun así, tendrás muchas opciones en cuanto a cómo combinarlos, conectarlos y comunicarlos. Todos podemos seguir la misma receta, ¡pero eso no significa que todos produzcamos el mismo plato!

A veces, tener limitaciones o que te pidan tratar cierto tema concreto incluso actúa a nuestro favor. Probablemente has visto esos programas de cocina en los que los participantes reciben cestas llenas de una selección de ingredientes comestibles ecléctica, incluso aleatoria, con los que deben preparar una obra de arte culinaria para los jueces. Es una forma deliberada del mismo juego que mi mamá e incontables cocineras más han usado cuando se veían ante la temida pregunta: "¿Qué hay de comida?".

Mamá iba a la despensa y veía lo que tenía a la mano, revisaba el refrigerador o el congelador y daba rienda suelta a su creatividad e ingenio. Sopas y guisos se podían armar rápidamente desde un amplio abanico de lo que tuviéramos. Ella también inventaba platos con las sobras, y podía transformarlas en una comida distinta de su predecesora, moviendo de forma única su espátula como si fuera una varita mágica para convertir el cerdo asado y las verduras de la noche anterior en la ensalada de tiras de carne de cerdo a la barbacoa y papas para esa noche. Al haber crecido ella misma en un hogar frugal, mi mamá aprendió a una temprana edad a sacar el máximo partido a lo que tuviera.

Los mejores comunicadores hacen lo mismo. Saben que el proceso determina la calidad de su exposición. E incluso cuando están presentando el mismo material o mensaje, cada vez tendrá su propio sabor particular. No podría decirte cuántas veces he predicado el mismo sermón que había preparado en nuestro primer servicio y terminado de una forma, para volver a predicarlo en la siguiente reunión ¡y ver cómo volvía a entusiasmar! Ni que decir de las veces que he predicado el mismo pasaje bíblico, pero ha tomado un enfoque ligeramente distinto según las distintas audiencias.

Parte del proceso de exponer tu mejor sermón es el discernimiento. No es esperar que cada sermón se adapte al mismo bosquejo de tres puntos o que fluya de una forma lineal o consecutiva. Aquí es donde tienes que permitir que tu creatividad sirva como catalizador en tu comunicación. La creatividad tiende a seguir su propia dirección y seguir su propio sentido del momento. Según mi experiencia, puedes cultivar la creatividad, pero no puedes forzar la inspiración por imposición. Tienes que preparar tu sermón espléndidamente y adaptarte a las necesidades de tu audiencia.

Así como un buen cocinero sabe cuándo añadir otra pizca de sal o una cucharadita de leche, los buenos comunicadores saben cuándo añadir un poco de humor o permitir que hable el silencio (hablaré más de esto en el Capítulo 9). Una misma talla no le sirve a todo el mundo, pero eso no significa que no comiences con algún tipo de patrón en mente. Tu proceso debe ser lo suficientemente fuerte para soportar la sustancia de tus ideas, y suficientemente flexible para inclinarse ante las necesidades únicas y particulares de tu audiencia.

Si te atascas o estás en una rutina en cuanto a tu proceso, probablemente lo que necesitas es nutrir el pozo creativo interior. Tal vez tengas que leer a algunos autores y libros que no has encontrado antes. Hablar con personas con distintos puntos de vista puede estimular tu entendimiento de cómo ven ellos los asuntos presentes. Considerar cómo otros comunicadores han canalizado su mensaje con ideas frescas también puede ser algo que te inspire. Ve más allá de la comunicación y de tu medio en particular. Familiarizarte con artistas, escultores, bailarines, actores, músicos, poetas y compositores puede darte nuevas perspectivas y experiencias sensoriales de tu asunto a tratar.

Me encanta aprender cómo trabajan otros individuos creativos, y muchas veces encuentro principios transferibles y paralelos a mis propias experiencias. El legendario cantante y compositor Tom Waits dijo: "Algunas canciones no quieren ser grabadas. No puedes luchar con ellas, o tan solo conseguirás asustarlas más". Él lo compara con "intentar atrapar aves", en lugar de algunas que descubre totalmente formadas como "sacar patatas de la tierra". Algunas son particulares y complicadas como "encontrar un chicle debajo de una mesa vieja", mientras que otras no funcionan. Sin embargo, se pueden "cortar como cebo" y usar para "pescar otras canciones". Él describe las mejores canciones como "sueños bebidos con un sorbete".[1]

¡Lo mismo es así con la predicación!

Pausa

Aunque a todos nos gustaría tener mucho tiempo para que nuestros mensajes se activen, hiervan a fuego lento y fermenten, la necesidad a veces nos obliga a producir lo que podemos en el tiempo que tenemos disponible. Cuando era joven al principio de mi ministerio, recibía llamadas por teléfono el sábado en la noche de pastores que de repente necesitaban a alguien que predicara en su iglesia a la mañana siguiente. La mayoría de ellos acababan de experimentar alguna pérdida o tenían una emergencia familiar. A veces, esas llamadas creaban un efecto dominó porque, si aceptaba su petición, entonces yo necesitaría que alguien me reemplazara en mi iglesia. Sin embargo, hacía lo que podía para ayudarlos y servirles.

Las primeras veces que me vi ante la presión de predicar en solo unas horas, estaba demasiado nervioso como para ser espontáneo y me faltaba la confianza para "improvisar" el mensaje. En cambio, o bien confiaba en el sermón que ya había preparado para mi propia congregación, o sacaba uno de mis archivos para desempolvarlo. Aunque me gustaría pensar que esos sermones hablaron a los corazones de los que asistieron y que suplieron sus necesidades, sospecho que esas primeras exposiciones se parecieron más a un sustituto educado. Mirando atrás, veo que yo estaba más preocupado por mantener el control e intentar dejar una buena impresión que por ministrar al rebaño que habían confiado por un breve espacio de tiempo a mi cuidado.

Mi respuesta era entendible, pero a medida que crecí en experiencia y confianza, comencé a depender más de la oración, la inspiración divina y el instinto interno. Si sabía algo de lo que estaba ocurriendo en la iglesia donde iba, entonces intentaría usar ese conocimiento. Si estaba familiarizado con los ancianos, diáconos u otros miembros de su congregación, entonces podría hacer una o dos llamadas de teléfono para buscar ideas y ánimo. A veces repasaba sermones que ya había predicado antes y sacaba partes y trozos, pero ya no necesitaba la seguridad de servir un mensaje prefabricado.

Me gustaría pensar que esos sermones de última hora fueron tan poderosos como cualquier otro que haya predicado jamás. En las últimas dos décadas, es más probable que yo haya sido el que ha llamado a otro pastor o evangelista para que acudiera a reemplazarme cuando ha sucedido algo que me ha impedido estar. Por lo general, tengo una pequeña lista de candidatos en mente simplemente basada en quién me ha impresionado, hablado o ministrado con su predicación.

Por amor y respeto, raras veces dicen no cuando llamo solo unas horas antes de que sean necesarios en el púlpito. Pero aún puedo oír el temor y la incertidumbre en sus voces nerviosas. Algunos incluso me preguntan: "¿Está seguro de que quiere que haga esto, Obispo?", ¡como si les hubiera llamado por error! Aunque conocen la respuesta lógica, necesitan oírme decir: "Sí, sé que puedes hacerlo, o de lo contrario no te lo habría pedido. ¡Sé que darás exactamente lo que la gente necesita!".

Al igual que Moisés cuando ponía excusas en cuanto al porqué no podía sacar a los israelitas de Egipto, o Gedeón preguntándose si Dios habría cometido un error al escogerlo siendo el menos calificado, todos experimentamos este tipo de temor, ansiedad y miedo algunas veces. Queremos ayudar a un amigo o servir a otro líder en necesidad, pero también sentimos el pánico por la idea de acelerar, o incluso no tener, nuestro proceso habitual.

En ese momento, ¡es cuando debes recordar que el proceso creativo está siempre en juego! Cada pensamiento y sentimiento, observación y experiencia, recuerdo y mensaje que has absorbido, han contribuido todos ellos a tu capacidad única de crear la comunicación que se necesita. Aunque un tiempo deliberado y

dedicado a tu proceso es importante y vital para tu éxito, probablemente no necesitas tanto tiempo como crees.

Muchos estudios demuestran que crear un discurso o redactar
un ensayo en poco tiempo contrariamente a tener semanas para
prepararlo no es algo que marque una gran diferencia en su calidad.
De hecho, cuando tienes mucho tiempo por delante, tal vez te veas
tentado a dejarlo para última hora y esperar hasta el último minuto
para empezar. Cuando tu agenda está muy llena y sabes que solo
tienes una breve ventana de tiempo para desarrollar tu comunicación, entonces te ves forzado a elaborar algo. Quizá no sea lo mejor
que puedes hacer, ¡pero también es posible que sí lo sea!

Por otro lado, te animo a evitar el fenómeno que un escritor
amigo mío me dijo que había desarrollado, pero no reconoció
hasta que estaba en la universidad. Como trabajaba bien bajo presión, mi amigo dijo que, por lo general, esperaba hasta la noche
antes para escribir las redacciones exigidas, discursos y otras
tareas. Conseguía buenas calificaciones y una retroalimentación
positiva con ese método, pero un día su maestro le devolvió un
trabajo de investigación que había realizado en tiempo récord con
una nota muy baja.

*Bueno, conseguir esta nota no está muy mal para un trabajo que
hice en pocas horas la noche antes*, pensó. Después se dio cuenta
de que se había permitido poner una excusa para no maximizar
sus talentos y ver hasta dónde podían llevarlo sus habilidades.
En lugar de encontrar un ritmo y usar su tiempo de manera más
coherente y juiciosa, se había condicionado a ver lo bien que podía
hacer las cosas sin una preparación adecuada.

Ya sea que tengas más que tiempo de sobra o que te pidan

hablar de forma improvisada, ¡saca el máximo provecho de cada oportunidad!

Lecciones de conducción

Al margen de cuánto tiempo de preparación tengas, el motor de tu mensaje necesita una transmisión. Como orador, lo que quieres es fluir suavemente, aunque aceleres hasta el clímax de tu comunicación antes de concluir y llevar a tu audiencia a una parada suave. Tú eres el conductor, el piloto, el que controla tanto la velocidad como la ruta hacia tu destino, el punto principal que quieres que tu audiencia recuerde y use durante toda su vida.

Del mismo modo, debes planificar el mejor rumbo y conocer dónde están las curvas y los giros. Igual que cuando estás conduciendo un automóvil, lo que no quieres es pasarte el giro que debes hacer para llegar a tu próximo cruce. Cuando volamos, a menudo descubrimos que no hay un vuelo directo hasta el destino deseado, lo cual significa que debemos usar un vuelo de conexión. Si nuestro primer vuelo se demora, entonces puede que perdamos nuestra conexión y también la oportunidad de llegar a nuestro destino a tiempo.

Las conexiones y las transiciones a menudo marcan la diferencia entre un discurso magnífico y uno bueno. Aunque pasar de un punto a otro suena como algo directo y fácil, raras veces la ruta directa es la que tiene todos los paisajes que quieres ver durante el camino. Debes recordar que muchas personas en tu audiencia ya han visitado tu escenario locuaz. Ellos conocen la historia de

Jonás y la ballena. Ya han leído acerca de los riesgos que conlleva lanzar una nueva empresa. Ya han escuchado a otros hablar sobre cómo vencer la depresión.

Con el internet a nuestra disposición las veinticuatro horas del día, la mayoría del contenido está disponible de alguna manera en línea. Tu audiencia confía en que tú lo filtres, lo fortalezcas y lo enmarques de formas que probablemente ellos no han considerado. Con tantas citas y mensajes en las pantallas que deslizamos bombardeándonos todo el tiempo, tienes que competir por la atención de las mentes distraídas y a menudo abrumadas. Tu meta debe ser que tus oyentes estén lo más involucrados que puedan contigo y con tu mensaje. Tu meta debe ser que tu sustancia y estilo sincronicen de formas que satisfagan y superen sus expectativas.

Por lo tanto, cuando estés elaborando tu mensaje, piensa en cómo manejarás para llevar a tus pasajeros donde quieres llevarlos.

Me acuerdo de un viejo Cutlass con transmisión manual de seis velocidades que manejaba después que Serita y yo nos casamos. El embrague a veces se atascaba, lo cual no sabía cuándo había cambiado bien de marcha. La caja de cambios también era propensa a saltar de segunda a cuarta, lo cual resultaba en una abrupta secuencia de cambios en la que tenía que parar, ahogarse, arrancar, y volver a intentarlo. El auto era fiable, ¡pero más terco en su idiosincrasia que una mula tirando del arado de un agricultor!

Después de un año o dos, sin embargo, llegué a conducir ese vehículo sin tener que pensar en cada cambio, cada aceleración y cada fallo técnico. Agarraba la palanca de cambios más fuerte, y me aseguraba de meter la tercera velocidad con cuidado. Aplicaba la presión justa en el embrague para que no se atascara. Sabía cómo tocar los frenos lo justo para desacelerar y reducir la marcha. Era consciente de lo que el vehículo podía y no podía hacer a base de mi experiencia con él.

Lo mismo ocurre con el mensaje que estás manejando para tu audiencia. Tu meta es evitar rarezas no intencionales, distracciones y pausas que pudieran hacer que se desconecten de ti y de tu mensaje. Al pasar de un punto a otro y del ejemplo a la aplicación, tu meta debe ser que estén contigo. A veces, notar ceños fruncidos o expresiones de confusión en los rostros en la congregación son señales de que debes frenar, dar marcha atrás y hacer una conexión más clara y limpia. Si esos rostros que te miran parecen inquietos, ansiosos o, Dios no lo quiera, aburridos, tu meta sería recuperar el ritmo o pasar rápidamente a la siguiente piedra en la carretera que indique el kilometraje.

Lo último que debes permitirte es entrar en pánico y pisar el acelerador a fondo. Acelerar tu pronunciación y tu material tal vez consiga atraer su atención, pero los dejará deseando que las bancas tuvieran cinturones de seguridad. Una gran parte del proceso tiene que ver con anticipar cómo recibirán tu mensaje. De nuevo, mientras más práctica tengas en cambiar suavemente, así como en leer las respuestas de tus pasajeros, más fácil será que llegues a tu destino deseado.

Expresión por diseño

Aunque ya he compartido mi inquietud sobre confiar en plantillas y fórmulas, por lo general sigo un proceso en la práctica de mi predicación: estudia lo máximo, piensa con claridad, ora intensamente y déjate llevar. Este proceso orgánico comienza por discernir el texto para mi sermón. Aunque algunos pasajes, historias y temas emergen de forma natural por la época del año, como Semana Santa y Navidad, otros emergen al pensar en las necesidades de la congregación, así como en la relevancia y la aplicabilidad del texto para una audiencia universal más amplia. Comenzar con oración y sumergir todo el proceso en oración es necesario. Intento escuchar y prestar atención al movimiento del Espíritu Santo en mi corazón. Todos estos factores moldean cómo y por qué me siento atraído a un versículo en particular en la Biblia.

Una vez que me siento seguro en el texto, comienzo pensando lo más ampliamente posible en su significado y relevancia para toda la gente. Respecto a esto, debo considerarlo no como un texto para negros o un texto para blancos, no como un texto para mayores o para jóvenes, gays o heterosexuales, ricos o pobres, sino como un texto que trasciende cualquier demografía y perspectiva discriminatoria. Creo que la Biblia se aplica inherentemente a todos los seres humanos y, por lo tanto, quiero que mi sermón haga lo mismo. No quiero predicar un mensaje que solo hable a mujeres de mediana edad que votan al partido Republicano, porque entonces dejaría fuera al resto de mis oyentes en la audiencia.

Además de su atractivo universal y su aplicabilidad, el texto tiene reglas basadas en su contexto original. Fue escrito para una audiencia específica, en un tiempo y lugar específicos, así que antes de establecer mi mensaje para una audiencia contemporánea, debo entender el significado del texto a la luz de la audiencia de antaño para la que se escribió.

Solo después de discernir la intención original, me siento preparado para llevar la profundidad y el poder de ese significado original a la situación y las circunstancias de mi audiencia actual.

También debo reunir a todos los familiares del texto. Así como prácticamente todos tienen familiares (madre, padre, hermanos, tías, tíos, primos, etc.), cada texto tiene sus propios familiares, los otros versículos, pasajes, relatos e historia que se enlazan de algún modo para formar cierto tipo de relación. Es esencial considerar todos los familiares que pueda encontrar para apreciar todas las dimensiones del texto. Así como conocer algo sobre tu familia ayuda a otros a conocerte, yo quiero conocer la familia de mi texto para entender mejor cómo y por qué nació su mensaje.

A partir de ahí, intento pensar con claridad para encontrar formas de conectar con mi audiencia y proporcionar una experiencia que emerja del texto. Básicamente, quiero comunicar la sabiduría del pasaje que estoy predicando, algo que sé que, en parte, descansa en la sabiduría que he reunido y experimentado en mi propia vida. Toda la vida puede proporcionar una experiencia adaptable que se puede convertir en sabiduría si el predicador sabe cómo tallar la experiencia para darle una forma que se pueda usar para el sermón.

Creo que la gracia de Dios a través de Jesucristo es lo que salva a las personas, lo cual se refleja de incontables maneras a través del texto bíblico. Por lo tanto, la experiencia del predicador debería dirigir a la audiencia al texto, o el sermón se convertirá en algo que gire en torno al predicador, lo que el predicador piensa y siente, y no lo que el Dios revelado en la Biblia piensa y siente. Intento ser un conducto, un facilitador, un puente entre la verdad de la Escritura y las necesidades de mi congregación.

Una vez que tengo el contexto, la frase del tema, la sabiduría del texto y la experiencia de la vida como una ventana al texto, considero cuidadosamente las imágenes y metáforas que parecen más precisas, atractivas, memorables y poderosas. Estoy convencido de que las imágenes y metáforas son vehículos y recipientes que mandan sabiduría profunda y contenido teológico a los corazones de las personas a base de objetos familiares. Visualizar un concepto y conectarlo con los sentidos de uno, aunque solo sea imaginado basado en las palabras que he escogido, hace que el concepto sea mucho más memorable y cercano.

Sospecho que mi confianza en las imágenes y las metáforas nuevamente me viene de mi mamá, que era maestra, y por eso siempre usaba lecciones prácticas, tanto en el salón de clases como en casa, para enseñar principios mediante cosas tangibles. A menudo citaba el ejemplo perfecto de Jesús y la forma en que Él enseñaba aportando imágenes y escenarios familiares (construir una casa, hacer vino, plantar semillas) para crear metáforas con el máximo impacto.

Escoger las mejores imágenes y metáforas para un sermón también depende de su arreglo. No hay nada peor en la predicación que dar una respuesta ¡sin establecer o identificar claramente el problema! Sin un contexto para conocer las capas de una necesidad o problema específico, es prácticamente imposible compartir una solución accesible. El poder de la respuesta es el resultado de la complejidad del problema; por lo tanto, si el predicador resuelve el problema antes de la creación de la complejidad en la cabeza y el corazón del oyente, el sermón está en crisis.

Es aquí donde el suspense puede ser crucial en el arreglo de lo que se quiere presentar. Realmente, cualquier buena historia, anécdota, broma o lección crea expectativas en los oyentes que se convierte en un tipo de suspense. La audiencia espera que se le lleve a algún lugar y que ese destino valga la pena de algún modo. Creo que el suspense es lo que hace que la gente escuche. Si no estoy creando suspense, a menudo de varias formas que van en paralelo, entonces probablemente no estoy reteniendo la atención de la mayoría de las personas. ¿Para qué seguir escuchando si ya sabes la respuesta? La mayoría de la gente no lo hará, así que ten en cuenta formas de provocar su curiosidad al diseñar tu mensaje.

Déjate llevar

Finalmente, cuando las otras etapas se han realizado y negociado exitosamente, ¡es tiempo de dejarte llevar! Aunque esto suena muy simple, puede ser una de las partes más difíciles de la predicación y del discurso. Si eres tímido, reservado y cohibido, es difícil predicar con eficacia porque tu consciencia propia trabaja contra la libertad de dar tu mensaje. Idealmente, tu meta sería que tu voz sea como un instrumento bien afinado tocado por un virtuoso. Hay una musicalidad cuando se predica que debe fluir de forma natural y a menudo instintiva. Se puede enseñar del mismo modo que un metrónomo ayuda a un músico a mantener el tiempo, pero de nuevo, si el orador o el predicador se enfoca demasiado en mantener su voz flexible y musical, entonces cabe el peligro de ser negligente con otros aspectos.

La voz es el martillo que clava cada punto del mensaje. Tu meta es usarlo de forma eficaz y rítmica de una manera que parezca natural, o al menos libre de distracciones, para tus oyentes. Muchos comunicadores ven su voz como meramente un subproducto necesario del habla humana, pero esto subestima grandemente su importancia. Los oradores y pastores que batallan con el control vocal deben encontrar una manera de respetar sus cuerdas vocales como un instrumento musical requiere cuidado y mantenimiento. Quizá necesitan practicar ejercicios de voz o beber té caliente u otra bebida relajante como una forma de calentar antes de empezar.

Junto a la voz, el cuerpo también es un instrumento. Al igual que algunos quizá no llegan a entender bien su voz como un subproducto del habla humana, también puede que haya una falta de comprensión del cuerpo como un instrumento de comunicación, por lo general, basado en alguna forma de inhibición del orador. El cuerpo comunica la profundidad de la sinceridad y verdad de un predicador. En lugar de ser consciente de sus movimientos y maneras, el predicador tiene que ser consciente de Dios. Básicamente, esto significa que te rindes a Dios de modo que todo tu ser está disponible para expresar su mensaje.

Cuando haces que tu cuerpo esté plenamente disponible, estás dando tus expresiones faciales, tus manos, tu pecho, tus caderas, tus piernas y tus pies: todo tu ser. ¿Y por qué no? Cuando estás teniendo un desacuerdo con tu cónyuge, usas todo tu cuerpo. Cuando estás defendiendo tu territorio, sirviendo la cena o haciendo el amor, también incluyes tu cuerpo en la acción. Esto incluye todas las imperfecciones que pudieras tener o que piensas que tienes en tu cuerpo. Si eres demasiado delgado o tienes sobrepeso, si tienes el cabello largo o corto, todo se puede usar y debería contribuir a la manera en que hablas, te mueves y expones tu mensaje. Si te falta un brazo o tienes la pierna rota o tienes una prótesis en alguno de tus miembros, úsalo. Si tienes muletas o estás en una silla de ruedas, hazlo parte del mensaje.

He aprendido que, dondequiera que esté, ¡usaré todo lo que tenga! Y te animo a hacer lo mismo. Incluso si estás de pie en un podio dando reportes de presupuestos, tu cuerpo puede ayudarte a expresar confianza, comodidad con tu parte de los procedimientos, y una sensación calmada de control relajado. Por otro lado, si estás rígido, tu audiencia tendrá miedo de que pudieras quebrarte, o si estás tan nervioso e inquieto que no puedes dejar de dar golpecitos con el pie o de tronarte los nudillos, entonces tu cuerpo se interpondrá en tu mensaje.

Confiar en que tu voz y tu cuerpo funcionen simultánea o sucesivamente, también te permite reaccionar en el momento a lo que sientas que necesita tu audiencia. Esto puede ser especialmente importante al concluir tu sermón y terminar el servicio, porque no hay un solo estilo de terminar que sea apropiado para cada sermón todas las veces. Algunos sermones tienen la intención de dar qué pensar, y otros la de tomar una decisión. Algunos son emocionales y otros son más educativos. Todo tiene que ver con el texto y su relevancia y aplicación para tu audiencia.

Una cosa que he observado con los años, sin embargo, es que tu meta no debe ser cambiar tu tono o estilo de forma drástica al final. Si no has hecho uso del humor en ningún momento de tu sermón, entonces no concluyas con una historia divertida. Si has sido dramático y franco en tu exposición, quizá no funcione bien pasar de repente a ser blando y callado. Por supuesto, ¡estas estrategias también podrían funcionar muy bien! Cualquier regla que yo intente destacar será susceptible a romperse porque yo mismo he roto unas cuantas.

Hay muchos tipos de sermones y de conclusiones, y el predicador debe esforzarse, sin inhibirse, por incluir una conclusión que sea natural y orgánica para el tipo de sermón específico que se acaba de predicar. Mantente fiel al sermón que acabas de predicar en vez de variar drásticamente o cambiar el tono o el estilo repentinamente al final. Encuentra una forma cohesiva de terminar la exposición para que la gente sepa dónde está y cómo han cambiado mediante lo que acaban de oír y experimentar. Imagina que eres un piloto y aterrizas a la congregación de forma segura y suave en un lugar nuevo donde ven luces nuevas y oyen sonidos nuevos de donde empezaste con ellos.

Dejarte llevar significa tener la libertad de alinear tu voz y tu cuerpo con el mensaje que estás exponiendo.

Planifica tu camino

Una forma básica pero eficaz de dar forma a las expectativas de tus oyentes es decirles desde el principio: aquí es donde vamos y así es como llegaremos. Les das un pequeño resumen o sumario, como el tráiler de una película o una ventana de un anuncio de publicidad, para bromear con un anticipo de tus atracciones venideras. Al mismo tiempo, tu objetivo no debe ser resumir o condensar el mensaje tan eficazmente que sientan que ya saben todo lo que vas a compartir con ellos. Todos hemos visto algún tráiler que muestra los mejores momentos de la película y las escenas más dramáticas de forma tan extensa, ¡que sentimos que ya no necesitamos ver esa película!

Por lo tanto, incluso al establecer las expectativas de hacia dónde vas, debes crear algo de misterio que les muestre que no saben todo lo que tú sabes sobre el viaje. Usa palabras o frases inesperadas que tus oyentes no asocien con tu tema o mensaje. Escoge una metáfora sorprendente que no esté forzada o planeada, sino que abra tus puntos de maneras intrigantes. Intenta no preocuparte por ser demasiado inteligente, o adorable, o deslumbrante, y mantén el enfoque en dar un servicio, ofrecer un beneficio y suplir una necesidad.

Cuando tengas duda, nunca te avergonzará el método de mantenerlo simple. Si tu tiempo es limitado o compartido con otros compañeros, si el evento o la ocasión tiene cierto tema o estado de ánimo, entonces una ruta recta puede ser lo mejor. Recuerdo que me pidieron hablar con varias personas más en un evento en la Catedral Nacional de Washington después de la devastación del huracán Katrina. Solo tenía diez minutos y había pensado mucho en cómo maximizarlos. Una vez que decidí enfocarme en mostrar por qué debemos siempre echar una mano a los que padecen necesidad, hice una tormenta de ideas de doce razones, demasiadas para casi cualquier charla.

Combinando unas y cortando otras, reduje mi colección a

cinco puntos, aún mucho para diez minutos, pero factible. Y los cinco eran importantes y no necesariamente predecibles. Me sentí obligado a mantener los cinco, lo cual significaba que tenía que encontrar el orden a la hora de expresarlos. Después observé el tipo de progresión natural entre las cinco razones, y supe que tenía mi flujo estructural. Como podía ver la forma en que se relacionaban unos con otros y cómo reforzaban mi tema clave, supe que lo mejor era un método directo. No había tiempo para adornarlo, embellecerlo o realzarlo, así que me concentré en el núcleo de mi mensaje y estos cinco radios.

A veces, puedes dar nueva vida a un viejo mensaje cambiando el punto de vista desde el que se contó. Como cambiar el tono en el que se toca una canción, también puedes enfocarte en un tema, asunto o detalle distinto y lograr un sonido nuevo y diferente. Esto es especialmente cierto para los eventos incluidos en la Escritura. Puedes crear una experiencia para tus oyentes que los atraiga a una escena como si estuvieran allí en lugar de contarles solamente lo que tú quieres que sepan de ello. Es la diferencia entre resumir la conversación que escuchaste y dejar que ellos escuchen a escondidas, ¡y oigan por ellos mismos!

Estos métodos distintos pueden llegar al mismo destino, lo que dijeron las otras partes, pero crear experiencias muy distintas. Desde Dallas, donde yo vivo, puedes ir a Los Ángeles tomando un avión, conduciendo, en tren de Amtrak, en un autobús de Greyhound, ¡o como acompañante en una Harley con sidecar! Todos estos medios te llevarán a LA, pero cada viaje será distinto en muchos sentidos. Solo piensa que ir volando te tomará menos de tres horas y el viaje será rápido y sin esfuerzo. Ir manejando, por el contrario, te tomará más de veinte horas y será un viaje agotador, pero también te dará una imagen más gráfica de lo que hay entre las dos ciudades.

Milagro en tu mensaje

Pensemos en un ejemplo que he usado antes en sermones: el encuentro que tuvo Jesús con un ciego llamado Bartimeo (Marcos 10:46-52). Se nos dice que Jesús y sus discípulos salían de una ciudad cuando una gran multitud los siguió. En este punto en el ministerio de Jesús, ya se había extendido la noticia de quién era Él y de los milagros que podía hacer. Sentado junto al camino y mendigando, Bartimeo oyó a la multitud animada que seguía a Jesús de Nazaret, lo cual le incitó a gritar: "¡Jesús, Hijo de David, ten compasión de mí!" (Marcos 10:47, NVI). La gente a su alrededor le decía que se callara, quizá avergonzados del alboroto que estaba causando. Pero Bartimeo gritaba más fuerte, algo que funcionó porque Jesús le oyó y pidió que lo llevaran con Él.

Entonces Jesús le preguntó a Bartimeo: "¿Qué quieres que haga por ti?", a lo cual el hombre ciego dijo: "Maestro, quiero ver". Esta pregunta y respuesta es el corazón de su encuentro, muy simple y directo a primera vista. Jesús le dijo: "Puedes irte, tu fe te ha sanado", y Bartimeo al instante pudo ver el rostro de Aquel que lo acababa de sanar (Marcos 10:51-52, NVI).

Sabiendo que muchos en mi congregación estarían familiarizados con esta historia, quise observarla desde un ángulo distinto. Así que escogí enfocarme en aquello con lo que yo me identificaba en ese momento: ¡ansiedad! No es de extrañar, dados los tiempos tumultuosos en los que vivimos, pero veo en esta escena que la ansiedad no es nada nuevo. Lo que no se dice explícitamente es que Jesús y sus discípulos, junto a la multitud que los seguía, regresaban a Jerusalén por última vez antes de la muerte de Cristo. Solo Jesús sabía lo que les esperaba allí, pero no puedo dejar de preguntarme por la tensión sobreentendida que había en el aire, un sentimiento de premonición.

Después está la ansiedad de Bartimeo, un hombre ciego que mendiga junto al camino. En cualquier día, probablemente sentiría la ansiedad y el temor que provienen de la pobreza, de no ser capaz de ver y, por lo tanto, de confiar en la caridad de otros que pudieran apiadarse de él mientras pasaban. Sospecho que la ansiedad normal de Bartimeo aumentó considerablemente cuando oyó a la multitud acercarse. ¿Qué iban coreando? ¿A quién seguían y cuál era su misión? ¿Sería una revuelta? ¿Le harían daño?

Es triste, pero cuando experimentamos incertidumbre ahora, tendemos a ponernos en el peor de los casos y a mentalizarnos. Cuando has perdido mucho y has experimentado traumas en tu vida, es entendible, pero también hace que vivir, esperar y confiar en otros sea más difícil. Me pregunto si la ansiedad de este hombre ciego también se suscitó con respecto a lo que aparentemente había oído sobre el foco de atención que ahora se aproximaba a él: Jesús de Nazaret, el hijo del carpintero, descendiente del rey David.

De nuevo, no sabemos lo que Bartimeo habría oído, pero ciertamente nos podemos imaginar las sensacionales historias y el grandioso chisme arrastrados por la brisa hacia su sentido agudizado del oído al oír las voces de los que pasaban apresurados junto a él. ¿Serían ciertos esos dichos? ¿Realmente Jesús sanó a los enfermos y resucitó al hermano de Marta y María, Lázaro? Y al orar por la merienda de un niño de cinco panes y dos peces, ¿pudo Jesús alimentar a más de cinco mil personas? ¿De verdad? ¿Quién sería este hombre? ¿Podría ser el Mesías, el Hijo de Dios? De ser así, entonces ¿por qué los líderes religiosos judíos estaban tan enojados? ¿Y qué hay de esos rumores de una conspiración para matar a Jesús? ¿Sería solo un chisme o un resultado inevitable?

Bartimeo estaba literalmente en la oscuridad. Aunque no podía ver, sin embargo, tenía fe. Creía que, a pesar de todo lo que había oído, Jesús sin duda era quien decía ser. Por lo tanto, ¡era cuestión de llamar su atención! Algo que pudo haber sido más difícil de lo que Bartimeo pensó en un principio por la ruidosa multitud, especialmente cuando algunos además intentaron que se callara. ¿Qué pasaría si lo alejaban arrastras de Jesús antes de que Él llegara? ¿Qué pasaría si otros impidieran que Jesús llegara hasta él?

Pero Bartimeo sabía que no era el momento de estar callado. Era una oportunidad que quizá nunca se volvería a presentar, un momento con el potencial de cambiar el resto de su vida, de transformar su destino, de darle la vista. Así que, aunque él fallara, incluso si quedara en vergüenza delante de todos, aunque Jesús rechazara su petición, Bartimeo tenía que intentarlo. ¡Tenía que intentarlo! Tenía que gritar más y más alto, tenía que clamar desde lo más hondo de su ser, tenía que rogarle a Dios que hiciera lo imposible y le devolviera la vista.

Cuando Bartimeo oyó que Jesús lo llamaba, se puso en pie de un salto y dejó atrás su capa. Esto en sí mismo es una demostración de una fe completa, porque seguro que su capa era una posesión preciada, algo que lo mantenía caliente y protegía su cuerpo de la climatología. Hizo lo que podía hacer lo más rápido posible, pasando de ser mendigo a buscador, de ciego a visionario, de ser alguien en las sombras de la ansiedad a la luz de la sanidad. Ya no necesitaba la capa que había sido su manta de seguridad en la oscuridad.

Si le pudo pasar a un ciego que mendigaba junto al camino fuera de Jericó hace casi dos mil años atrás, ¡también nos podría pasar a ti y a mí! Si guardamos la fe, si escuchamos con atención y elevamos nuestra voz, Dios nos encuentra en nuestra necesidad y hace lo imposible. Él reúne a familias rotas, sana cuerpos afligidos, restaura relaciones rotas por la traición y elimina los grilletes de la adicción. Como Jesús con Bartimeo, Dios oye nuestros clamores y viene a nosotros, y nos pregunta qué queremos de Él. "¡Ánimo! ¡Levántate! Él te llama", le dijo la multitud a Bartimeo.

¡Este es el mensaje que te estoy entregando hoy! Arroja tu vieja capa y sal de tu zona de comodidad. Mira con ojos nuevos tu mensaje y cómo puedes ayudar a otros a experimentarlo de una forma nueva. Ya sea que estés predicando en un púlpito, resumiendo las tendencias trimestrales, o haciendo un brindis por la novia y el novio en su recepción de bodas, ¡deja que otros experimenten el milagro de tu mensaje!

CAPÍTULO 6

¿Dónde te duele?

He aprendido que la gente olvidará lo que dijiste, la gente olvidará lo que hiciste, pero la gente nunca olvidará cómo les hiciste sentir.

—Maya Angelou

"¿Te duele aquí?", preguntó el doctor, presionando ligeramente el abdomen de mi esposa. "¿Y por aquí?".

Serita se doblaba del dolor y la respuesta era clara.

Sin embargo, lo que aún no estaba claro era la fuente interna del dolor.

Este incidente ocurrió hace varios años y comenzó con un dolor agudo y severo justo debajo de las costillas de mi esposa. Descartando un dolor de estómago y una indigestión, pensamos entonces que podría ser la ruptura del apéndice o algún otro mal que necesitaba atención inmediata. Nos apresuramos a ir al centro de urgencias que nos quedaba más cerca, y pasamos por toda una batería de exámenes y pruebas solo para que nos dijeran que el apéndice no era la causa del problema.

Pero no estaban seguros de lo que podría ser. Su dolor no tenía que ver con el corazón, los pulmones, ni tampoco los riñones. Su dolor y su angustia revelaban la gravedad de su sufrimiento, pero no su causa ni su remedio. Así que los doctores le recetaron medicamentos para reducir el dolor mientras hacíamos citas con su médico de cabecera. Él le hizo más pruebas, pero aun así no podían dar con el problema. Mientras tanto, el dolor de Serita persistía y aumentaba en intensidad. Ambos estábamos preocupados por lo desconocido.

"¿Dónde te duele?" fue reemplazado por "*¿Por qué* te duele?".

Misterio médico

Aunque Serita resistía y seguía asistiendo a la iglesia y cuidaba de nuestro hogar, yo sabía que tenía mucho dolor. La peor parte era no saber cuándo el doctor podría identificar la causa de su intenso dolor y darle un diagnóstico para remediarlo y eliminarlo. La situación me hizo recordar cuando nuestros hijos eran pequeños y se enfermaban. Eran capaces de expresar su dolor y malestar en términos generales, pero les costaba describirlo y localizarlo, a fin de que nosotros, o la pediatra, pudiéramos diagnosticar el problema con precisión para resolverlo. "¿Dónde te duele?", le preguntábamos a nuestra hija, siguiendo su dedo hasta su abdomen, su rodilla magullada o su tobillo hinchado. A partir de ahí, proseguíamos con nuestro examen hasta que conseguíamos avanzar para encontrar una solución.

Mi esposa podía describir su sufrimiento con gran detalle, pero la causa aparentemente invisible seguía sin poder ser detectada. Por fortuna, tras media docena de citas más con varios especialistas, junto a numerosos análisis de sangre, ecografías y rayos-x, un internista determinó la fuente del dolor de Serita y programó una cirugía para erradicarlo. Aunque la cirugía en sí se pudo hacer con eficacia sin tener que hospitalizarla, la recuperación duró seis semanas, ¡e incluyó un dolor que superaba a su antecesor!

Mi esposa tolera muy bien el dolor, sin embargo, en medio de las agónicas semanas que siguieron a la operación, ella se automotivaba porque sabía que estaba recuperando sus fuerzas y su salud. Recuperarse del dolor fue, por lo tanto, más fácil que soportarlo porque era constructivo y sanador en vez de ser el dolor destructivo e incesante que señalaba el trauma interno en su cuerpo. Su diagnóstico desconcertó a algunos de los mejores doctores que había, pero cuando el experto adecuado reconoció el problema, pudo prescribir el remedio necesario.

En términos de diagnosticar un dolor invisible y esquivo, la predicación se parece mucho al examen médico de un doctor. De hecho, la mayoría de los comunicadores te exigen que identifiques la principal necesidad de tu audiencia para exponer un mensaje dirigido que trate esa necesidad. Podría ser la necesidad de motivación para recaudar fondos para unos nuevos uniformes para la banda de la escuela. Podría ser la necesidad de sabiduría para conocer la causa de algún nuevo vandalismo en la comunidad. Tal vez la necesidad de celebrar el aniversario de las bodas de oro de una pareja.

A veces la necesidad, que es distinta de la expectativa de una audiencia pero que a menudo se solapa, parece obvia y evidente.

Los empresarios locales te invitan a compartir tu experiencia y sabiduría sobre cómo empezar una pequeña empresa con éxito. Un líder de una iglesia te pide que dirijas el grupo de estudio bíblico de mujeres mientras lees, discutes y aplicas el libro de Rut. El afiliado de la televisión local quiere entrevistarte sobre la nueva organización sin fines de lucro que estás empezando. Te han pedido predicar en un servicio de bienvenida en la iglesia donde tú creciste. Al margen del lugar y la audiencia, saber cómo diagnosticar con precisión la necesidad de tu audiencia es vital para tu éxito como comunicador.

Deja que la necesidad te encuentre

A veces vas en busca de la necesidad, y a veces la necesidad te encuentra a ti.

Cuando escribí *Mujer, eres libre*, no me podía imaginar el impacto que tendría en las vidas de millones de mujeres. Lo único que sabía era que vi una necesidad, un vacío deslumbrante en los recursos espirituales disponibles para mujeres que tenían heridas que no sanaban. Muchas de esas mujeres habían experimentado de niñas un abuso (físico, sexual, mental, emocional) que había dejado cicatrices permanentes en su alma. Otras habían perdido seres queridos en lo que parecía un ciclo continuo de abandono y pena: esposos que las habían dejado, padres que sufrían demencia y enfermedades, hijos consumidos por la adicción.

Algunas de esas mujeres no intentaban esconder el precio que su sufrimiento les había impuesto. Yo podía ver el dolor grabado en sus rostros, haciendo que parecieran esculturas sin terminar mostrando duros golpes de cincel. Con sus hombros caídos y sus ojos húmedos de lágrimas, esas mujeres llevaban la carga de sus aflicciones con dignidad, y se negaban a pretender lo contrario. Porque incluso en medio de su angustia, aún estaban de pie con una fuerza innegable y una fe en Dios inquebrantable.

Otras mujeres parecían ser las últimas personas que uno esperaría que se derrumbaran por dentro. Cuidando mucho su aspecto físico, aparentaban estar bien informadas, bien organizadas, y ser inherentemente eficaces. Muchas eran esposas jóvenes y mamás primerizas en las primeras fases de desarrollo de sus familias. Otras eran grandes triunfadoras en una escalera empresarial de pista rápida, usando sus dones, talentos y ambición sin disculparse. Solo cuando las miraba con detenimiento, podía ver el titileo de dolores del pasado aun ardiendo en su interior a pesar de sus mejores intentos por fingir lo contrario.

Muchas se confesaban conmigo y con mi esposa cuando ya no podían soportar su sufrimiento en silencio. Otras habían llegado a un punto de quiebre cuando no pudieron soportar solas su última crisis. Algunas encontraban consuelo en nuestra iglesia y me oían predicar sobre el poder de Dios para consolar, sanar, restaurar y redimirnos de terrores, traumas y tragedias de la vida. Querían experimentar sanidad espiritual para facilitar un bienestar holístico y restauración en todas las áreas de sus vidas. Con lágrimas en los ojos, nunca me sentí más honrado y con un sentido de humildad de ser un canal de Dios que cuando predicaba, oraba y presentaba las Buenas Nuevas a estas hermanas de fe.

Pero mientras más intentaba ministrarles, más crecía mi

consciencia del número de mujeres que sufrían espiritualmente y el grado de agonía que cargaban. Su necesidad me abrumó, y por mucho que deseaba hacer más, sabía que yo era solo un hombre en una pequeña iglesia en Virginia Occidental. Aunque siempre las había tenido en mente cuando predicaba, decidí dar una serie de sermones sobre una escena de la Escritura que destilaba la esencia de la sanidad disponible para todos nosotros.

Tomada de las palabras que Jesús dijo para sanar a una mujer lisiada, esta serie se llamó *Mujer, ¡eres libre!*

Liberada por el amor

En Lucas 13:10-17 encontramos un pasaje que revela un encuentro entre Jesús y una mujer encorvada, identificada solo como una "hija de Abraham" (v. 16), atormentada durante dieciocho años por un espíritu demoniaco que la mantenía doblada y afligida. Jesús la observó entre los que le oían enseñar en una sinagoga el día de reposo. Incluso entre los muchos rostros que lo miraban, Él discernió una necesidad en esta mujer que sabía que podía suplir.

Tal vez fue la forma en que su cuello se torcía en cierto ángulo o la forma tan extraña en que sus brazos colgaban de sus hombros. Quizá Jesús no podía ver visiblemente su cuerpo doblado y solo reconoció el dolor incapacitante que transmitían sus ojos. O tal vez fue simplemente que detectó los grilletes demoniacos que ataban el espíritu de esta mujer para que no pudiera experimentar la salud y la libertad para las que fue creada. Al margen de lo que atrajo la atención del Salvador, Él vio su necesidad y la llamó.

Después le habló con palabras que transmitían tanto una orden como una declaración, una observación imperativa de su sanidad inmediata. Jesús llamó a la mujer y le dijo: "Mujer, eres libre de tu enfermedad" (Lucas 13:12, RVR1960). Otras traducciones usan un lenguaje más contemporáneo para indicar el mensaje de Cristo, expresando que esta mujer era libre de su aflicción y liberada de su carga. Pero algo en la hermosa y arcaica simplicidad de la versión Reina Valera tocó una fibra de mi ser.

Al dirigirse a ella diciéndole "Mujer", Jesús la ve como una persona individual que está delante de Él como representante de todas las mujeres. Él usa el trato familiar en segunda persona de singular "eres", seguida del mensaje transformador de sanidad instantánea que se desprende de la palabra inesperada "libre".

Cuando oímos la palabra "libre" en la actualidad, se suele usar para describir algo que se separa de lo que lo mantenía unido. Usándolo como verbo, diríamos más bien liberar antes que librar, por ejemplo: "Liberé al pajarillo de su jaula". Si te pasa como a mí, a veces tengo que pausar para no confundir librar con liberar.

Perdóname por hacer de maestro de lengua, pero la palabra "libre" describe la liberación tan perfecta que esta mujer experimentó. Había estado atada por un espíritu satánico, como Jesús explicó después a los líderes religiosos judíos enojados porque la había sanado en día de reposo, su día tradicional de descanso completo que exigía a todos abstenerse todo lo posible de realizar cualquier acción (Lucas 13:16). Al llamarlos hipócritas, Jesús les recuerda que ellos desataban sus burros o sus bueyes para que los animales pudieran beber agua y a su vez lo criticaban a Él por haber desatado a esta pobre mujer del espíritu opresivo que la tenía cautiva.

"Libre" es la palabra perfecta aquí porque conlleva una imagen de soltar, de cerraduras abiertas, de cadenas sueltas, de agarres fuertes aflojados, y de ataduras desatadas. "Libre" connota algo relajado, ilimitado, sin restricciones, una independencia de la opresión de un modo que es a la vez poética y poderosa. Para las personas cuyos ancestros fueron traídos a este país como esclavos, la palabra "libre" describe el sentimiento de euforia que se debió haber prendido tras la emancipación. Para las personas cuyos padres y abuelos habían marchado en Selma o habían protestado pacíficamente por la injusticia de la segregación, la palabra "libre" resuena con los derechos que les fueron arrebatados por aquellos cuya intolerancia, prejuicio y racismo sistémico intentaban mantener la opresión.

El hecho de que Jesús liberara a esta mujer del oscuro espíritu que le mantuvo encorvada por dieciocho años habla de la forma en que el sufrimiento puede terminar de forma repentina e inmediata. Me fascina el hecho de que esta querida mujer estaba allí en la sinagoga el día de reposo a pesar de que el dolor recorría todo su cuerpo retorcido. Con su cuerpo doblado en ángulos que nuestras articulaciones nunca debían soportar, esta hija de Abraham podía haber adoptado el papel de víctima.

Se podía haber quedado en casa metida en la cama. Podía haber intentado ahogar sus penas en vino. Podía haber ido a buscar charlatanes que vendían pócimas que prometían enderezar su columna. ¡No, esta mujer tenía fe! Rehusó permitir que el demonio que apretaba sus huesos ganara. No se apartaría de Dios, sino que lo adoraría con fe en su templo. Se atrevió a creer que un día podría ser libre de la adversidad que torcía su cuerpo y atenazaba su alma.

Sanada al instante cuando Jesús puso sus manos sobre ella después de hablarle, esta mujer clamó con agradecimiento y alabanza. Sus oraciones habían sido contestadas. Su fe se había cumplido. Su cuerpo y su mente habían sido restaurados. ¡Había sido liberada por el amor! En su sufrimiento, personificaba a cada mujer que ha sufrido alguna vez abuso, opresión e incapacidad de algún tipo. En su sanidad, ¡ella nos ofreció esperanza a todos nosotros!

Mensaje antes del movimiento

La respuesta a mis sermones sobre la sanidad de esta mujer superó todo lo que yo había visto hasta ese momento. Esos servicios se convirtieron en tiempos sagrados de sanidad, unción y alabanza en una categoría propia. Las peticiones de cintas de audio y transcripciones de esos servicios ¡se dispararon! Testimonios de mujeres de todas las edades que habían experimentado bendición, sanidad y unción inundaban nuestra iglesia. Esto fue en la era anterior a los teléfonos inteligentes, con lo cual la gente no podía grabar digitalmente en los teléfonos o tabletas, ni yo podía escribir en la página web de una iglesia o en las redes sociales.

Me empezaron a llover invitaciones para predicar este mensaje en otras iglesias, conferencias y eventos, ¡así como peticiones persistentes para predicarlo de nuevo en mi propia iglesia! Había tocado un nervio de una voraz necesidad que la iglesia no había tratado antes de forma tan directa. Mujeres que habían experimentado formas de abusos de padres, tíos, hermanos, novios, y tristemente incluso de pastores, se identificaron especialmente con *Mujer, eres libre*.

Muchas me dijeron que nunca habían tenido el valor de confrontar sus heridas, y mucho menos a sus abusadores, y que sabían que eso les estaba reteniendo en la vida. Pero ahora habían encontrado el valor de confrontar el pasado para poder rescatar su futuro. Otras compartieron alivio al sentir que la vergüenza y el estigma habían sido eliminados de algo que soportaron, aunque no había sido culpa suya. Habían sido silenciadas por la oscuridad que incapacitaba su alma, pero ya no más.

Por primera vez en su vida, se sintieron escuchadas y vistas como supervivientes, no como víctimas, como hijas hermosas de Dios dignas de respeto en vez de bienes dañados sin valor alguno. Rehusaron seguir calladas mientras otros intentaban apagar sus gritos de rabia y dolor. Se habían cansado de que les dijeran que era su problema, que se habían imaginado el abuso, que les gustaba hacerse las víctimas.

Jesús equilibró perfectamente la gracia y la verdad, y nunca comprometió una por la otra. Cuando los líderes religiosos intentaron condenarlo por sanar a esta mujer en día de reposo, Jesús le dio vuelta a la tortilla. Si puedo darte mi paráfrasis, es esta: "No me digan que ignore el sufrimiento de un ser humano porque es el séptimo día de la semana, ¡y mucho menos cuando ustedes están dispuestos a desatar a sus animales para darles de beber!".

Las mujeres que estaban siendo liberadas por el poder de Dios mediante mi mensaje abrazaron la libertad que viene al conocer la verdad. Su aflicción había sido diagnosticada, y el Gran Médico me permitió recetar su paz perfecta que sobrepasa todo entendimiento humano. Las peticiones eran tan frecuentes y la demanda tan grande, que me dispuse a hacer de mi misión alcanzar a todas las mujeres posibles con este mensaje de esperanza. Así que decidí organizar una conferencia de un fin de semana para mujeres, para que pudieran experimentar el mismo tipo de esperanza y sanidad que la mujer encorvada a la que Jesús había restaurado.

La conferencia me permitió ver a otras mujeres que habían experimentado sanidad y restauración de su sufrimiento, entre ellas Eva, Sara, Rut y Noemí, María la madre de Jesús y María Magdalena. La respuesta fue abrumadora, y las peticiones de los materiales de la conferencia superaron mis recursos para financiar, imprimir y distribuir las copias escritas. Así que fui inspirado a escribir un libro, el cual podría vender para cubrir los gastos de su producción. Trabajando noches y fines de semana, conseguí que mi esposa me ayudara a escribir a máquina mis notas, transcripciones de los sermones, y nuevo material.

Una vez que había terminado el manuscrito, y en ese entonces sabía muy poco sobre mercadotecnia editorial y procesos de producción para publicar libros, encontré una imprenta dispuesta a emitir cinco mil copias, las cuales pondría a disposición de la gente a través de nuestra iglesia y de la siguiente conferencia "Mujer, eres libre", la cual ya estaba programada y con su cupo lleno. Apenas había levantado las cajas de los libros terminados para meterlos en el maletero de mi automóvil ¡cuando ya habían desaparecido!

Mujeres que habían experimentado una nueva vida al oír el mensaje o al asistir a la conferencia querían ejemplares para ellas mismas y también libros para enviar a sus madres, hijas, hermanas, sobrinas y mejores amigas. Así que volví a imprimir otros cinco mil, y después diez mil, y después era toda una carrera el poder mantener el ritmo de la creciente demanda. Considerando mi tiempo y mi trabajo, no saqué mucha ganancia de las ventas porque seguía reinvirtiendo las ganancias para financiar tiradas más grandes.

Finalmente, mi pequeño libro autopublicado llegó a las manos de Destiny Image, una editorial tradicional de libros con base de fe, casi a la misma vez que mi predicación también comenzó a despegar. Para tener el apoyo profesional y la infraestructura, particularmente con la producción y distribución, me asocié con una compañía editorial establecida que parecía entender la importante necesidad que abordaba mi libro. Otros libros que abordaban otras necesidades siguieron después, cuando descubrí el poder de amplificar mis mensajes a través de una plataforma de comunicación alineada.

Hoy, nos estamos acercando al trigésimo aniversario de la primera publicación de *Mujer, eres libre*. Ese primer libro que antes donaba, vendía a precio de costo desde el baúl de mi auto y lo enviaba por correo a los lectores, ha dado a luz desde entonces ediciones actualizadas, manuales, devocionarios, estudios bíblicos, ediciones de regalo, tarjetas de felicitación, ¡y una película de Hollywood! Comparto todo esto contigo no para alardear o presumir, porque solo puedo acreditarme el obedecer el llamado que Dios puso en mi corazón, sino de prestar atención a las necesidades de mi rebaño. Él es quien merece todos los créditos y la gloria por la manera en que lo ha usado para operar en las vidas de millones de mujeres en todo el mundo.

Mucho antes de que fuera un movimiento, era simplemente un mensaje que abordaba una necesidad urgente.

Silencio terminal

Aunque algunas necesidades urgentes pueden parecer invisibles para otros, cuando tú ves esas necesidades, no puedes ignorarlas por muy grandes, difíciles o peligrosas que puedan parecer. Yo comparo este tipo de necesidades con el diagnóstico inesperado que le dice a un paciente que tiene un tumor maligno. Esa persona fue a ver a su médico por la erupción cutánea persistente en el codo, y descubrió que el cáncer había invadido ya todo su cuerpo. Pensaba que tenía una herida pequeña superficial, pero resultó ser un síntoma de una enfermedad generalizada mayor que se extendía por todo su sistema respiratorio. Suponía que necesitaría una inyección y alguna pomada, cuando realmente tuvieron que darle quimioterapia y radiación.

Muchas veces, estas necesidades se convierten en el elefante proverbial de la sala, un asunto, problema, conflicto o crisis que todos saben que existe entre ellos pero que al mismo tiempo tratan de ignorar. Consideran que es poco educado, incómodo y lioso reconocer tales necesidades y, por consiguiente, intentan perpetuar una conspiración de silencio.

Seguir callados ante una necesidad urgente y traumática, sin embargo, hace que los que guardan silencio sean cómplices de sus consecuencias. El silencio ante el trauma se convierte en terminal. Los que escogen el silencio cuando les dan el micrófono en estas ocasiones, ya sea un silencio literal o mensajes vacíos que pretenden distraer a los oyentes, hacen tanto daño como los perpetradores. Los mensajes para sentirse bien y las homilías agradables y benignas se convierten en sal en las heridas de los que están sangrando por debajo de la superficie. Ignorar los traumas no es la manera de contener la hemorragia en las almas o de aliviar la realidad de los que están en angustia. ¿Le darías un esparadrapo y vitamina C a una persona que ha recibido un disparo de bala y se está desangrando delante de ti?

Yo comparo este tipo de silencio cómplice y mortal con lo que he observado en las vidas de otras personas que cargan con cicatrices escondidas. Tras dar consejería a cientos de personas durante el transcurso de mi ministerio, he sido testigo demasiadas veces del valor que se necesita para confrontar el abuso infantil. Se necesita fuerza, fe y una valentía considerable para enfrentar tus demonios con el fin de aclarar tu visión. Lidiar con la rabia es algo necesario para los supervivientes si quieren deshacer sentimientos enterrados sobre sus abusadores.

También he observado, sin embargo, que estas personas se sienten igualmente furiosas, si no más, con el silencio de quienes permitieron el abuso. Madres que se hicieron la vista gorda y oídos sordos cuando sus esposos explotaban a hijastras. Familiares que lo sabían, pero afligían a la víctima. Vecinos y miembros de iglesia que negaban las pistas y los síntomas, o directamente se negaban a creer el testimonio de quienes sufrían. Maestros, pastores y entrenadores que no querían involucrarse o tomar el riesgo que podría resultar en la burla o la crítica de otros. Los que han experimentado abuso saben que la disposición de otros a permanecer en silencio les hirió de una forma tan profunda como el toque de sus abusadores.

El impacto del silencio de otros es a menudo el mismo cuando consideramos el abuso, la injusticia y la violencia en una escala mayor en la sociedad. Pienso particularmente en el reciente reconocimiento del racismo sistémico que ha afectado nuestra nación desde antes de su fundación. Aunque lo he tocado brevemente en capítulos anteriores, permíteme compartir algunas ideas más sobre la importancia de la comunicación durante el actual despertar de nuestra cultura. Porque las revueltas, la protesta violenta y el saqueo nunca producirán el cambio positivo que todos anhelamos. Solo las protestas pacíficas, el discurso civil y las conversaciones sinceras pueden hacernos avanzar hacia delante.

Fantasmas en el castillo

Tal vez ha habido momentos en los que debería haber dicho más, ¡pero en raras ocasiones me he quedado callado! Nunca he sido alguien que ignora los elefantes que andan pisoteando la sala. No sé si soy necio o valiente, pero siempre he creído que mi voz puede marcar la diferencia. Crecí creyendo que las palabras podían cambiar vidas, que los sermones podían expresar el poder del amor de Dios para salvar almas, y que las conversaciones podían arreglar matrimonios y poner fin a guerras. Esta creencia ha impulsado prácticamente cada esfuerzo que he hecho en mi vida.

Esta creencia en que las palabras, los mensajes, los sermones y las conversaciones pueden provocar cambios positivos me motiva

145

todavía. Así que, tras la estela del asesinato de George Floyd, cuando tantos cientos de otros nombres finalmente hablaron reconociendo la brutal injusticia de sus muertes, no dudé en hablar. Me sentí obligado a compartir mis observaciones y opiniones con la esperanza de guiar la conversación de nuestra nación hacia una sanidad constructiva. No es que yo tuviera respuestas definitivas o una ideología inflexible para avanzar, sino meramente un mensaje para equilibrar nuestra dura verdad con la gracia divina. Este es el ejemplo que Jesús nos dio a todos nosotros, y solamente Él lo hizo todo de manera perfecta durante su tiempo en la tierra. Pero si buscamos seguirlo a Él, entonces somos llamados a salir de la fácil seguridad de nuestros cómodos cubículos y arriesgarnos a vivir por fe.

En uno de mis ejemplos favoritos de cuán bien vivió Él este equilibrio, Jesús comenzó a conversar con un experto en la ley judío que esperaba encontrar algún error en sus respuestas (Lucas 10:25-37). Provocando a Jesús al preguntarle qué debía hacer alguien para heredar la vida eterna, el abogado a cambio recibió la petición de que guardara los dos mandamientos más importantes: "Ama al Señor tu Dios con todo tu corazón, con todo tu ser, con todas tus fuerzas y con toda tu mente", y: "Ama a tu prójimo como a ti mismo" (Lucas 10:27, NVI). Decidido, el hábil abogado preguntó entonces: "¿Y quién es mi prójimo?" (Lucas 10:29, NVI).

Jesús entonces compartió la historia que conocemos como la parábola del buen samaritano (Lucas 10:30-37). Un viajero sufrió un ataque y fue golpeado y dejado por muerto junto al camino. Un sacerdote pasó por allí y después un levita y líder religioso del templo, y ambos vieron al hombre herido y se cruzaron al otro lado del camino para evitarlo. Solo un menospreciado extranjero, alguien de la tierra pagana de Samaria, se compadeció del pobre viajero y se molestó en detenerse. Vendó las heridas del hombre y lo llevó a una posada cercana, pagando una habitación y pidiéndole al posadero que echara un ojo al extranjero.

Es una historia que probablemente ya has oído antes. Jesús respondió a la pregunta del abogado y a la nuestra dejando claro que "prójimo" es un término totalmente inclusivo. Nadie que ame a Dios puede ignorar la súplica de otro ser humano en necesidad, al margen de las diferencias que pudieran separarlos. Esta parábola se predica con frecuencia para inspirarnos a servir mejor a los que están en necesidad, lo cual sin duda es bueno. Pero no debemos pasar por alto el hecho de que los dos primeros que pasaron, el sacerdote y el levita, ¡son los que deberían haberse detenido de inmediato para ayudar al hombre moribundo que habían visto! Me da temor que hoy en día, así como antes, nos veamos tentados a obedecer a Dios y a mostrar su bondad a otros solo cuando nos sea conveniente.

Esta hipocresía mortal representada por el sacerdote y el levita en la parábola de Jesús me recuerda mi visita al castillo Elmina en Ghana hace unos años atrás. Construido en 1482 por exploradores portugueses como un centro de intercambio comercial, Elmina es el edificio europeo más antiguo que existe al sur del desierto del Sáhara. Hoy es patrimonio mundial de la UNESCO y es visitado por miles de turistas cada año, pero durante siglos el castillo sirvió como una de las paradas regulares para el comercio atlántico de esclavos.

En el sótano del castillo, vi las mazmorras donde incontables esclavos eran encarcelados antes de transportarlos encadenados a otros continentes. Estas crudas celdas no solo eran oscuras y frías, sino que el hedor era insoportable. El olor de los cuerpos humanos (sudor, sangre, orina, heces) mezclándose década tras década había impregnado el duro suelo. Puse mis manos sobre piedras y vigas de madera para delinear los diseños desesperados formados por marcas de arañazos, el resultado de dedos sangrientos que se aferraban a las fétidas paredes de su prisión antes que abandonar su tierra natal, sus esposas, sus padres, sus hijos.

Mis ojos se llenaron de lágrimas al estar allí de pie pensando en las escenas que venían a mi imaginación y en las tantísimas otras que no podía imaginar. Lloraba no solo por conmemorar la épica falta de humanidad en ese lugar, sino también porque sabía lo que había arriba, justo dos pisos por encima de mí: *una iglesia*. Junto a las salas donde se negociaba con cuerpos humanos, se compraban y vendían, cerca de las áreas donde se lavaban mujeres esclavizadas solo para que fueran violadas por sus captores, junto a las cámaras donde hombres encadenados gritaban en la agonía sin anestesiar de la castración, hay un bonito santuario precolonial, la Capilla de San Jorge.

Muchos de los mismos hombres que adoraban, oraban y cantaban himnos allí, también compraban y vendían seres humanos que habían sido violentamente asaltados y arrancados de sus hogares, sus familias y sus aldeas. Estos mismos hombres, muchos de los cuales decían ser cristianos, también violaron, castraron y asesinaron a hombres, mujeres y niños.

Insoportable.

Impensable.

Inimaginable.

Pero el castillo de Elmina, como la esencia de la parábola del buen samaritano, contiene tanto la verdad indescriptible como la gracia indeleble de nuestras relaciones, entre nosotros y con Dios. El castillo y la parábola simbolizan la misma dualidad que está siendo expuesta en nuestro país y en nuestro mundo ahora mismo. El silencio ya no se puede soportar más. Gracias a las redes sociales, todos tenemos un micrófono para que nuestra voz se oiga. Mejor aún, tenemos oportunidades de conectar, hablar y, lo más importante, de escuchar a otros.

Tanto los que viven hoy como los fantasmas que hay en nuestros castillos.

La esperanza es contagiosa

Nadie puede equilibrar nunca la verdad y la gracia de forma tan perfecta o hábil como lo hizo Cristo, pero como creyentes, y en mi caso como pastor, siempre debemos intentarlo. Con respecto a los asuntos de racismo sistémico y prejuicio, estoy muy familiarizado con las duras realidades de las fallas geológicas fracturadas dentro de nuestro país. Al crecer durante la década de los sesenta, recuerdo ver a mi padre ir a la parte trasera de los restaurantes para recoger nuestro pedido, beber de fuentes de agua distintas y usar lavabos públicos segregados. Vi la división de oportunidades, para la educación, el empleo, el desarrollo emprendedor y el ascenso, determinadas por el color de la piel de una persona.

También oí las historias y conocí el legado de mis ancestros esclavizados solo unas generaciones antes que la mía. En particular, conocí los horribles detalles de la muerte de mi abuelo con veintidós años de edad. Verás, me pusieron su mismo nombre y nací muchos años después el mismo día que él murió de una muerte terrible, el 9 de junio.

Al llegar a casa del trabajo cada noche, él a menudo tomaba la ruta más corta nadando por el lago. Su rutina se hizo conocida en la comunidad, hasta que algunos intolerantes locales planearon una trampa increíblemente retorcida y cruel para mi abuelo. Ataron varios alambres de púas de un lado a otro por debajo del agua en la ruta que él tomaba, sabiendo que se quedaría enredado y se ahogaría. Mientras su esposa embarazada, que más adelante sería mi abuela, lo esperaba en casa cocinando su cena, mi abuelo moría de una muerte inimaginable únicamente debido al odio que un puñado de hombres blancos sentían por el color de su piel.

Pero también soy consciente del poder del amor de Dios para anular la ignorancia humana, los prejuicios, el temor, la ira y la violencia. Donde crecí, en Virginia Occidental, solo alrededor del cinco por ciento de la población era afroamericana, así que conocí a mucha gente blanca, algunos buenos y amables, y otros malos y desagradables, algunos indiferentes ¡y algunos claramente locos! Pero ¿sabes qué? También conocí el mismo número de personas negras a las que podría describir de la misma manera.

Tuve entonces, y tengo ahora, amigos queridos cuya piel es distinta a la mía, algunos blancos, otros mulatos, otros negros. No estamos cegados a los colores y no intentamos fingir que el color de nuestra piel es el mismo o que no importa, pero tampoco nos juzgamos unos a otros por nuestra raza más de lo que evaluaríamos el carácter del otro basándonos en el color de nuestros ojos, ¡o la talla de nuestro calzado! Intentamos ver el latido del corazón debajo de la piel, sentir el dolor del otro en los distintos tamaños y formas que pueda adoptar, y mostrar el amor de Dios como buenos samaritanos lo mejor que sabemos.

Ya sea que te empujen delante de un micrófono, que lo agarres cuando tengas la oportunidad, o que crees una plataforma propia, debes considerar el mensaje que estás dando a la luz de las necesidades de tu audiencia. Al margen de nuestras diferencias, compartimos un hambre de esperanza. Al margen de cuál sea tu forma de comunicación contagiosa, descubrirás que ofrecer esperanza en una de sus muchas formas satisface a tu audiencia todo el tiempo. La esperanza de pertenecer y de ser aceptado. La esperanza de respeto y amabilidad. La esperanza de compasión y entendimiento. La esperanza de amor y perdón.

La esperanza de un futuro que demuestra que finalmente hemos aprendido del pasado.

PARTE 3

La promesa de la práctica

Sin importar cuánto sepas *sobre* predicar o hablar en público, ¡no hay ningún sustituto para la experiencia! La práctica sin duda te permite llegar a la excelencia, aunque siempre haya más que aprender. Una de las razones por las que me encanta predicar es porque no solo me encanta aprender de expertos, historiadores, eruditos y teólogos, sino porque también disfruto de la sinergia creativa de cómo se arma y después se expresa. Cada sermón, aunque conceptual o temáticamente sea igual a otro que haya predicado en un servicio anterior, ofrece una nueva experiencia, una dinámica distinta, un conjunto nuevo de variables. La promesa de la práctica es la revelación de lo que solo se puede aprender haciéndolo, mediante la experiencia de crecer desde tus errores y de pulir tus triunfos.

Con todo el debido respeto hacia el Dr. Thomas y otros expertos de la predicación, la *práctica* de la predicación, no la teoría de la predicación, está en el centro de esta forma de comunicación única. La práctica viene primero, y al mismo tiempo, como el Dr. Thomas observa de forma tan brillante, también necesitamos teoría; debemos hacer que la teoría esté explícita para mejorar la práctica, y también para transmitir la tradición a las siguientes generaciones. Esto perpetúa la historia y la cultura de la tradición oral. Es el catalizador para la narrativa y para compartir anécdotas unos con otros, lo cual en sí mismo es un fundamento de la interacción social.

Mientras más mayor me hago, más aprecio el tapiz increíblemente abundante de conversaciones, historias, historia familiar, tradiciones culturales y sí, incluso los chismes del vecindario que absorbí mientras crecía. Todo eso formó una extraña forma de colcha de comunicación para mí, que tejía distintos géneros y voces, estableciendo el paso para el suspense, demostrando la maestría de una frase clave expresada de forma experta, y cosiendo palabras en patrones poéticos que los hicieron tanto memorables como musicales.

Recuerdo de niño que a menudo nos sentábamos y hablábamos; bueno, yo escuchaba junto a los demás niños presentes mientras los mayores hablaban. Quizá era después de la comida del domingo o en el porche delantero cuando llegaban nuestros vecinos, en el patio trasero una noche de verano, o alrededor de la mesa de un picnic en una reunión de la iglesia. Sin tan siquiera darme cuenta en ese entonces, crecí siendo testigo de la forma tan orgánica en que las historias informaban a las tradiciones de la comunidad. Nos sentábamos alrededor de la mesa de la cocina mientras mamá servía más café o té frío para todos. Ella le preguntaba a mi prima Marleen si había conocido al nuevo pastor de jóvenes de la iglesia. Mi tía Wiza solía estar ahí, porque venía el último sábado del mes para ver a Papá, mi abuelo, y todos nos juntábamos con ellos en las escaleras del porche delantero.

Escuchar sus historias me habló de quién era yo y de dónde venía. Así fue como supe que mi bisabuela fue esclava y que mi mamá cantaba en el coro con Coretta Scott. Nuestras historias se transmitían mediante una tradición oral, así que no es de extrañar que diéramos a luz a los Frederick Douglass y los Malcom X y los Dr. King, porque no teníamos otra cosa que formara una herencia tan rica. Los oradores se hacían eco de la tradición, y los mejores oradores ayudaban a la comunidad a realizar nuevas versiones de sí misma sin perder su identidad.

Antes de que comiences a practicar tu propio proceso, haz una pausa y piensa en lo que has aprendido y absorbido ¡de las mejores prácticas de otros! Puede que te sorprendas de lo que ya haces, así como de lo que quizá necesites hacer, sobre la base de las tradiciones de comunicación que heredaste. En pocas palabras, la promesa de la práctica significa usar lo que ya sabes ¡para descubrir lo que no sabes!

CAPÍTULO 7

Cada oportunidad es la única que tienes

Por lo general tardo más de tres semanas en preparar un buen sermón espontáneo.

—Mark Twain

En el musical *Hamilton*, el maravilloso híbrido de género musical e histórico contemporáneo de Lin-Manuel Miranda sobre la vida de Alexander Hamilton, "Mi oportunidad" proporciona un mantra para cualquiera que recibe su momento en el micrófono. "No voy a desperdiciar mi oportunidad", dice Hamilton en forma de rap, afirmando su ambición, pasión y determinación a sacar el máximo provecho a cualquier oportunidad que tenga para compartir su revolucionario mensaje y derrocar el reinado colonial británico. Se identifica con esta nueva tierra de oportunidades ilimitadas, la cual considera solo como algo "joven, incompleto y hambriento" como él mismo.

Otros patriotas se hacen eco del refrán de Hamilton, John

Laurens incluido, un hombre de estado y abolicionista que sueña con unirse a la batalla con el primer regimiento americano solo de negros. La canción da un giro irónico al final del espectáculo cuando Hamilton se bate en duelo con su archienemigo Aaron Burr y falla intencionalmente, mientras que la fatal bala de Burr encuentra su diana. Los dos significados de "oportunidad", ante el micro y con la bala, convergen entre sí como si fueran uno solo y el mismo.

El musical me impresiona a muchos niveles, pero me gusta especialmente el énfasis en maximizar tu mensaje en cualquier momento que puedas. Las palabras pueden tener la fuerza de las balas sin la violencia, la matanza y las bajas, algo que las hace ser incluso más poderosas en su habilidad para producir un cambio. Cualquier criminal, dictador o vigilante puede usar la fuerza física y el poder de abrir fuego para intentar controlar a otros. Pero como hemos visto en la indignante pérdida de vidas negras a manos de quienes deberían protegernos, las balas no pueden matar la verdad.

Finalmente, las palabras tienen más poder que las armas.

Lo cual hace que nuestras oportunidades para comunicar algo sean mucho más importantes.

Espera en los bastidores

Obviamente, cada oportunidad ante el micrófono no tiene el mismo peso y gravedad que tuvieron los de la Guerra de la Revolución o del movimiento Black Lives Matter. Sin embargo, te animo a considerar incluso las situaciones más humildes como dignas de dar todo lo que tienes. Ya sea que estés pidiendo a tu consejo de zona local en una reunión del ayuntamiento, predicando sobre la parábola del hijo pródigo, o inspirando a líderes de empresas durante un evento en línea retransmitido en vivo, nunca debes hacerles perder su tiempo ni el tuyo.

Nunca sabes cuándo una oportunidad se convertirá en un umbral de destino. Nunca olvidaré uno de los momentos trascendentales de mi ministerio cuando pasé de participante en la audiencia a presentador principal en el mismo evento al año siguiente. Por fortuna, presté atención a un mensaje en particular cuando asistí, lo cual a cambio me preparó para tomar el micrófono cuando me invitaron a predicar al año siguiente.

Me habían invitado a ir a Tulsa, Oklahoma, para asistir a lo que se conoce como la conferencia Azusa, una conmemoración pentecostal anual y celebración del poderoso avivamiento que se produjo allá en 1906 en una pequeña misión de fe apostólica localizada en 312 Azusa Street, en Los Ángeles, California. Liderada por el Obispo William J. Seymour, la ferviente experiencia del Espíritu de Dios condujo al nacimiento del movimiento pentecostal como lo conocemos hoy. Bien familiarizado con el dinámico legado de Azusa, me emocionaba asistir a mi primer evento de aniversario, una reunión de unas diez o doce mil personas, todas de distintos credos y trasfondos, unidos por nuestro deseo de adorar, cantar, orar y alabar juntos.

En mi primera noche allí, me senté de manera anónima en el palco del auditorio, encantado de ser parte de este cuerpo tan diverso. La música, la adoración y la predicación me vigorizaban junto a todos los demás que estaban dentro de ese lugar sagrado.

Aunque yo estaba viendo la plataforma desde una distancia considerable, disfrutaba de lo cerca que me sentía de todos los asistentes mientras disfrutábamos de los lazos de la comunión cristiana.

La noche siguiente vi la reunión desde un punto de vista más íntimo, ¡la primera fila! Mi amiga Sara Jordan Powell, la legendaria cantante de góspel, me invitó a sentarme con ella y su familia en el frente justo delante de la plataforma. Desde ahí, podía observar cada guiño, sonrisa, arruga y gota de sudor de los que dirigían, cantaban y predicaban. La energía era igual de poderosa, pero de una forma más directa porque podía sentir la anticipación, el entusiasmo nervioso y la emoción que había tan solo unos metros delante de mí.

Y nunca olvidaré cómo me sentí cuando el Obispo Richard Hinton, pastor y líder de la iglesia de Chicago, predicó su mensaje sobre la importancia de la preparación. Fue como si me hablara directamente a mí cuando explicaba la necesidad de hacer todo lo posible para estar preparado para esas oportunidades que Dios tiene esperándonos más adelante. El Obispo Hinton comparó este tiempo de preparación personal con la forma en que un actor espera en los bastidores antes de recibir su indicación de salir al escenario. Mucho antes de que las luces suban, las cortinas se abran y el último asistente tome su asiento, los actores de la compañía para ese espectáculo han invertido incontables horas en su actuación.

Desde los protagonistas hasta los suplentes, desde las estrellas del espectáculo hasta el coro, cada actor ha memorizado guiones, pistas, marcajes y, dependiendo del tipo de espectáculo, canciones y coreografías. Han ensayado, se han fusionado con el maquillaje y han ajustado sus vestidos hasta que todo se despliega ahí en la parte trasera del escenario mientras esperan en los bastidores. Listos para oír su señal, ocupan su lugar y realizan una actuación perfeccionada por todo lo que ha ocurrido entre bastidores. La audiencia a menudo no se puede hacer una idea del trabajo, la dedicación y la preparación necesarias para incluso la escena más corta entre personajes.

Así también, el Obispo Hinton predicó esa noche en Tulsa que debemos hacer todo lo que esté a nuestro alcance para estar listos para cuando Dios encienda el foco en el escenario de nuestras vidas. Cuando se nos lanza a nuevos roles de liderazgo, posiciones más elevadas de autoridad y oportunidades inesperadas para avanzar, deberíamos estar preparados para llevar nuestra vida al siguiente nivel. Debemos ser administradores excelentes de todos los recursos que Dios actualmente nos ha confiado si queremos manejar lo que Él quiere darnos después. "El que es honrado en lo poco también lo será en lo mucho" gritaba apasionadamente el Obispo Hinton, citando a Jesús en el Evangelio de Lucas (16:10).

Como el eco de una campana mucho después de haber dado su último repique, su mensaje resonó dentro de mí en los días, semanas y meses siguientes. Dios me habló esa noche, y yo escuché. Haciendo caso a sus palabras, invertí más tiempo para estudiar, practicar, orar y predicar. Me entregué por completo a mi ministerio y usé mis dones lo mejor que pude. Así que, al año siguiente, no me sorprendió del todo, impactado y entusiasmado sí, pero no sorprendido, cuando me invitaron a predicar en la noche de clausura de la conferencia Azusa. ¡Qué diferencia puede marcar un año!

Preparado o no

De pie en el escenario aquella noche, miraba a los miles de asistentes que estaban impacientes por recibir el mensaje que Dios había puesto en mi corazón. Me sentía con un gran sentido de humildad y estaba tan nervioso de estar ahí, que las mariposas en mi estómago parecían más un nido de abejas, revoloteando y zumbando con energía para producir algo dulce. Mis nervios me recordaban lo emocionado que estaba, pero no les presté atención porque sabía, sin lugar a dudas, que había hecho todo lo posible por prepararme. Todas mis trasnochadas y madrugadas, mis sermones que a veces se alargaban demasiado y oraciones cortas y dulces, mis fracasos y mis triunfos, todo convergía allí. Me había preparado y esperado en los bastidores. Cuando me entregaron el micrófono, sabía que mi oportunidad contaría.

Sabía que contaría, no porque fuera a ser una rampa de lanzamiento para el éxito y ascenso de mi ministerio que seguiría, sino simplemente porque sabía que había intentado ser el mejor administrador de lo que Dios me había dado. Al estar de pie en la plataforma bajo las calurosas luces blancas esa noche, sintiendo el sudor goteándome por la nuca y por debajo del cuello de mi almidonada camisa, sentía que estaba en el umbral entre el pasado y el futuro, del hombre que había sido el año anterior y del hombre que estaba en proceso de convertirme.

No mucho después de concluir la conferencia de Azusa esa noche, empezaron a presentarse más oportunidades. Los propietarios de una nueva empresa de televisión con base de fe, la

Trinity Broadcast Network (TBN), se acercaron a mí para hablar de retransmitir mis sermones. En ese entonces, yo no tenía un buen equipo, ni una iglesia enorme ni una plantilla cara. Tan solo estaba intentando ser yo y hacer lo mejor que podía para cumplir el potencial que sabía que Dios había encendido dentro de mí. ¿Tenía miedo? ¡Estaba aterrado! Aterrado de fallar, de no saber lo que no sabía, de crecer demasiado rápido, de no crecer nada, de aprovechar torpemente la oportunidad.

¡Pero rehusé permitir que mis temores impidieran que mi voz de barítono saliera por las ondas hertzianas! Mientras sintiera la guía del Señor, seguiría y continuaría aprendiendo, creciendo y extendiéndome a más. Y rápidamente supe que cada paso, cada nueva oportunidad, me preparaba para lo siguiente, ya que no mucho después de comenzar a salir por TBN, me ofrecieron un espacio de tiempo regular en la televisión Black Entertainment Television (BET).

El resto, como dicen, ¡es historia! O al menos parece así cuando miro atrás más de dos décadas después. Me llegaron más invitaciones para hablar y predicar. Socios editoriales me pidieron que convirtiera mis mensajes en libros que pudieran tener el mismo impacto. Viajé por todo el mundo, predicando en estadios al aire libre y anfiteatros ante miles de personas, siendo entrevistado por periodistas famosos, y apareciendo en la portada de la revista *Time*.

Perdóname si parece que estoy alardeando ¡y más que nada impresionando! Mi intención es meramente señalarte el poderoso impacto que puede tener la preparación mental, emocional, intelectual, física y espiritual, cuando sea tu turno en el micrófono. Se dice que no prepararse es prepararse para fallar. Por muy buena frase que parezca, tengo que estar de acuerdo con ella.

Si estás esperando entre bastidores a que llegue tu oportunidad bajo el foco de luz, entonces será mejor que estés preparado.

Porque, preparado o no, tu momento llegará.

Gestión de la marca

Cuando llega tu momento en el micrófono, tu audiencia ya ha comenzado su relación contigo antes de que abras incluso la boca para pronunciar la primera palabra. Después, en los primeros sesenta o noventa segundos tras haber comenzado a hablar, ellos ya estarán formándose conclusiones sobre ti y tu mensaje para decidir si eres digno de que te dediquen su tiempo y su atención. Dependiendo del entorno, tal vez tengas su tiempo porque se sienten social y culturalmente obligados.

Pero todos sabemos que, incluso cuando nos sentamos y asentimos ante el pastor visitante, el director de la escuela de nuestros hijos o el consultor que ha venido al lugar de trabajo a motivarnos, tenemos una decisión que tomar. Nos podemos sentar ahí y soportar educadamente el sermón, la actualización de la escuela o la charla motivadora, o podemos involucrarnos plenamente y recibir el mensaje que nos están dando. A la luz de nuestros cambios recientes y necesarios, muchos eventos y reuniones a los que antes asistíamos en persona ahora utilizan la participación virtual. Podemos estar en casa en pijama mirando, podemos decidir apagar el sonido si nos aburrimos, o hacer otras cosas mientras escuchamos lo justo para conocer por encima lo que se está diciendo.

Parte del reto de involucrar a nuestra audiencia también se

deriva de la base de comparación que ellos tienen. Cuando yo era niño, comparaba a nuestro pastor con otros que oía de vez en cuando, y también con unas cuantas veces en las que quizá había escuchado a alguien en la televisión. Por supuesto, sabía que ocasionalmente oía al Dr. King dar un mensaje o un discurso en la televisión, pero de no ser así, ¡era más probable que fuera Walter Cronkite! Sospecho que es parte de la naturaleza humana hacerlo, parte de la forma en que estamos hechos para formar impresiones que se entrecruzan con otro conocimiento, lo cual a menudo se condensa hacia nuestros instintos.

En décadas pasadas, hemos estado expuestos a más oradores y personalidades de los medios que a menudo tienen el beneficio de editar el rodaje y volver a rodar, peinados por peluqueros profesionales y maquillados por estilistas, y con apuntadores ópticos. Al principio, muchos de ellos eran probablemente presentadores de informativos y periodistas, artistas y comentaristas. Pero como bien sabrás, con la llegada de las redes sociales, ¡todos están en todas partes hablando sobre todas las cosas todo el tiempo!

Así que, más que nunca, los comunicadores en cualquier entorno o lugar, ya sea en vivo y en persona o virtual y editado, deben estar a la altura de una masa enorme de talento que su audiencia probablemente ha visto y oído. Particularmente en nuestro mundo de citas sensacionalistas, redes sociales brillantes y voces vehementes, tienes que encontrar alguna manera de dejar una impresión memorable que conecte con los que están recibiendo tu mensaje.

En ese primer par de minutos cuando estás saludando a tu audiencia, dando las gracias al anfitrión y rompiendo el hielo, la distancia entre tú mismo y quienes te escuchan o se contraerá o se expandirá. O bien seguirán dándote su atención y quedándose contigo, o metafóricamente darán un paso atrás y harán que tu intención de conectar con ellos sea incrementalmente más difícil. Ten en mente que sus expectativas también dan forma a cómo te evalúan. ¿Han oído hablar de ti antes de tu actual encuentro? Si es así, ¿qué es lo que probablemente hayan oído y, por lo tanto, esperan?

Como hemos visto, cada vez que comunicas algo a una audiencia, estás expresando un mensaje, pero también tu marca. Todo lo que tenga que ver contigo contribuye a tu marca cuando tienes el micrófono, porque estás modelando también futuras expectativas. Con el alcance aparentemente infinito del internet y las descargas digitales, tu mensaje tal vez esté disponible en el ciberespacio ¡durante siglos venideros! Hemos visto a muchos líderes, oradores y artistas decir cosas en línea que después han lamentado. Por consiguiente, su marca se convierte en una fachada forzada para la persona que acecha detrás del personaje.

Los estudios de mercadotecnia demuestran coherentemente que las personas quieren que las marcas sean claras en cuanto a su misión y autenticidad en el mensaje. Intentar crear una marca que no refleje tu verdadero yo raras veces te lleva a terrenos más altos y a mayores oportunidades. La gente puede sentir cuando alguien no es quien está intentando convencerte de quién es. Los cómicos, los presentadores de programas de entrevistas o debates y los entrevistadores a menudo intentan apelar a sus audiencias de maneras en que les cuesta trabajo resaltar de sus colegas y competidores. Los espectadores quieren poder verse reflejados, admirar, entender e identificarse con al menos algunas facetas de tu personalidad.

Oprah establece el estándar intocable para esta capacidad de conectar con las personas de formas que establecen vínculos fieles de confianza, admiración, respeto y autoridad. Ella rehusó tratar a sus invitados en su programa de maneras que fueran hostiles, grandilocuentes, antagonistas, maliciosas y sensacionalistas. Mientras otros presentadores intentaban impactar a los espectadores y avergonzar a sus invitados, Oprah se mantuvo fiel a sí misma. Su inteligencia, aplomo, compasión y formidable fortaleza brillaron a través de millones de pantallas de televisión en nuestro país y en todo el mundo.

Seguidores y espectadores confiaron en ella. Ella no solo intentaba entretenerlos o educarlos, sino también empoderarlos con cada programa. Ellos sabían que ella no malgastaría su tiempo fingiendo ser alguien que no era. Si su programa iba a ser divertido y alegre, siempre era ella la que más se divertía. Si se estaba enfocando en asuntos complicados, dolorosos o controvertidos, entonces su ecuanimidad, valor, compasión y determinación prevalecían. Aunque sus espectadores no siempre estuvieran de acuerdo con ella, de todas formas, les caía bien. Y si no les caía bien, aun así, la respetaban.

Sin lugar a duda, ella es alguien difícil de seguir, y llevó el discurso público y los poderes de la comunicación a nuevos niveles. Aunque tú y yo no podemos ser Oprah, no tenemos que serlo y no deberíamos intentar serlo, ¡porque aún podemos compartir nuestro mensaje de manera auténtica en sus medios y métodos!

Medios y métodos

Aunque pensar demasiado en el mensaje de tu marca puede ser paralizador, pues en definitiva no puedes agradar a todo el mundo todo el tiempo, deberías ser lo más astuto y deliberado posible sin perder tiempo y recursos en tu evaluación y ejecución. Si trabajas demasiado para enfocarte en tu marca más que en estar presente en el momento de tu mensaje, entonces tu audiencia tal vez se vea inclinada a verte más como un representante de ventas o un director de mercadotecnia. A menos que ciertamente ese sea tu papel en un entorno apropiado, no creo que a tu audiencia le resulte atractivo.

Cuando los comunicadores dan la impresión de ser demasiado programados y parecen demasiado pulidos, la recepción de la audiencia tal vez sea lo opuesto a lo que el orador había pretendido. Puede que te vean de forma escéptica y detecten un ligero desapego entre tú y tu mensaje, lo cual a cambio hace aumentar la distancia entre tú y ellos. Podrían cuestionar tu sinceridad y preguntarse qué es lo que verdaderamente crees. Quizá aún te ven como alguien elevado y por encima de ellos, lo cual les deja sintiéndose subestimados o consentidos.

Mi recomendación es que te asegures de creer en el mensaje que estás dando. Si tienes áreas de dudas, incertidumbres o preocupación, entonces comparte eso también, porque si tú has tropezado con esas tosquedades, entonces los miembros de tu audiencia también lo harán. He oído decir que un beneficio secundario de decir siempre la verdad es que no tienes que preocuparte de que se te olvide cuál es la mentira que le dijiste a quién. Lo mismo ocurre con los comunicadores que buscan disparar su discurso o su sermón.

Se puede decir que aún estás vendiendo tu mensaje y tus ideas principales en vez de un producto tangible o un servicio concreto, pero la mayoría de las personas quieren creer que están viendo algo auténtico en ti y en tu marca. Están buscando tu intelecto y también tu corazón en lo que dices. Quieren saber si los ves, si te identificas con ellos, si los sientes. También quieren saber si tienes algo nuevo, fresco o innovador que compartir con ellos. Las audiencias a menudo quieren tanto familiaridad como accesibilidad además de elementos sorpresa.

Ese logro puede parecer abrumador a la luz de querer estar preparado y ensayado. Cierto, es un número de equilibrista, una habilidad parecida a la de un equilibrista que camina sobre la cuerda floja, combinando una fuerza intensamente enfocada con el delicado arte del equilibrio deliberado. Como he dicho a muchos pastores, líderes y artistas durante los años, te tienes que preparar exhaustivamente lo bastante para que estés cómodo improvisando si te vieras forzado a hacerlo. Ahora bien, no estoy diciendo que aprendas lo justo como para poder lanzarlo, estoy diciendo que te prepares mucho para poder volar si fuera necesario.

La investigación, el estudio, la reflexión y la práctica se convierten en parte de ti, y se integran tanto en tu identidad que no tienes que preocuparte mucho por las notas, bosquejos, diapositivas de PowerPoint o apuntador óptico. Esas herramientas está bien utilizarlas como apoyo y mejora, pero nunca te proveerán de la buena confianza, el carácter convincente y la conexión simpática que solo tú puedes llevar al micrófono.

Es bueno que no solo conozcas el material que apoya tu mensaje, sino también la forma en que te relacionas con el mensaje. Porque tu forma de relacionarte con él será evidente e influirá en cómo tu audiencia se relacione con él. Tú eres tu propia primera audiencia antes de que nadie más oiga tu mensaje.

Ensayo general

Una vez que has dedicado el tiempo de juntar los huesos para formar un esqueleto que funcione, una vez que has identificado los giros de tu historia o sermón, es el momento de enfocarte en la presentación. A muchas personas les resulta útil escribir todo su mensaje de antemano, y usarlo o bien como un guion ligero a seguir, o como un modelo de memorización. Otros confían en bosquejos detallados con apuntes, señales y recordatorios de los ejemplos, ilustraciones y anécdotas que refuerzan sus puntos. Algunos comunicadores incluso parece que dan sus ideas de forma improvisada sin ayuda de herramientas suplementarias, haciendo que su transmisión parezca fácil y sin interrupciones.

No hay una sola recomendación que valga para todos con respecto a los tipos de apoyos que soportarán mejor tu presentación. Como espectador y oyente, no me importa si alguien usa notas o un bosquejo como punto de referencia, un tipo de brújula mientras nos guía por sus ideas hacia un destino final. Esas notas y ayudas solo son problemáticas si distraen de la expresión del orador. En otras palabras, si dependes demasiado de tus notas, bosquejo o guion, entonces dedicarás más energía a lo que está en la página que a la gente que está mirando a tu podio.

Si te puedes familiarizar lo suficiente con el fluir y las partes de tu mensaje, entonces tu bosquejo o tus notas se puede convertir en tu manta de seguridad, por si deambulas demasiado lejos de tu mensaje por cualquier razón, pero no te frena o interrumpe tu exposición. La mejor manera de que estés cómodo y familiarizado con el orden y las partes de tu comunicación, al menos según mi experiencia, es triple: práctica, ensayo, y pedir la crítica de otros en quienes confías.

La práctica a menudo es algo tan simple como hablar o leer tu mensaje en voz alta, una y otra vez, para que puedas oírte, practicar la pronunciación, y alisar cualquier punto que puede hacer que resbales. Cuando estaba comenzando con mi ministerio y sintiendo el llamado de Dios a predicar, ¡estaba aterrado! Así que, además de investigar, estudiar, orar y meditar, lo único que sabía hacer era practicarlo. Tomaba mi Biblia y quizá algunas notas que había escrito en sus márgenes o en un papel de cuaderno y me iba a algún lugar solitario donde pudiera hablar en voz alta sin que otros pensaran que estaba loco.

A veces era fuera en el patio o en el porche delantero de la casa; otras veces practicaba en mi casa si encontraba un raro momento a solas, o en el trabajo cuando hacía tareas repetitivas como mezclar pintura en la ferretería o conectar circuitos para la empresa de electricidad.

Hablando en voz alta, me imaginaba que estaba de pie en el púlpito con mi congregación sentada delante de mí. Después me sumergía y exponía mi sermón, intentando oírme como probablemente me oiría mi congregación, dividiendo mi atención entre ser tanto el predicador como el oyente, y deteniéndome para hacer cambios y tomar notas por el camino si era posible. Si tenía problemas con alguna palabra o frase, entonces la decía repetidamente hasta que no tenía que pensar en ella dos veces, ¡o buscaba otra palabra o frase!

También pensaba en cuándo quería alejarme del púlpito, para enfatizar algo o para involucrar a la gente, o simplemente para asegurarme de que mis piernas no quedaran fijas por estar de pie en una misma postura. Consideraba qué momentos de mi historia me exigían expresar o reflejar físicamente detalles y descripciones, de lo cual hablaremos con más detalle en el siguiente capítulo, cuándo referirme a detalles de la Escritura, y cuándo conectar esos detalles directamente con nosotros en el presente.

También pensaba en cuándo quería alzar mi voz y permitir que mi pasión amplificara mis palabras, y cuándo pensaba que bajar mi voz hasta un susurro sería más eficaz. E igual de importante, si no más, cuándo dejar que el silencio hablara de maneras más poderosas que cualquier otra cosa que pudiera ofrecer. De hecho, usar el silencio y el espacio sagrado que crea es tan vital para una comunicación eficaz que he dedicado el Capítulo 9 a ello, como veremos en breve.

Practicar y pensar en las partes debería ir seguido de al menos un ensayo si es posible. Los ensayos difieren de la práctica de dos formas importantes. Un ensayo conlleva dar tu mensaje delante de al menos otra persona, así como visitar el lugar donde hablarás. Idealmente, puedes combinar ambas cosas y estar de pie en el podio usando el micrófono mientras tu cónyuge, familia o amigos escuchan. Incluso podrían sentarse en distintos lugares del santuario, el auditorio o el teatro para asegurarse de que el volumen y la dicción sean coherentes.

No podría decirte la cantidad de veces que Serita se sentaba en distintos lugares de la iglesia que pastoreaba un sábado en la mañana, a menudo con nuestros hijos corriendo por los pasillos, y escuchándome ensayar mi sermón. Cuando nuestros hijos crecieron, comencé a dar la bienvenida también a sus comentarios. De vez en cuando, le pedía a un buen amigo, a otro pastor o mentor, o a uno de mis ancianos o diáconos, que escucharan y me dieran sugerencias o comentarios.

Sus ideas a menudo demostraron ser de un valor incalculable para ayudarme a darme cuenta de dónde en mi sermón me arriesgaba a perderlos en la progresión de puntos o cuándo necesitaban más tiempo para absorber mi aplicación. Pero asegúrate de que tus oyentes en el ensayo sean personas fiables que estén dispuestas a darte solo crítica constructiva y ánimo. Lo último que necesitas antes de tu tiempo es alguien que mine tu confianza o critique elementos que están fuera de tu control.

Aunque no puedas ensayar en el lugar exacto o en el sitio donde expondrás tu mensaje, te animo al menos a sentirlo con tiempo de antelación. Si viajas a una conferencia o evento, intenta asistir la noche antes y oye a otro orador solo como un miembro de la audiencia, algo parecido a lo que yo pude hacer en esa primera visita a la conferencia de Azusa. Si eso no es posible, entonces llega lo suficientemente temprano antes de tu tiempo señalado para echar un vistazo a la plataforma, el podio o la posición de tu exposición. Si es posible, prueba el micrófono, las diapositivas, el wifi o cualquier soporte técnico que necesites. Haz ajustes, correcciones o cambios si es necesario.

Si los ensayos físicos no son factibles, entonces estudia fotos y videos del lugar en el internet. Observa la disposición y el diseño de las instalaciones, la acústica y la plataforma. Después, ensaya mentalmente viéndote allí y visualizándote dando una exitosa exposición. ¡Confía en que tienes todo lo necesario para encender tu audiencia!

Pasión + Práctica = Desempeño

Cuando el micrófono esté en tus manos, tu meta debería ser dar todo lo que puedas. No importa la preparación que no pudiste completar, no importa cuánto tiempo más te gustaría haber tenido, no importa cuánta investigación más hubiera sido necesaria, usa lo que tienes. Deja a un lado lo que no tienes o no hiciste y aférrate a lo que tienes en tus manos. Así como Dios le dijo a Moisés que sacara a los israelitas de Egipto usando la vara de pastoreo que tenía en su mano, nosotros también debemos usar lo que tenemos en nuestras manos.

Recuerdo una conversación que tuve con una amiga mía que es una actriz muy reconocida y laureada. Estábamos hablando sobre cómo comenzó ella en el espectáculo y cuándo consiguió su primer logro importante. Me describió cómo llegó a L.A. siendo una joven sin experiencia e ingenua de una pequeña ciudad rural del sudeste con un sueño, como innumerables personas más que llegan a Hollywood cada año.

Mi amiga tuvo la fortuna de conseguir un agente rápidamente, alguien que insistió en que hiciera una audición para lo que fuera: anuncios, televisión, películas, obra de teatro y cine regional. "Fue agotador y abrumador", me dijo. "Hacía varias audiciones al día, y conseguí algunas actuaciones, pero ninguna era lo suficientemente importante para dejar el carrusel de las audiciones". Aun así, su agente creía firmemente que la cantidad era la clave para llegar a ser una estrella. Y si no llegaba a ser estrella, al menos sería una actriz con trabajo regular.

Entonces, un día, mi amiga hizo una audición para un papel que quería apasionadamente. Era para una serie de televisión que conocía bien, una con actores a los que ella admiraba y respetaba. Así que comenzó a prepararse más exhaustivamente de lo normal, incluso a saltarse otras audiciones para prepararse para la que realmente quería. El día de la audición, se vistió de forma parecida a como sabía que lo haría el personaje porque conocía muy bien el papel.

Consiguió el papel, ¡y también consiguió un nuevo agente! "Traté esa audición como si fuera la única que tendría en toda mi vida. Y cuando conseguí ese papel, me di cuenta de que mi agente carecía de enfoque y visión para mi talento y los tipos de papeles que yo podía hacer mejor y que debía perseguir. Me envió a hacer audiciones de cualquier tipo y para todo. Cuando confié en mi instinto y seguí mi corazón, cambié el enfoque para el papel que yo quería. Conseguir ese papel moldeó mi carrera y me ayudó a ser el tipo de artista que es fiel a quien yo soy".

Mi amiga aprendió que enfocar su talento y darlo todo en el escenario fue la clave para su crecimiento y éxito. Comenzó a perseguir solo los papeles que encajaban mejor con ella, y trataba cada audición como la única oportunidad que tendría de volver a actuar. Su pasión impulsó su práctica, algo que a cambio le produjo actuaciones asombrosas.

Creo que sucede lo mismo con la mayoría de los comunicadores. Dar el mismo discurso una y otra vez se vuelve tedioso si no puedes encontrar nuevas dimensiones, nuevas ideas, nuevos caminos a través del material. Si te aburres con tu mensaje, te prometo que a tu audiencia le pasará lo mismo. Tienes que encontrar una manera de verter todo lo que tienes en cada oportunidad que tienes. Aunque he dado un mismo sermón más de una vez, ¡me gusta creer que nunca he dado el mismo sermón dos veces!

Trata tu oportunidad como si fuera la única que tendrás jamás. Esfuérzate todo lo que seas capaz para no dejar ningún margen de error, excusas o accidentes. Enfócate en tus fortalezas en lugar de intentar corregir tus debilidades. El icono motivacional y escritor Dale Carnegie dijo una vez: "Siempre hay tres discursos para cada uno que llegas a dar. El que practicaste, el que diste y el que desearías haber dado". Esfuérzate lo más que puedas en cerrar la brecha entre esos tres mensajes para que te sientas más cómodo y confiado en que lo que practicas mejora lo que haces. Da lo mejor de ti cada vez que tengas una oportunidad de hablar y expresar un mensaje. Aprende de cada oportunidad y usa esa sabiduría para ser mejor la próxima vez.

Cada oportunidad es la única que tienes.

¡No malgastes tu oportunidad de ser el mejor!

CAPÍTULO 8

Aprende la gramática del lenguaje corporal

"Las personas pueden oír tus palabras, pero sienten tu actitud".

—John Maxwell

No estarnos quietos siempre ha sido la rebelión de nuestro cuerpo en medio del aburrimiento.

Recuerdo ir a la iglesia de niño y que me dijeran que me sentara calladito, y que, si no me involucraba con el sermón que estaban predicando, al menos mirara con atención. Mi mamá solo tenía que mover una ceja o mi papá solo tenía que darme un ligero codazo para recordarme que tenía que prestar atención, ¡o al menos fingirlo! La mayor parte del tiempo eso no era un problema, y yo disfrutaba escuchando y aprendiendo del mensaje que daban desde el púlpito. A veces, sin embargo, mi mente divagaba y mi cuerpo se movía.

Cuando no podía concentrarme en el pasaje de Levítico o Habacuc, o algún otro pasaje que no captara mi interés en ese tiempo, pensaba en lo que mamá estaba planeando para la cena del domingo, en cuánto trabajo tenía que hacer antes de que llegara el lunes por la mañana, y cuándo podía salir con mis amigos más tarde ese mismo día. Mis pies se movían para delante y para atrás como péndulos gemelos; cuando tocaban el piso, rebotaban como si les hubieran metido dentro cables con corriente.

No era necesariamente culpa del pastor, pero no había forma de equivocarse con mi lenguaje corporal. Como no estaba interesado ni siguiendo la línea de su mensaje, estaba listo para otra cosa y tenía que esforzarme para contener mi inquietud. Cuando crecí, enseguida aprendí a reconocer tendencias similares en los adultos que me rodeaban, mis padres incluidos. Aunque de forma más discreta, su conducta también traicionaba su nivel de atención.

Mi papá movía lentamente su mano hacia su otra muñeca y se remangaba la manga de su camisa y el borde de la manga de su chaqueta para poder ver su reloj. Después miraba discretamente hacia abajo para ver la hora, suponiendo que nadie se había dado cuenta. Lo chistoso, al menos para mí cuando era joven, era que ¡casi todos los demás hombres de la congregación realizaban la misma rutina! Y que el Señor nos ayude si el pastor seguía predicando cuando mi papá y otros pensaban que el servicio debería haber terminado. Recuerdo los ruidos de estómago, el lloro de los bebés, y los adultos inquietándose mucho antes del llamado al altar o de que terminara la reunión.

Para mi mamá, su inquieta energía y liberada paciencia se manifestaban en la forma en que agarraba su Biblia, haciéndolo con más fuerza o buscando calladamente en su bolso un pañuelo de papel o caramelos para la tos. La única excepción, por supuesto, para ella y para muchos otros, era cuando se sentaba en lo alto del coro justo detrás del púlpito del pastor. Elevada lo suficiente para ser muy visible para los que estábamos en la congregación, los miembros del coro tenían que parecer que estaban embelesados con el sermón o al menos pensativamente involucrados.

Cuando llegué al otro lado de este panorama, me di cuenta de que la respuesta de la gente a mi sermón a menudo era más transparente de lo que ellos pensaban. Cuando comencé a predicar las primeras veces, me costaba no darme cuenta de los bostezos, los ojos caídos, las miradas discretas y no tan discretas a los relojes, la inquietud de los niños, y las miradas perdidas de miembros que parecían estar en otro lugar. Intentaba no tomármelo como algo personal, ¡especialmente cuando me daba cuenta de que era yo, en parte, quien provocaba esos indicadores! Porque enseguida entendí que mi propio lenguaje corporal a menudo me lo devolvían como si de un reflejo se tratara. Si me faltaba confianza, perdía el hilo para llegar al punto que estaba queriendo dar, o deambulaba hasta recuperarme de una tangente, entonces era natural que a mis oyentes también les costara mantenerse conectados.

Por otro lado, si permanecía enfocado, en control, confiado y certero sobre el mensaje que había en mi corazón, el que había estado construyendo dentro de mí al menos toda la semana, si no más, entonces podía ver nuestro vínculo mostrado en ojos llorosos, cabezas que asentían, voces diciendo "¡Amén!" y gritos de: "¡Así se dice, pastor!". Si yo parecía estar cómodo en mi propia piel y al menos dispuesto a abrazar el púlpito desde el que tenía el privilegio de hablar, entonces mi congregación seguía mi guía hasta pastos verdes y terrenos elevados. Cómo me sentía yo con mi mensaje, con mi vida, con mi relación con Dios, con mi igle-sia... todo se mostraba plenamente.

Cuando comunicas, ocurre lo mismo contigo: tu lenguaje cor-poral y nivel de energía determinarán en gran manera el nivel de energía, participación e intensidad de tu audiencia.

Signos de puntuación

En esos primeros momentos tendrás su atención, pero ¿serás capaz de mantenerla? ¿Serás capaz de sostener su interés, participación y contacto visual el tiempo que dure tu exposición? Aunque tu men-saje y su exposición sean centrales para responder a estas pregun-tas, tu aspecto, maneras, tono de voz, inflexión y lenguaje corporal actuarán o bien a tu favor o en tu contra. Estarás confirmando lo que estás comunicando o distraerás a los oyentes por la disonancia de tu desconexión. Por favor, permíteme darte un ejemplo.

Digamos, por ejemplo, que estás asistiendo a un evento sobre el lanzamiento de una nueva empresa desde casa. Tienes muchas ideas creativas y grandes productos, pero tienes problemas con el conocimiento empresarial y los detalles administrativos nece-sarios para tu lanzamiento. Asistiendo a este evento con la espe-ranza de obtener la información y la educación empresarial que te falta, planeas oír a un orador que habla sobre: "Organiza tu lanzamiento". Llegas a tiempo para tener un buen lugar en la sala de conferencias en la cual hay unos cuantos cientos de personas. Llega el momento de que comience la sesión, pero no hay nadie.

Tras dos o tres minutos, la audiencia comienza a charlar para pasar el tiempo, asumiendo que el orador llegará tarde o que el programa de la conferencia se ha visto un tanto alterado. Pasan cinco, diez, quince minutos, hasta que finalmente el orador se apresura a entrar en la plataforma como si acabara de terminar de correr una maratón olímpica. Su aspecto es desaliñado y le falta la respiración. Intenta comenzar, pero se da cuenta de que ha perdido sus notas.

El tiempo se hace largo mientras la presentación va de mal en peor. Sus diapositivas de PowerPoint están desordenadas y aparentemente tienen poco que ver con sus sugerencias, lo cual comienza a sonar aleatorio y arbitrario. Tartamudea y después se disculpa por décima vez por haber llegado tarde. Mantiene sus ojos enfocados hacia abajo y habla mucho más rápido de lo que nadie puede seguir, en un intento de compensar el tiempo perdido. No hay nada en él ni en su presentación que te inspire confianza en su conocimiento y autoridad.

Sí, quizá estoy exagerando, pero entiendes lo que quiero decir. Ciertos detalles de nuestra charla pueden estar fuera de nuestro control, razón de más para poseer el poder que viene de determinar los detalles que sí podemos controlar. De nuevo, me estoy enfocando en la comunicación no verbal que se produce a base de lo que ve tu audiencia y las impresiones y conclusiones que se forman en consecuencia. Tus palabras e ideas son solo parte del mensaje que estás transmitiendo, porque durante el transcurso de tu presentación, tu mensaje será sinónimo de cómo lo expresaste, ¡y cómo estabas vestido!

Negar o ignorar lo que estás comunicando además del lenguaje es renunciar a algunas de las herramientas que tienes a tu disposición. Tan solo piensa en lo desafiante que sería leer las palabras de este libro si estuvieran todas juntas y sin signos de puntuación, gramática, o un estilo uniforme. Quizá has recibido, o incluso enviado, mensajes de alguien que renuncia a poner mayúsculas, signos de puntuación y el buen uso de nuestro idioma estándar. Imagino que aun así te las arreglas para comunicarte a nivel básico, pero sin esas regulaciones, tendríamos problemas y distracciones innecesarios.

Aunque omitir las costumbres estándares del idioma, usar jerga e inventar tu propio lenguaje de abreviaturas, símbolos y emoticonos puede funcionar para escribir y charlar en línea, estas idiosincrasias limitan tu rango de alcance. Si te estás escribiendo con tu mejor amigo, los sistemas compartidos trabajan con más eficacia que si estás respondiendo a tu jefe, al maestro de tu hijo o a un anciano de tu iglesia. ¿Por qué? Porque tu mejor amigo entiende cómo manejas el lenguaje de tu forma única y particular, unas formas que no son apropiadas ni eficaces en otros roles y relaciones.

Lecciones de conducción

Mi mamá era maestra de inglés, así que desde muy temprano aprendí en la vida que las reglas y regulaciones existen para que podamos comunicarnos unos con otros de la forma más eficaz posible. Recuerdo que ella comparaba la gramática y la puntuación con las normas de tráfico y las costumbres culturales compartidas que cumplimos al conducir. Ella decía que ambas cosas nos ayudan a regular el movimiento entre las personas que intentan llegar de un lugar, o idea, a otro.

Por ejemplo, conducimos por la derecha de la calzada en lugar de por la izquierda como hacen otros países, así como otras culturas tienen reglas distintas para la sintaxis, la gramática y la puntuación para sus lenguajes concretos. Hacemos una pausa ante una coma como lo hacemos ante un semáforo en ámbar, mientras que un punto hace que nos detengamos como ante un semáforo en rojo. ¡Tan solo considera lo loco y caótico que sería todo si no hubiera ni reglas ni usos del idioma culturales a la hora de conducir! Probablemente se producirían más accidentes, ya que cada conductor iría por la dirección que más le gustara o se comportaría según sus propios estándares.

La puntuación y la gramática nos ayudan a expresar nuestros pensamientos, sentimientos, ideas y mensajes de una forma ordenada, comprensible y uniforme que nos aporta mayores probabilidades de entendernos mientras las dos partes que se comunican compartan esas reglas y usos. Aprendemos a leer y escribir en la escuela según esos mismos sistemas del idioma o similares que nos permiten informar, entretener, describir, instruir, honrar, conmemorar, comparar, estar de acuerdo y discrepar unos con otros. El lenguaje y sus usos no son perfectos, pero como me dijo una vez un amigo mío que es profesor universitario de inglés, el lenguaje es adecuado. Y dependiendo de cómo lo usemos, algunas personas se comunican con más claridad y cuidado que otras.

Es curioso, sin embargo, que muchos comunicadores crean que los intercambios en persona permiten una mayor precisión, control e intensidad de emoción que los mensajes escritos. Aunque podemos usar todos los usos del lenguaje estandarizado, incluyendo la gramática y la puntuación, la página o la pantalla siguen teniendo sus limitaciones comparado con la exposición oral y la recepción auditiva.

Aprendí esta verdad muy pronto en mi ministerio cuando escribí mi primer libro. Como compartí contigo, había predicado una serie de sermones que se llegaron a conocer como *Mujer, eres libre*, basados en las palabras de Jesús a la mujer que estaba sanando. La respuesta fue tremenda y abrumadora, pero cuando miré las transcripciones de esos sermones, rápidamente me di cuenta de lo distinto que se leían comparados con cómo sonaban cuando los había expuesto como sermones en nuestra iglesia. No solo había muchos errores gramaticales, erratas y fragmentos de frases, sino que mi énfasis no siempre quedaba claro. Mientras que puedo levantar mi voz, cambiar mi expresión o hacer una pausa drástica cuando predico, la página no aporta esos indicadores.

El lenguaje escrito tiene sus propias formas de construir, expresar y comunicar el lenguaje que son distintas de los mensajes hablados. Obviamente, se solapan de muchas formas, pero entender su distinción puede ayudarte a ser un mejor orador, porque puedes dar energía a tus palabras con varias herramientas y mejoras que los escritores no pueden usar. Sí, ellos tienen también sus propios mecanismos, pero maximizar tus capacidades como orador a menudo te ayuda mucho tanto en la comunicación como en sus varios géneros.

Condimentos y especias

Las posibilidades de un mal entendimiento, confusión y ofuscación, aunque se reducen mediante los sistemas escritos compartidos, aún permanecen. Probablemente todos hemos experimentado momentos en los que alguien nos envió un mensaje, un email, una nota o una carta que nos dejó confundidos o incluso molestos en cuanto al significado de la misiva. ¿Estaban enojados y querían parecer sarcásticos o graciosos? ¿Estaban intentando manipularte o engañarte con lo que compartieron, y no compartieron, en su mensaje? ¿Tenían miedo de ser directos al hacer su petición y por eso la enterraron en medio de una diatriba dispersa?

En esas ocasiones, nos gustaría poder ver a la persona expresando su mensaje. Así, podríamos verificar oyendo su tono, expresión, volumen, inflexión, la mirada de sus ojos y la postura, y tener un mejor entendimiento del lenguaje que escogieron. Cuando puedes oír rabia cociéndose a fuego lento debajo de un tono controlado y ver la presión de su mandíbula, tienes un filtro más seguro para decodificar su lenguaje. Si la persona está sonriendo, relajada, con ojos centelleantes y un tono ligero, incluso de humor, entonces tienes una interpretación muy distinta.

Con la comunicación oral, tu audiencia no tiene el beneficio de las convenciones del lenguaje escrito usadas cuando leemos y escribimos, y en su lugar confían en tus expresiones visuales y auditivas sin lenguaje. Si tus ojos se abren como platos y el volumen de tu voz aumenta, prestarán más atención que si estás mirando tus notas y hablando en un registro más bajo y calmado. Si miras fijamente hacia delante y hablas con un tono monótono con una cadencia repetitiva, tus oyentes comenzarán a dormirse, al ser acunados hacia delante y hacia atrás por la nana auditiva accidental que les estás dando. Hablar demasiado rápido a velocidad de récord como un subastador, un anunciador de publirreportaje o una niña cuando da su primera reseña de un libro, sin embargo, es igual de mortal para tu exposición. Se preguntarán por qué no puedes ir más despacio o reconocer su incapacidad para entender tu comunicación a esa velocidad.

Es irónico que muchos comunicadores creen que los intercambios en persona permiten una mayor precisión, control e intensidad de emoción que los mensajes escritos. Aunque podemos usar todos los usos del lenguaje estandarizado, incluyendo la gramática y la puntuación, la página o la pantalla siguen teniendo sus limitaciones comparado con la exposición oral y la recepción auditiva. Usa esta información para tu beneficio y maximiza tu arsenal de ventajas como orador.

Tu lenguaje corporal, presencia física, modulaciones de voz y patrones de habla proveen unas oportunidades extraordinarias para mejorar, reforzar y adornar tu mensaje. En la receta para transformar ingredientes frescos en comunicación deliciosa, ¡estas cosas son tus condimentos y especias! De forma similar, tu meta debe ser usarlas con moderación, de forma deliberada y juiciosamente. Un orador con demasiadas maneras, expresiones exageradas y modificaciones vocales corre el riesgo de convertirse en un actor de un espectáculo de un solo protagonista, algo que está bien si eres Tyler Perry y eso es a lo que te dedicas, ¡pero no si estás predicando sobre la crucifixión!

Sin embargo, eso no quiere decir que no debas dramatizar esas escenas o infundirles una perspectiva fresca. Tan solo asegúrate de no parecer, de forma inadvertida, más bien un padre que le lee un cuento antes de dormir que un orador adulto dirigiéndose a una audiencia en un entorno contextual muy distinto. De hecho, siempre me ha fascinado la forma en que distintas personas respondieron a las últimas veinticuatro horas de la vida de Jesús antes de ser clavado en la cruz y morir, solo para resucitar al tercer día. En particular, a menudo me atrae su madre, María, y el trauma y la agitación que debió haber experimentado.

Mirar al Calvario desde la perspectiva de María nos da una idea fresca y un punto de vista distinto del que quizá hayamos considerado antes. Nos ayuda a apreciar a Jesús como un ser humano, como hombre y como hijo. Sé que muchas personas en mi congregación han perdido hijos adultos debido a enfermedades, adicciones, violencia o una brutalidad motivada por el racismo, así que María al instante abre la historia familiar de eventos de una forma nueva. Las personas se dan cuenta de que no están solos en la profundidad y gravedad de su devastadora pérdida. Incluso la madre del único Hijo de Dios tuvo que soportar el mismo tipo de dolor para que se pudiera realizar su sacrificio en la cruz.

Reconocer e identificarse con el dolor de María también infunde el incrédulo gozo de la resurrección con una intensidad más personal. Una cosa es que me oigan repetir: "Puede que hoy sea viernes, ¡pero llegará el domingo!", y otra cosa es que experimenten una semilla de esperanza arraigándose en las amargas cenizas de sus almas cansadas. Esta es la razón por la que estoy dispuesto a usar mi lenguaje corporal y mi voz como conductos para la experiencia emocional de mi mensaje. Dejar que mi audiencia vea mis lágrimas al imaginarme yo mismo en el lugar de María a los pies de la cruz, permitirles oír mi voz temblorosa y sentir el dolor de un padre que sabe lo que significa preocuparse, sufrir y deleitarse en sus hijos; que no puede soportar perderlos para siempre.

Mis variaciones vocales y mi lenguaje corporal comunican de

formas más concisas, potentes y concentradas que lo que puede expresar el lenguaje. Es aquí donde tu comunicación tácita puede reforzar la inefable verdad de tu mensaje, suponiendo que esa sublime sustancia es apropiada para tu tema, contexto y audiencia.

Básicamente, tu meta debe ser usar tu lenguaje corporal para sazonar y dar sabor a tu comunicación, pero también para dar a tu audiencia una experiencia que de otra forma no tendrían. Llamarlo tu actuación como orador sería exagerarlo. Ignorarlo a favor de expresar tu sermón o discurso en un podio como si estuvieras usando tácticas dilatorias en el suelo del Capitolio es perder una oportunidad vital. Así que debes descubrir cómo usar estos aspectos tácitos de tu exposición a tu audiencia de las formas más eficaces posibles.

Tu meta debe ser que ellos te entiendan, que piensen al menos en una gran idea de tu mensaje mucho después de salir por la puerta, y que te recuerden con una sensación de gratitud y un deseo de volver a oírte. De lo contrario, no habrás dejado todo en la plataforma, ¡no habrás utilizado todos los trucos del oficio para enseñar, llegar, rogar o predicar!

Aunque la ambigüedad o la incertidumbre puede ser algo deliberado como una estrategia retórica en ciertas ocasiones, por lo general, tu meta es la precisión. No es bueno que dejes espacio para la duda, la confusión o los malentendidos. Si a tu audiencia le cuesta escucharte con claridad, de un modo inconfundible y coherentemente, entonces no se podrán concentrar en lo que estás diciendo. Si mascullas, tartamudeas o tienes otro impedimento en el habla, puede que no sean capaces de descifrar tu mensaje. No es que tu exposición tenga que ser perfecta o que no tengas tropiezos ocasionales o vacilaciones vocales, es simplemente que debes hacer todo lo posible por eliminar todos los obstáculos para el entendimiento.

Vestirse para el éxito

¿Qué experimentará tu audiencia cuando te miren y reciban todos los signos de puntuación tácitos, barandales gramaticales y mayúsculas clave que vienen de tu aspecto y de la imagen que proyectas? ¿Cómo puedes utilizar la gramática del lenguaje corporal para tu propia ventaja cuando hablas?

Las respuestas, de muchas formas, se reducen a la impresión visual que creas en tu audiencia y cómo esta cara se relaciona con la voz en el micrófono. Si lo que ves es lo que obtienes, ¡entonces obviamente tiene sentido considerar cuidadosamente lo que ve tu audiencia! Muchas personas son tan conscientes de sí mismas que no pueden imaginarse pasar por alto esta consideración. No obstante, te sorprendería que incluso cuando son conscientes de cómo se les ve, muchos comunicadores no manejan bien el micrófono cuando se trata del mensaje visual.

Todos quieren verse lo mejor posible cuando están delante de un grupo comunicando su mensaje. De nuevo, debemos competir con la extendida exposición de oradores profesionales, artistas y animadores que tienen un ejército de ayudantes a mano para vestirlos, estilizarlos, y prestar atención a su maquillaje y peinado. Pero solo porque no tengas estos recursos o un armario de diseñador no significa que no puedas verte bien, impresionante y con estilo.

Lo que decides vestir cuando estás hablando, predicando, enseñando o actuando debería ser algo cómodo, tanto físicamente como emocionalmente. No es bueno que sientas que no puedes respirar porque el cuello te aprieta demasiado o tu vestido es demasiado caluroso. Los zapatos estrechos o que no te dan un apoyo adecuado también harán que te distraigas por tu angustia. Así que piensa en lo que planeas ponerte en tu evento o donde vayas a hablar al menos con una semana de antelación, para tener tiempo suficiente para escoger bien. No asumas que tu prenda favorita o tu mejor traje, ya sabes, el que tienes reservado para ocasiones especiales, aún te queda bien o es tan bonito como recuerdas.

Dependiente de tus habilidades de vestimenta, te animo a sacar todo lo que planeas ponerte y probártelo todo junto. Quizá parezca innecesario o una pérdida de tiempo, pero te sorprenderían las veces que se podría impedir "la mal función del armario" simplemente al planear con tiempo suficiente para hacer algún ajuste. Tu meta es que tu audiencia recuerde tu mensaje por su significado y tu exposición por tu elocuencia, ¡no por tu cremallera rota o la costura rota!

Es bueno que pienses en lo que sienta bien a tus características y tu figura sin ser demasiado llamativo, ofensivo o inesperado. Vestir colores chillones con lentejuelas y flecos podría captar la atención de todos, ¡pero por razones incorrectas! A menos que tengas un propósito intencional, tal como usarlo como una ayuda visual o para destacar un punto, es bueno que evites modelos desmesurados que conlleven capas, colas, telas transparentes, boa de plumas y dejen piel al descubierto. Es decir, a menos que estés asistiendo a la Gala del Met, a un programa de alta costura, ¡o a un evento de moda!

No es bueno que lo que llevas puesto se interponga en tu camino y se convierta en una distracción constante para la audiencia que te está viendo. Por un lado, lo que llevas puesto debería ser invisible en cuanto a que no llame demasiado la atención. No querrás que tu audiencia pierda su enfoque porque se estén preguntando qué es lo que llevas puesto. Por otro lado, sí querrás verte con el estilo y el aspecto suficiente que refuerce tu credibilidad, autoridad y profesionalismo. En palabras sencillas, tu conjunto debería reflejar algo sobre tu estilo y tus sensibilidades, así como la ocasión y las expectativas de código de vestimenta de tu audiencia.

Cuando dudes, piensa en tu ubicación y lo que llevarán los miembros de tu audiencia. Piensa en la época del año, el tiempo previsible y la temperatura y luz del lugar. Pregúntate:

¿Qué puedo ponerme que me dé confianza?

¿Que me permita no preocuparme de la imagen que doy?

¿Qué puedo ponerme que exprese realmente y refleje quién soy yo? ¿Quién quiero ser?

¿Qué comunicará quién soy yo a mi audiencia antes de que empiece a hablar?

Si te cuesta responder a estas preguntas y no te decides con respecto a lo que ponerte, no dudes en pedir ayuda. Pregúntale a tu cónyuge, a tu adolescente entendido, a tu mejor amigo, o a alguien cuyo estilo admires, pero no dejes tu imagen al azar, o perderás una oportunidad de crear una impresión más memorable e imborrable.

Marca tu paso

Una vez que has considerado la impresión visual que causarás, debes considerar algunos de los matices que puedes controlar al exponer tu discurso. Dos de los aspectos más importantes son el ritmo y el compás de tu exposición, el paso, como lo llaman a menudo. El paso no se refiere necesariamente a la velocidad de tu discurso sino a la forma en que te mueves por tu mensaje. Por lo general, el paso de tu exposición depende de la cantidad de tiempo que dedicas a hablar y la cantidad de información que deseas difundir en ese espacio de tiempo.

Solo porque tengas media hora que llenar no significa que debas llenar ese tiempo del máximo de palabras posibles. Como veremos en el siguiente capítulo, que trata sobre el poder del silencio, el paso requiere que equilibres los altibajos y regules la marea de palabras e información que das a tu audiencia. Mientras más tiempo tengas, más espacio tienes para segmentar tu mensaje y cambiar el ritmo en consonancia. Si tienes un tiempo largo que llenar o más de una oportunidad de hablar en el mismo evento o conferencia, puedes darte el lujo de tener un tono más de conversación, de discurso, personal. Tú y tu audiencia tienen más tiempo para familiarizarse y crear un conducto de comunicación que vaya en ambos sentidos.

En el otro lado del espectro, si tienes muy poca cantidad de tiempo, entonces enfócalo de la forma más rápida y concisa que puedas. Mantenlo claro y simple enfocándote en un punto, propósito o moraleja para tu audiencia. Dar un anuncio, compartir un testimonio de cinco minutos o presentar al orador principal te fuerza a enfocarte lo más ajustado que puedas, concentrando toda tu comunicación en una selección breve de palabras.

La mayoría de los oradores y comunicadores pondrán su paso en algún lugar entre medias, lo cual hace que se empareje el ritmo con nuestro material. Mientras más tiempo tengas, más te debes preparar. Si tu mensaje no exige la cantidad de tiempo que te han dado, entonces puedes expandir, no rellenar, tu mensaje o puedes aclarar a tu invitado o a tu audiencia, que no usarás toda la cantidad de tiempo que te han dado.

Dependiendo del propósito o la intención de tu mensaje, tu paso quizá no esté determinado por la cantidad de tiempo tanto como por asegurarte que se reciba tu mensaje. Winston Churchill, el legendario primer ministro del Reino Unido durante gran parte de la Segunda Guerra Mundial, dijo: "Si tienes un punto importante que decir, no intentes ser sutil o inteligente. Usa un martinete. Golpea el punto una vez. Después regresa y golpéalo de nuevo. Después golpéalo una tercera vez, un golpe tremendo".

Es un buen consejo a considerar acerca de sacar el máximo partido a tu momento en el micrófono, particularmente cuando piensas en los muchos expertos de la comunicación que creen que la audiencia probablemente solo recordará uno o quizá dos puntos de tu discurso, sermón o presentación. La investigación y los grupos de enfoque confirman que lo que la gente se lleva de tu mensaje muy probablemente será una idea grande y cómo tu idea les ha afectado en lo personal, si es que lo ha hecho.

Mientras más relevante sea tu mensaje para ellos, más probable es que lo recuerden. Si no conectan ni se identifican contigo, si no ven que tu mensaje es relevante para sus vidas, si lo que tienes que decir no es nuevo o fresco, al menos en cómo lo presentas, entonces los perderás antes de tus comentarios iniciales.

Te animo a crear un tipo de urgencia relajada en tu exposición. Tu meta es tener energía y presencia sin parecer forzado o melodramático. Querrás mantener tu tesis central y tu propósito general en mente, aunque avances por tu mensaje a un paso que tu audiencia pueda seguir. No insistas en puntos que probablemente ya conocen o asumen. No te saltes explicaciones breves de palabras, términos, frases o jerga que no sea probable que conozcan o que hayan oído antes.

Un buen ejercicio para establecer tu paso es identificar tu discurso de presentación y después asegurarte de que cada punto, parte o porción conecta directamente con tu idea principal. No tengas miedo de conectar los puntos para tu audiencia o de recordarles las relaciones que has cubierto. No es bueno que seas tan repetitivo que les moleste, pero tampoco quieres que se pregunten qué se han perdido en términos de conectar tus puntos con tu idea principal.

Usar tu lenguaje corporal es a la vez arte y habilidad. Como otros aspectos de la comunicación, también esto mejora a medida que crece tu experiencia. Al menos, ten en mente el carácter físico de tu presencia: qué verá tu audiencia cuando te miren. Usa esta dimensión visual para involucrarlos de formas que sean particularmente tuyas. Junto a tu voz, tu cuerpo es tu mayor activo al exponer tu mensaje, ¡así que sácale el máximo provecho!

CAPÍTULO 9

La pausa "embarazada"

Lo más importante en la comunicación es oír lo que no se ha dicho.

—Peter Drucker

El silencio es el espacio negativo que enmarca la belleza, la gravedad y la dignidad de tu mensaje.

Así como un artista puede usar un área o margen vacíos, usualmente conocido como espacio negativo, alrededor de una imagen en una fotografía, dibujo, pintura u obra de arte, el orador también utiliza el silencio. Como veremos, los propósitos y efectos del silencio cuando comunicamos son sin duda similares al impacto que tienen los artistas con el espacio negativo: para añadir énfasis, para expectativa, para complicidad, y para apropiación y aplicación individual.

Nuestros patrones de comunicación naturales incorporan el silencio, aunque sea por una fracción de segundo, para dar espacio de respiración entre nuestras palabras y que nuestros oyentes puedan reconocer espacios entre sílabas, palabras, frases y párrafos. Los oradores también necesitan respirar al hablar, por lo general a través de su nariz mientras su boca está ocupada. Las pausas silenciosas les dan tiempo para tomar aire, tragar, dar un sorbo de agua, e impedir que se les seque la boca.

Quizá te veas tentado a considerar el silencio como marginal o incluso insignificante, ya que, a fin de cuentas, tu audiencia está ahí para escucharte comunicar, ¡no para verte meditar! Pero subestimarás su poder y eficacia si pasas por alto tanto la funcionalidad como la profundidad del silencio cuando expones tu mensaje. El escritor estadounidense Mark Twain destacó: "La palabra correcta tal vez sea eficaz, pero ninguna palabra fue nunca tan eficaz como una pausa en el momento oportuno". ¡Yo estoy totalmente de acuerdo!

El silencio es un lenguaje en sí mismo.

Su alfabeto se puede basar en la ausencia del lenguaje, y su vocabulario puede ser increíblemente limitado. Pero el silencio lubrica las ideas, los ejemplos y las anécdotas compartidas en la comunicación. El silencio puede crear tensión y suspense, proporcionar énfasis y dirección, abrir espacio para la meditación y la aplicación, y añadir valor, honor y respeto. Saber maximizar el silencio también mejora tu capacidad para comunicar con el lenguaje y sin él. El silencio es un regalo, una herramienta, un marco, una relación y una invitación.

En el mundo del ejército y del espionaje, quedarse a oscuras significa que alguien, a menudo un operativo en el terreno, suspende temporalmente la comunicación con su base o con otros miembros de su equipo. En la aviación, quedarse a oscuras significa que el piloto y la tripulación de un avión o helicóptero no responden a los intentos de comunicación del control del tráfico aéreo o de otra aeronave. Esto puede ser a propósito para no ser detectado por el adversario, o puede ser debido a un fallo mecánico, captura o incluso la muerte.

Quedarte a oscuras en medio de tu mensaje no es una buena idea, ¡a menos que estés a punto de encender la luz! En otras palabras, haz todo lo que puedas para evitar momentos en los que se te olvide lo que querías decir, no sepas dónde estás, o sufras alguna distracción física como una tos o la boca seca. No es que no puedas recuperarte de quedarte a oscuras accidentalmente, pero en general lo que quieres es dominar sobre el silencio utilizado en tu comunicación.

Para los comunicadores, ¡el silencio sin duda es oro!

La pausa que refresca

Cuando estoy predicando, lo veo como una conversación entre mi congregación y yo, aunque por supuesto yo soy el que más habla. Pero sé lo valioso que puede ser el silencio para ayudarme a reforzar mis puntos y fortalecer mi relación con las personas sentadas en las bancas. La escala y el contexto de conversación pueden diferir, pero uso el silencio cuando hablo delante de una multitud de formas parecidas a cuando estoy hablando solamente con otra persona.

Si tú y yo estuviéramos sentados fuera en el patio disfrutando juntos de una taza de café o de una bebida fría, conversaríamos. Quizá tú me preguntarías algo y yo te contestaría. Habría una breve pausa mientras dábamos un sorbo a nuestras bebidas y arreglábamos nuestros pensamientos y esta oportunidad de dialogar juntos. Después, yo te haría una pregunta o un comentario sobre un tema de interés común. Iríamos de uno a otro, no como un partido de tenis necesariamente sino más bien como la red, atrapando algunas de las ideas que van de un lado a otro, dejando que otras se salgan de las líneas del campo.

Nuestra conversación no sería una competición sino una experiencia compartida, una "buena visita" como solían decir mi mamá y mis tías. Aún puedo oírlas hablar y reírse juntas desde cuando yo era un niño holgazaneando en el porche mientras ellas se ponían al día de las noticias de la familia, intercambiaban chismes del vecindario y compartían opiniones acerca de todo, desde el sermón de la última semana hasta los titulares de esta semana.

Entre medias de las risas y los ademanes con los ojos y los golpecitos en la rodilla con la mano abierta y las bajadas de voz, había momentos en los que ninguna hablaba. Podíamos oír los pájaros piando y al perro ladrando por el vecindario, a un niño jugando o un automóvil estacionando. Estos intervalos ayudaban a las mujeres a saborear la intimidad entre ellas sin tener que decir nada. Los vínculos eran de larga tradición y duraderos. La cordialidad, la camaradería, el gozo, las cargas y celebraciones compartidas; mi mamá y sus hermanas y sus amigas me revelaron la forma en que el silencio puede proporcionar un lienzo para una obra de arte conversacional.

En el púlpito o en el podio, el silencio puede parecer contradictorio. Estás ahí para llenar el silencio, no para dirigir un retiro de silencio. Quedarte callado puede ser tu mayor temor como orador, alguien que se congela y no puede recabar sus pensamientos ni encontrar su voz. Si entiendes el silencio, sin embargo, puede ayudarte a mantener el enfoque y a darte espacio para respirar, tanto literal como figuradamente, mientras expresas tu mensaje.

Y por supuesto, es algo que querrás usar de forma estratégica y no como una manera de que el tiempo pase o de ser excesivamente dramático o extenso. Dependiendo de tu audiencia y de tu nivel de relación con ellos, usar el silencio puede ser una forma de acercarlos más. Pero puede ser también contraproducente si ellos piensan que les estás retrasando, teniendo una actitud de superioridad o perdiendo tu tren de pensamiento. El objetivo es controlar el silencio, ¡y no que el silencio te controle a ti!

Para maximizar tu control sobre él, consideremos las cuatro formas de usar el silencio eficazmente al hablar, comenzando con el énfasis.

¡La cena está servida!

Cuando era niño, rápidamente aprendí que cuando mis padres u otros adultos estaban enojados conmigo, a menudo usaban el silencio para enfatizar su frustración, decepción o desagrado. Cuando mi mamá me llamaba de forma lenta y calmada por mi nombre completo, haciendo una ligera demora dramática entre cada parte, sabía que estaba en problemas. Su negativa a vociferar sus emociones contenidas me preocupaba más que si dijera lo que había en su mente y me desafiara acerca de mi error. Su contención era la forma de enfatizar la severidad de su enojo y la intensidad de su reprimenda.

En la comunicación, hacer una pausa de unos segundos obliga a tu audiencia a darse cuenta de que estás poniendo un marco de silencio alrededor de un punto concreto, idea o giro en la historia. Te estás deteniendo deliberadamente para que puedan absorber el impacto de tus palabras. Cuando comunicas tu mensaje, puedes detenerte momentáneamente justo después de revelar tu punto o idea, o puedes callarte brevemente *antes* de ese momento en el que tirarías el micrófono. Cada uno tiene sus propias ventajas.

Si estás predicando, enseñando o hablando y construyendo hacia una revelación, por lo general una de varias, quizá necesitarás hacer una pausa después de cada una, particularmente después de tu primera. Al edificar hasta tu primera parada silenciosa, probablemente habrás aumentado tu paso y volumen. Puedes estar gesticulando con vivacidad o caminando de un lado a otro del escenario para que la energía de tu cuerpo se iguale con tu voz. El tono y el timbre de tu voz deberían pasar a un registro más bajo o más agudo mientras comunicas incansablemente la verdad de tu mensaje.

A medida que construyes y consigues inercia, tu audiencia espera que llegues a un punto de parada. Asumen que les dejarás saber cuándo has llegado. Tu nivel de energía estará aumentando hasta el pico, la cima, el clímax de tu comunicación, y una vez que llegues, te detienes. Dejas que tu audiencia aprecie la vista del paisaje al cual los has llevado. Haces una pausa para recuperar el aliento a medida que los participantes examinan el espectacular mirador, dándose cuenta de la distancia que has cubierto con ellos desde donde comenzaste. Cada uno de ellos abraza y se adueña de la experiencia compartida que tú has creado al llevarlos a ese momento.

O permíteme volver a nuestra metáfora culinaria. Cuando sirves el plato fuerte de tu mensaje, levantando la tapa del plato que estás sirviendo para revelar tu frase emblemática, refrán o revelación temática, habrás puesto la mesa para el silencio. Es como el gran descubrimiento en un restaurante de lujo, cuando la mano con guante de tu camarero levanta el plato con su tapa y proclama: "¡La cena está servida!". Levanta la tapa del plato y tus sentidos absorben las imágenes, los sonidos y los olores que emanan de su interior.

Habrás creado un hambre en tu audiencia para la comida que les estás sirviendo, y una vez que pongas tu plato en la mesa, ¡ellos necesitarán un momento! Así como los comensales en la mesa necesitan un momento para inhalar el delicioso aroma, estudiar los colores y texturas de la comida que tienen delante, escuchar el delicado borboteo o chisporroteo mientras se enfría, y anticipar el primer bocado, los miembros de tu audiencia necesitan tiempo para saborear tu mensaje.

Siguiendo con esta comparación culinaria, también deberías considerar la forma en que se espacia una comida. La gente no se sienta a la mesa ¡y come continuamente hasta que sus platos estén vacíos! O si lo hacen, se considera vulgar, maleducado o basto. No, cuando estás comiendo con alguien, cada bocado recibe un tiempo adecuado para que el comensal disfrute de los sabores y las texturas. Hay tiempo para halagar al chef o elogiar al anfitrión y anfitriona, para charlar sobre la comida y la experiencia compartida que todos están disfrutando.

La comida continúa hasta que los comensales han terminado, y después se extienden un poquito más, quizá con un café o té, dejando que la rica comida se digiera y disfrutando del placer posterior, ¡o del coma de carbohidratos como lo llamó una vez uno de mis hijos! Nadie se ha apresurado ni ha corrido para terminarse la comida. En su lugar, todo se produjo a su propio ritmo, con tiempo de sobra provisto para tener una segunda porción, para dar un sorbo a una bebida, para conversar de manera informal con otros en la mesa.

La comunicación requiere el mismo tipo de tiempo para saborear y disfrutar de los sabores de tu sermón, discurso o mensaje. Tras dirigir a tu audiencia hasta cada punto, ellos necesitarán un par de momentos para captar tu idea y pensar en sus implicaciones. Según continúa tu exposición y vas desplegando tu mensaje y creando una experiencia compartida, tus oyentes y espectadores necesitan un tiempo de digestión. Con cada plato de la comida o nueva idea presentada, los receptores necesitan tiempo para integrarlo antes de continuar.

No estoy hablando de sesenta segundos, ni tan siquiera de treinta, no a menos que sientas que tu audiencia necesita esa duración. Tu pausa silenciosa o parada momentánea probablemente será solo de un segundo o dos. Según vas adquiriendo experiencia, cada vez serás más adepto para saber cuánto tiempo prolongar tu silencio. Pero siempre es bueno que le des a tu audiencia tiempo dentro de tu mensaje para que se apropien de él, lo compartan y respondan a él.

Unas gotas de suspense

También será apropiado que consideres incorporar unas gotas de silencio al servir tu mensaje como una forma de crear suspense y conseguir anticipación. Esto hace que el silencio pase de ser un agente de énfasis a uno de expectación. Aunque hay una pizca de esto al revelar tus ideas porque has creado un hambre en tus oyentes, usar el silencio para formar suspense cambia su peso hacia las expectativas de tu audiencia.

Usar el silencio de este modo es lo que yo llamo "la pausa embarazada". No solo estás alimentando un hambre o deseo en tu audiencia, sino que también estás creando la experiencia compartida del descubrimiento. Estás dando a luz a nueva vida a través de la gestación de ideas transformadoras y soluciones relevantes. Estás compartiendo la intimidad que viene al revelar cicatrices, destapar viejas heridas y verse el uno al otro en la desnudez de la vulnerabilidad y la transparencia. Les estás diciendo a los oyentes que sean pacientes a medida que crecen tus ideas y cobran vida dentro de ellos durante la experiencia de estar juntos. Estás creando la expectativa de que se producirá un nacimiento tras la conclusión de la pausa "embarazada".

Ciertamente, puede que esto no se aplique a todos los mensajes, y de nuevo, por favor recuerda que la mayoría de mi experiencia se deriva de mi predicación. Mi papel como pastor es alimentar a mi rebaño, mantenerlos a salvo, ayudarles a escapar de los lobos que les acechan, y proveerles de un refugio para las tormentas de la vida. Dependiendo de cuál sea tu papel y el propósito y contexto de tu comunicación, quizá necesites ser más alegre, práctico o entretenido, pero incluso en este caso, tu audiencia aún valora la sustancia y la autenticidad. ¡La pausa embarazada puede facilitar ambas cosas!

De muchas maneras, la pausa embarazada me recuerda a los

momentos de máximo suspense usados al final de una narración por capítulos. Al margen de que sea un thriller éxito de ventas, una serie maratoniana que están retransmitiendo, o un podcast narrativo, los escritores y productores saben que la curiosidad mantiene la inversión de los consumidores en sus historias. Quizá en tiempos de antaño, escuchar a los historiadores orales o ver actuaciones dramáticas era el suspense de descubrir cómo había terminado un viaje, una batalla o una historia.

Esto continuó con la palabra escrita, particularmente con la ficción cuando los novelistas y escritores de cuentos y relatos cortos mantenían la atención de los lectores página tras página y capítulo tras capítulo. Charles Dickens escribió muchas de sus mejores obras capítulo tras capítulo para presentación en episodios en revistas y periódicos. Las editoriales vendían sus publicaciones semanales o mensuales y tenían que mantener y aumentar el número de lectores para mejorar las ganancias. Dickens sabía cómo dejar a los queridos personajes en peligro para que los lectores estuvieran deseando leer el siguiente fascículo.

Vemos el final de suspense perfeccionado en el siglo xx de formas populares como las tiras cómicas, literatura barata, programas de radio, seriales y telenovelas. El término "final de suspense" probablemente se originó de los momentos de suspense de una tensión sin resolver cuando un personaje literalmente se quedaba colgado para salvar su vida al borde de un precipicio. Tal vez el villano estaba encima de él pisándole los dedos, o una bestia voraz quizá estaba esperando abajo para devorarlo. La audiencia se preocupaba por los personajes que estaban suspendidos y en peligro y no podían esperar para saber qué les sucedía.

¿Encontraría la pequeña huérfana, Annie, su camino a casa? ¿Atraparía el Jinete Rojo a los malos que habían robado el ganado del rancho? ¿Qué le pasaría a Mary Lou ahora que su esposo se había unido al ejército? ¿Quién era el misterioso extraño al que habían visto huir corriendo de la escena del crimen? ¿Quién disparó a J. R.? ¿Qué giro en la trama nos daría después Shonda Rhimes? Los lectores, oyentes y espectadores tenían que esperar hasta el siguiente episodio, emisión o retransmisión para averiguarlo.

Aunque probablemente no vayas a utilizar tu pausa embarazada o los segundos de suspense del mismo modo y ciertamente no con tanta frecuencia, es una herramienta importante para acercar más a tu audiencia. Cuando captas el interés de la gente y picas su curiosidad, quieren una resolución. Quieren saber qué ocurrió después, cómo se resolvió el problema, o quién terminó haciendo qué. La clave a recordar cuando utilices una pausa embarazada son los dolores de parto y el alumbramiento. Una vez que comienzas los dolores de parto para dar a luz una epifanía para tu audiencia, asegúrate de entregarla.

Nada hace que pierdas a una audiencia más rápido que un incómodo silencio de una familiaridad natimuerta. Si la revelación que estás armando es demasiado predecible, es probable que la gente se decepcione, y comiencen a cuestionarte. "No tiene nada nuevo que contarme", es lo que probablemente supondrán. Ya sea que su suposición sea cierta o no, les habrás alejado. Pero es peor aun cuando sostienes una pausa embarazada y das a luz a tu bebé sin que a nadie le importe, se dé cuenta, o comparta la experiencia.

Sí, puede que sean educados, asintiendo y sonriendo, pero tú sabrás si están contigo o no. Es como la gente que mira a un bebé en el carrito y dicen: "¡Míralo! ¡Seguro que estás feliz de que esté sanito!". Cualquier mamá que oyera ese mensaje también oiría lo que no se dijo: "¡Qué bonito! ¡Es muy lindo y adorable! Se parece a ti y a su padre". Mostrar a tu bebé proporciona oportunidades únicas para conectar con tu audiencia, y tu meta es que valga la pena el riesgo del silencio.

Las pausas embarazadas deberían sorprender, deleitar y cautivar a tu audiencia ¡con el anuncio de tu alumbramiento!

Silencio gélido

Nadie que haya caminado jamás por esta tierra usó la pausa embarazada de forma más eficaz que Jesús cuando se vio en medio de algunos líderes religiosos judíos que habían sorprendido a una mujer en adulterio. Aunque Jesús siempre se comunicaba de formas que cautivaban a los que le rodeaban, en esta ocasión los fariseos y otros líderes religiosos le tendieron deliberadamente una trampa legal y moral al verse amenazados por su negativa a amoldarse a sus sistemas y expectativas. Estos legalistas menospreciaron el mensaje de gracia de Cristo a la luz de su propia conformidad estricta a la ley. Por consiguiente, frecuentemente intentaban acorralarlo como ocurrió en este caso:

> Jesús regresó al monte de los Olivos, pero muy temprano a la mañana siguiente, estaba de vuelta en el templo. Pronto se juntó una multitud, y él se sentó a enseñarles. Mientras hablaba, los maestros de la ley

religiosa y los fariseos le llevaron a una mujer que había sido sorprendida en el acto de adulterio; la pusieron en medio de la multitud.

«Maestro—le dijeron a Jesús—, esta mujer fue sorprendida en el acto de adulterio. La ley de Moisés manda apedrearla; ¿tú qué dices?».

Intentaban tenderle una trampa para que dijera algo que pudieran usar en su contra, pero Jesús se inclinó y escribió con el dedo en el polvo. Como ellos seguían exigiéndole una respuesta, él se incorporó nuevamente y les dijo: «¡Muy bien, pero el que nunca haya pecado que tire la primera piedra!». Luego volvió a inclinarse y siguió escribiendo en el polvo.

Al oír eso, los acusadores se fueron retirando uno tras otro, comenzando por los de más edad, hasta que quedaron solo Jesús y la mujer en medio de la multitud. Entonces Jesús se incorporó de nuevo y le dijo a la mujer:—¿Dónde están los que te acusaban? ¿Ni uno de ellos te condenó?

—Ni uno, Señor—dijo ella.

—Yo tampoco—le dijo Jesús—. Vete y no peques más. (Juan 8:1-11)

¡Me encanta el brillo y la compasión que Jesús mostró aquí! Por supuesto, como Hijo de Dios no cayó en la trampa de los fariseos, pero la forma en que los ató con su propia cuerda ejemplifica la respuesta perfecta. La clave del poder de su respuesta surgió en la forma en que Jesús rehusó amoldarse a las expectativas de su audiencia. Él esquivó la trampa de una forma tan elegante, que ellos nunca se dieron cuenta de que estaban poniendo el lazo corredizo ¡en sus propios cuellos!

Si tú o yo hubiéramos estado en medio de un dilema tan difícil, tal vez nos habríamos sentido confusos y habríamos permitido que nuestro enojo dictara nuestra respuesta, que es exactamente lo que los líderes religiosos querían. ¿Cómo podría Jesús negar la autoridad de la ley de Moisés y a la vez seguir afirmando ser el Mesías? Por otro lado, ¿cómo podía Él permitirles condenar a esta mujer y apedrearla hasta la muerte, según la ley, y a la vez proclamar la gracia y la misericordia de Dios?

En lugar de verse apretado por la carga binaria de esta tensión, Jesús elegantemente usó el silencio para expresar su respuesta. Finalmente, se agachó y escribió algo en la arena, pero el hecho mismo de que no se nos diga lo que escribió indica que no era tan importante como lo que no dijo. Cuando sus acusadores rehusaron aceptar su silencio, ¡Jesús tuvo un momento divino de tirar el micrófono! "Entonces vayan y cumplan la ley", les dijo básicamente a los fariseos, "¡pero solo los que nunca hayan pecado podrán lanzar las piedras!".

Tras responderles, Jesús de nuevo se agachó para escribir algo en la arena, de nuevo algo que no se nos dice. Sea lo que fuere nuevamente, no parece tan importante como el hecho de que Jesús no malgastó sus palabras intentado argumentar, explicar, defender o persuadir a los que se alinearon contra Él. Su gélido silencio me recuerda las cinco piedras de David volando desde su honda de pastor, ¡y golpeando en medio de la cabeza del filisteo Goliat! Jesús derribó al gigante que ellos habían conspirado idear usando la menor cantidad de palabras posibles, en mi humilde opinión.

Finalmente, con sus acusadores alejándose como perros con el rabo entre las piernas, solo la pobre mujer permanecía delante de Jesús. Tengamos en cuenta que ella probablemente había sido sorprendida en el acto mismo, arrastrada de la cama de su amante por el cabello, dejándola que se cubriera solo con una túnica o tela que hubiera podido tomar apresuradamente. El trauma de su arresto seguro que se mezcló con la vergüenza y la humillación pública que sus acusadores disfrutaban amontonando sobre ella. Seguro que la mujer esperaba morir de una de las formas más dolorosas y torturadoras posibles.

En su lugar, el silencio de Jesús habló más alto que cualquier palabra en su contra.

Hazles reír

Como hemos visto, el silencio es un aliado en la comunicación para enfatizar y crear, o en el caso de Jesús, cambiar las expectativas de tu audiencia. Pausar durante unos momentos también puede fortalecer la complicidad de esa experiencia compartida, particularmente cuando se utiliza el humor. Todo gran cómico sabe que esperar un poco a que tu frase clave se capte es esencial para el impacto de tu chiste. Tú quieres que tu audiencia entienda el chiste y lo disfrute antes de continuar.

El humor es increíblemente delicado cuando tienes el micrófono delante. Muchas personas me preguntan sobre incorporar chistes, humor e historias divertidas en sus sermones, discursos y charlas. Yo les digo que es uno de los riesgos más grandes que cada comunicador puede asumir. El beneficio puede ser enorme cuando funciona, pero igualmente tan mortal cuando no funciona. Y lo que funciona con una audiencia, contexto y situación, puede que no necesariamente funcione con otra audiencia, aunque esas audiencias sean bastante similares.

Recuerdo oír a un pastor romper el hielo contando un chiste que tenía que ver con que su esposa se había comprado un vestido nuevo. Describía que estaban arruinados cuando comenzaron por primera vez en el ministerio hacía años atrás. Después, un día él llegó a casa y descubrió que su esposa se había comprado un vestido nuevo, una compra no solo imprevista, sino cientos de dólares fuera del alcance de su presupuesto. "¿Cómo has podido hacer esto?", exigió él.

"Verás, estaba viendo los escaparates cuando vi este vestido", respondió ella, "y fue como si el diablo me susurrara al oído: 'Te verás estupenda con él, ¡entra y pruébatelo!'. Así que entré y me lo probé. Al estar delante del espejo, oí al diablo diciéndome que me lo comprara".

A lo que el marido respondió: "Pero tú sabes cómo lidiamos con la tentación, del mismo modo que lo hizo Jesús. Tenemos que decir: '¡Apártate y ponte detrás de mí, Satanás!'".

"Lo hice", dijo la esposa del pastor, "¡pero el diablo me dijo que también me quedaba muy bien por detrás!".

Lo sé, es un chiste muy malo y anticuado, pero la primera vez que oí a este pastor usarlo, obtuvo una respuesta buenísima. Al pensar en por qué fue tan divertido para su congregación, reconocí lo bien que ellos conocían su personalidad y la de su esposa, su Primera Dama. Este pastor era conocido por ser frugal y muy disciplinado con sus finanzas. A su esposa, por el contrario, le encantaba ir de compras y siempre iba muy bien vestida. Como la audiencia conocía esta información, la disposición para el chiste de este pastor se alineó con las expectativas de ellos. El incidente pudo haber sucedido o no, pero el hecho de que podía haber sucedido hizo que su historia fuera incluso más divertida.

El pastor esperó al menos diez segundos hasta que las risas se terminaron, dándoles una gran sonrisa y una mirada de complicidad. Ellos apreciaron el riesgo y disfrutaron del júbilo que eso añadió a su sermón, el cual resultó ser sobre vencer las tentaciones.

Resultó que también escuché a este pastor usar este chiste de nuevo cuando hablaba en una conferencia de pastores. Aunque muchos en la audiencia probablemente le conocían o respetaban su reputación, su chiste no funcionó esta vez. Se produjeron algunas sonrisas por educación, pero nada comparado a la risa de corazón y el profundo disfrute de su propia congregación. Sin embargo, él esperó el mismo tiempo antes de continuar con su sermón, pero esta vez el silencio fue raro e incómodo. Esos últimos segundos parecieron horas, y yo, al igual que muchos otros, sentimos vergüenza ajena.

De nuevo, conocer a tu audiencia marca la diferencia. Con oyentes que te son familiares o saben algo sobre ti, usar el humor puede ser una forma de recordarles tu relación. Además, si tu chiste no funciona con ellos, es probable que sean más condescendientes contigo.

En entornos nuevos, situaciones serias y ocasiones solemnes, sin embargo, yo sería extremadamente cuidadoso a la hora de incluir el humor. Por un lado, puede que sencillamente sea inapropiado. En un evento conmemorativo de una tragedia, por ejemplo, no estoy seguro de que se pueda usar un chiste o un comentario ingenioso. Sencillamente no vale la pena arriesgarse porque, aunque funcionara, no hay forma de escapar de la gravedad de por qué están allí reunidos todos los presentes.

Al margen de la ocasión, asegúrate de no arriesgar nada que pudiera considerarse ofensivo o insultante. Esto no haría falta decirlo, lo sé, pero te sorprenderías de cuántos oradores he oído decir cosas que después han lamentado. Ya fuera que estuvieran improvisando y buscando una risa fácil en el momento, o simplemente subestimaron el potencial para la ofensa, es difícil recuperarse en cualquiera de los casos.

De nuevo, dependiendo del evento o la ocasión, puede que el humor te resulte efectivo con una nueva audiencia si les ayuda a verte como humano, cercano e identificable. La crítica de uno mismo compartida de forma apropiada puede crear un afecto instantáneo en esas situaciones. Cuando cuentas la historia del agujero en el calcetín, el perro que rompe la correa y la llanta pinchada, ellos se identifican y encuentran un vínculo común de compartir esos días malos que todos hemos tenido antes.

Permitir momentos de risa, cuando todos participan del chiste, consigue una tremenda sintonía.

Dejar que la música hable

El beneficio final de incorporar momentos de silencio cuando comunicas es crear un espacio personal sagrado para tu audiencia.

Ya sea que prediquen un sermón o no, la mayoría de los comunicadores pueden usar pausas momentáneas para mejorar su mensaje dando a sus oyentes la oportunidad de absorber, personalizar y aplicar el mensaje para sí mismos. En la iglesia, esos momentos se producen frecuentemente al final de una reunión. El pastor quiere dejar espacio para que Dios obre en los corazones y las mentes de la congregación.

En la tradición de mi iglesia, la música a menudo llena estos momentos. Mientras que el predicador guarda silencio o se alarga entre frases, la música del órgano expresa el sonido emocional climático para la experiencia compartida que está a punto de llegar a su fin. Todos los grandes predicadores que oía cuando era niño incorporaban música de órgano en sus sermones. Muchos lo usaban entremezclándolo todo el tiempo, pero casi todos ellos llevaban la música para que hablara por ellos al final.

Yo llegué a la iglesia a través de la música y serví como director del coro en mis primeros años de ministerio. Sé de primera mano, como líder y como adorador, la forma en que la música expresa y a menudo condensa muchas emociones, recuerdos, asociaciones, estados de ánimo e ideas. Cuando estoy en el púlpito, a menudo llego al punto casi al final de mi sermón cuando estoy emocionalmente vacío y no tengo nada más que decir, al menos usando palabras habladas. Es entonces cuando oro en silencio, repito lo que me siento impulsado a decir de nuevo, y permito que la música hable por mí.

Como productor de cine, también conozco el impacto que tiene la música sobre los espectadores. Si ves a Sally llegando a casa del trabajo, subiendo las escaleras, abriendo la puerta, dejando el bolso en la mesa y colgando su abrigo en el perchero, probablemente aún no te has formado ninguna expectativa. No hay diálogo ni narrativa; por lo tanto, ¿cómo puede el cineasta establecer el tono y el estado de ánimo? Escogiendo una música que hable sin lenguaje. Si la escena tiene que ver con el suspense y la tensión, entonces pone violines o alguna música siniestra. O quizá Sally está a punto de recibir una llamada de teléfono de un posible novio, en cuyo caso la música es más suntuosa, romántica y nostálgica.

Incluso cuando los personajes están interactuando en una escena juntos, quizá no tienen diálogo, pero dan un momento deslumbrante en la película. Por ejemplo, piensa en la película *Antwone Fisher*. Viola Davis interpreta el papel de la madre biológica de Antwone. Cuando él entra para verla, ella casi no tiene frases que decir. Está en el gueto, y ahora, después de haberlo entregado al nacer, su hijo ha regresado. Antwone le dice quién es, y ella dice: "Ese es mi primogénito". Todas las emociones mezcladas emergen en sus ojos antes de levantarse y salir de la sala.

El corazón de esta escena no tiene palabras, ¡y a la vez lo dice todo! En su incómoda expresión e intensidad emocional, la madre de Antwone dice en silencio: "No me juzgues. No quería ser así, y ahora vienes aquí después de todo este tiempo para traerme el pasado. No quiero pensar en lo que ocurrió y volver a revivir la agonía que pasé al decidir entregarte. Estoy contenta de que estés aquí. Me da miedo que estés aquí. Estoy preocupada de que estés aquí". Todo esto y más sin una sola palabra. Realmente, los grandes actores y actrices, como Viola Davis y Denzel Washington para enfocarnos en las estrellas de esta película, pueden controlar una escena sin decir nada. Esta habilidad llena de talento es lo que separa a los maestros de los mediocres.

La música sonando de fondo es también instrumental para el éxito de la escena. La música crea una atmósfera. No es necesario que cada predicador predique con música detrás o por debajo de sus palabras, pero los que predican bajo la tradición afroamericana entienden claramente que, al menos en cierto nivel, la predicación es un esfuerzo colaborativo entre el predicador y el músico.

Mi músico acompañante por más de veinticinco años participa a la hora de crear una emoción y un espacio tácitos para que la audiencia encuentre lo sagrado. Al inicio en mi ministerio me volví muy escrupuloso con quién tocaba para mí. Prefería que no tocara nadie antes que tocara alguien a quien le encantaba la música y quería mostrar sus maravillosos acordes y escalas. Necesito alguien que me sienta durante todo el sermón, y eso es lo que mi músico, Marcus, hace con el teclado. Él sabe si estoy entrando o saliendo. Él y yo no tenemos revisar mi bosquejo y coreografiar cuándo tocará. Para él, la música es su lenguaje de comunicación. Lo he visto tocar con lágrimas cayendo por sus mejillas con tanta intensidad, que no podía ver las teclas. Él se expresa con los dedos mientras yo me expreso con la voz. Ambos estamos predicando y mejorando el mensaje y la experiencia compartida para los asistentes.

Al margen de si suena la música o simplemente permites que haya momentos de silencio para dejar espacio para que tu audiencia medite, reflexione y se lleve su parte del mensaje, no olvides concluir tu comunicación de la forma más elegante posible. No debería haber duda de cuándo has terminado, y los asistentes deberían sentir que han regresado de un viaje. Un viaje en el que tú abriste un camino con tu mensaje mientras dejabas espacio para que ellos se pusieran a tu lado en momentos de silencio.

PARTE 4

El descubrimiento de la exposición

Cuando te apoyas en el legado del lenguaje y descubres la promesa de la práctica, entonces el descubrimiento de la exposición es tu recompensa. Hay algo muy eléctrico y sagrado cuando estás presente en el momento, permitiendo que tu voz llegue a las mentes y los corazones de tu audiencia. La responsabilidad es inmensa, ¡lo cual hace que la responsabilidad de tu alcance sea más que humillante!

En ciertos aspectos, la predicación inherentemente incluye y requiere una exposición que provoque una respuesta de la congregación. Si el mensaje que estoy exponiendo es divinamente inspirado, y oro cada vez para que lo sea, entonces también espero y oro que mi mensaje sea divinamente recibido. Me encanta el hecho de que el Espíritu Santo a menudo es identificado con la antigua palabra griega *pneuma*, que significa literalmente "aliento" o "viento". El Espíritu Santo es al mismo tiempo el viento arrasador y potente de Pentecostés al igual que el suave aliento transformador de aire fresco bajo nuestras alas. El Espíritu de Dios nos da vida y también nos empodera. Los mejores predicadores, y probablemente los comunicadores más eficaces, tienen el mismo efecto.

Cuando tu exposición sirve a tu mensaje sin interrupción, entonces tu audiencia recibe un impulso para despegar, como la corriente de aire invisible bajo las alas del águila. Irónicamente, sin embargo, un problema que surge con frecuencia, particularmente para los individuos que son nuevos en la oratoria en público, es recordar respirar. Ahora bien, obviamente, la respiración es una función involuntaria de un cuerpo sano, lo cual significa que no hay que decidir conscientemente inhalar y exhalar. Respirar es tan esencial para nuestra existencia, que es automático.

Cuando estás parado en el púlpito, sin embargo, o en el podio, o en la plataforma, o dondequiera que estés hablando, tu respiración requiere cierto nivel de atención que normalmente no tienes que considerar. Como un cantante que busca momentos en su canción para respirar sin interrumpir el ritmo y la melodía de su interpretación, los comunicadores expertos también prestan atención a su inhalación de oxígeno durante su exposición. No recuerdo experimentarlo yo mismo, pero he visto a oradores marearse un poco o incluso mucho porque estaban muy nerviosos y comenzaron a hiperventilar. Su respiración era tan frenética y superficial, o tan esporádica, que su cuerpo, incluido el cerebro, no recibía oxígeno suficiente.

Hablando en términos prácticos, literalmente, tu exposición se apoya en tu respiración, en la habilidad para inhalar el oxígeno adecuado y exhalar dióxido de carbono para que tu cuerpo pueda sostener tu discurso. Necesitas respirar para convertir sonidos y sílabas en palabras, frases e ideas. El aliento da vida, y en ningún lugar es eso más importante que cuando estás hablando de tu vida y de la vida de tus ideas con otras personas.

Hay mucho que descubrir de la disciplina de la exposición de tus mensajes, pero estoy convencido de que comienza, y termina, con la más básica de las funciones. Igual que los asistentes de vuelo nos dicen siempre que agarremos nuestra propia máscara de oxígeno antes de ayudar a otra persona con la suya, debemos asegurarnos de respirar profundamente a fin de ser el aliento de vida para nuestra audiencia. Por lo tanto, respira profundamente a medida que consideramos otras maneras de ayudar a que tu exposición se eleve hasta nuevas alturas.

CAPÍTULO 10

Guías turísticos y pioneros

La lengua es el único instrumento que se afila cada vez más con el uso.

—Washington Irving

Los grandes comunicadores unen el legado del pasado con los sueños de un futuro mejor.

El Dr. Thomas me recordaba con frecuencia que, en el arte de la predicación, los practicantes deben conocer los hombros fundacionales sobre los que reposan, honrando y conmemorando las contribuciones de todos aquellos que les han precedido; pero también deben aspirar, innovar e inventar, aportando al micrófono su propio estilo y metodología creativos, originales e inimitables. En palabras sencillas, deben ser nuestros guías y también pioneros, destacando los hitos históricos y culturales y también los puntos de inflexión, pero además liderando el camino aún no trazado hacia un nuevo territorio de ideas.

Muchos de mis predecesores han inspirado e influenciado un estilo de predicación, al igual que el modo en que comunicó en general. Ya sea en el púlpito, en el podio, en la plataforma o en la sala de juntas, ellos no solo proporcionaron modelos meritorios, sino que también, de modo directo e indirecto a la vez, infundieron en mí la confianza para aportar mi voz auténtica a cada oportunidad de poder hablar en público. Ellos me enseñaron cuándo ser directo y cuándo tomar el camino más largo a fin de establecer mi punto, cómo crear y satisfacer expectativas ante mi audiencia, y cómo sorprenderlos con momentos inesperados de perspectiva, claridad, emoción o inspiración.

Sin los muchos mentores, ejemplos, oradores y líderes que nos han precedido, no habría ningún legado sobre el cual pudiéramos construir nuestras propias plataformas y ampliar nuestros propios sueños. Cada vez que nos comunicáramos ante una audiencia nos parecería la primera vez, intentando guiar a nuestros oyentes con muy poca iluminación de aquellos que nos precedieron. Por fortuna, tenemos los ejemplos de muchos hombres y mujeres que nos han mostrado, en momentos de adversidad y también en tiempos de abundancia, cómo hacer brillar la luz del corazón mediante el poder de la voz.

Algunos proporcionan más perspectiva histórica como guardianes del pasado, mientras que otros innovan a la vez que comunican nuevas visiones para el mañana. Ambos son esenciales, y los mejores comunicadores saben aprovechar el conjunto de habilidades de cada uno. Con esta suposición ambidiestra en mente, consideremos maneras de respetar el repertorio de guías turísticos y también coquetear con la libertad feroz de quienes abren sus propios senderos.

Desechar el guion

Mi perspectiva sobre los guías turísticos cambió cuando hice mi primera visita a Londres. Me habían invitado a predicar y hablar, y además de compartir mis sermones, tenía muchas ganas de experimentar todos los icónicos puntos de referencia, comida, lugares y personalidades británicos que hacen de la capital del Reino Unido una de las ciudades más grandes y más diversas del mundo. Aunque yo sabía que mis anfitriones probablemente se alegrarían de poder proporcionarme un guía para llevarme a ver esos lugares, yo quería hacer turismo sin tener que revelar mi estatus como un estadounidense que no es consciente de las diferencias y distinciones que existen entre los ingleses, los galeses, los escoceses y los irlandeses, sin mencionar todas las diversas culturas y países representados como parte de la Commonwealth.

El Palacio de Buckingham estaba en la lista, junto con la Torre de Londres, el Museo Británico, Westminster Abbey, el London Eye, el Big Ben, Hyde Park, Covent Garden, el West End, Trafalgar Square, y los almacenes Harrods. Tras años de ver películas de James Bond y adaptaciones de Sherlock Holmes, yo quería ver cómo era en realidad la ciudad. ¿Llovía tanto como me habían dicho? ¿Había tanta niebla como me habían hecho creer? ¿Sería capaz de entender los acentos con bastante facilidad, y serían ellos capaces de entenderme a mí? Independientemente de cuántos lugares deseaba ver, sabía que quería una experiencia auténtica, pero no estaba exactamente seguro de cómo hacer que eso

223

sucediera. Tal vez simplemente saldría a pasear y observar a la gente, o me metería en un auténtico pub para comer pescado frito con papas fritas.

Tras considerar a varias empresas turísticas, escogí la que aparentemente era la más popular, que tenía muchísimas reseñas positivas de varios visitantes internacionales. El día del recorrido turístico, compré mi boleto y me sitúe en una fila con otras varias decenas de visitantes que querían subirse a uno de los grandes autobuses de dos pisos y abiertos por arriba que nos llevaría a recorrer las ajetreadas calles de Londres. Una voz femenina que hablaba con el que más adelante sabría que se consideraría un acento refinado, anunció finalmente que era el momento de subir. Ocupé mi lugar en lo más alto, agradecido por los pocos claros de cielo azul y mi asiento seco después de que hubiera llovido temprano en la mañana.

El autobús arrancó con todos los asientos ocupados. Sentí que todos los demás estaban tan emocionados como yo de poder asimilar lo mejor de esta metrópoli antigua y a la vez moderna. Habíamos recorrido menos de una manzana cuando una voz espesa y estática se puso al micrófono y se presentó como nuestro guía turístico para las cuatro horas siguientes. El hombre hablaba con acento británico, o al menos yo creí que lo era, pero batallaba para entenderlo. No era solamente la charla de otros pasajeros, el tráfico y los ruidos de la ciudad lo que hacían que me resultará difícil, porque de las pocas cosas que comprendí aquí y allá a medida que procedíamos, me di cuenta rápidamente de que él estaba leyendo un guion.

Quedé muy sorprendido, o como mis amigos británicos me

enseñaron después, "patidifuso" por la calidad de la información tan genérica e impersonal que presentaba el guía. Era una recopilación de hechos y descripciones generales que yo ya había leído en la mayoría de libros turísticos y sitios de viajes. Al final de la primera hora nos detuvimos para ver rápidamente el Museo Británico, pero yo ya había tenido suficiente. ¡Era momento de desechar el guion! Me quedé rezagado y dejé que el autobús turístico siguiera sin mí, y observé que yo no fui el único pasajero en hacer lo mismo. Me tomé mi tiempo, y finalmente detuve a un taxi y me dirigí de regreso a mi hotel.

Pensé en contratar otro recorrido turístico, pero me dio miedo que mi experiencia fuera la misma. No me gustaba malgastar mi tiempo en información que estaba disponible para mí en la mayoría de los libros de viaje. Pero lo que yo no sabía entonces era que necesitaba un guía turístico que fuera un docente, ¡no un aficionado!

Docente o aficionado

Sintiéndome un poco tonto tras mi aventura fallida, aun así, confesé mi decepción a mis anfitriones aquella noche en la cena. Ellos se rieron y dijeron: "¡Ah, pobre! ¡Eso es horrible! Déjalo en nuestras manos y nosotros lo solucionaremos, ¿te parece bien?". Les pedí educadamente que eso no supusiera para ellos ningún problema o inconveniencia, pero ellos estaban decididos a que yo experimentara más del encanto, el aire, la profundidad, la belleza y la historia de su querida Londres antes de regresar a los Estados Unidos.

Por lo tanto, a la mañana siguiente después del desayuno me saludó un caballero británico alto y de aspecto señorial de descendencia sudafricana. Iba vestido impecablemente, y se presentó como docente del Centro para la Historia Moderna en la City, Universidad de Londres. Reclutado por mis anfitriones para mostrarme el corazón de la cultura y la historia británica, este caballero me hizo numerosas preguntas y evaluó mis áreas de interés. Entonces me propuso un recorrido que me permitiría experimentar la mayoría de mis lugares deseados con tiempo suficiente para caminar, examinar, observar a la gente y disfrutar de un almuerzo en un pub. Cuando confesé que no sabía exactamente lo que era un docente, explicó el significado general y también cómo se aplicaba concretamente a él.

En el sentido más amplio, un docente es un experto dispuesto a enseñar, ser tutor y guía para otros en áreas de interés concretas. Por lo general, trabajan como voluntarios y tienen una experiencia directa relacionada con el museo, el parque, la galería o el zoo que están enseñando a grupos de individuos. "Un docente puede considerarse lo contrario de un aficionado, alguien que tiene un conocimiento superficial de muchos temas, pero no tiene experiencia en ninguno", explicó mi nuevo amigo británico. Entonces me informó que el docente está también un rango justo por debajo del profesor en muchos institutos y universidades en todo el mundo. Por lo tanto, ser un docente reflejaba su papel al igual que su rango en el centro para la educación superior donde trabajaba. Tenía un buen conocimiento de la historia británica, y estaba especializado en cómo el RU había colonizado en África y la India.

El tiempo que pasé con este caballero compensó con creces la experiencia turística decepcionante del día anterior. Disfrutamos de una conversación continuada en la cual él describía el significado y la importancia de diversos lugares y me señalaba diversos puntos que tendrían interés personal para mí. Parecía que se deleitaba cuando yo hacía preguntas, lo cual solamente me hizo agradecer aún más esta oportunidad única. Al regresar a casa y reflexionar en mi experiencia, agradecí la diferencia entre un aficionado, que podría hacer un buen papel como guía turístico que lee un guion, y el conocimiento personalizado y la profundidad de perspectiva que tiene un docente.

Muchas veces, he oído a pastores y oradores que encajan en estas mismas categorías. Algunos juegan a lo seguro y se aferran a guiones familiares y temas muy conocidos. Otros, sin embargo, encuentran un ángulo diferente que revela nueva perspectiva, con frecuencia debido a su propio interés apasionado y su experiencia. Tal vez hablan de un pasaje familiar de la Escritura, pero hacen que cobre vida de un modo que parece hecho a medida para su audiencia. Ellos son el tipo de comunicadores a emular, porque hacen participar a sus oyentes de maneras que nunca puede lograr alguien que meramente se limita a enumerar puntos de un guion. Por lo tanto, cuando estés haciendo investigación, estudiando diversos aspectos del tema y componiendo tu mensaje, encuentra un modo de deleitar a tu audiencia convirtiéndote en su docente.

Ser pionero de una nueva senda

Si mi visita a Londres informó cómo veo yo la experiencia de los mejores guías turísticos, entonces un viaje al Oeste para unas vacaciones con mi familia en el rancho de un amigo ilustró los riesgos y las recompensas de ser pionero de una nueva senda. Me refiero a esto literalmente, claro está, porque cuando el capataz del rancho comenzó a describir nuestras opciones para salir a montar a caballo esa semana, yo sentía ilusión por mejorar mis habilidades ecuestres, que estaban cerca del cero, y al menos sentirme cómodo en la montura.

Poco después me di cuenta, sin embargo, de que el desafío era más grande de lo esperado. Tras crecer viendo series en la televisión como *El Llanero Solitario, Bonanza* y *Gunsmoke*, mi visión del Oeste suponía hacer el papel sin apreciar la habilidad requerida para realizarlo. Camisas a cuadros con botones de perla, pantalones vaqueros desgastados y botas de cowboy se veían estupendamente en la televisión y en los catálogos, pero mientras me las arreglaba para poder subirme al estribo y acomodarme en la montura de un magnífico caballo llamado Sunset, sabía que montar a caballo no sería tan fácil como Kevin Costner hacía que pareciera que en algunas de sus películas. Sunset demostró ser un igual maravilloso para mi inquietud, fuerte y recio con una disposición imperturbable.

Ese primer día, nuestro pequeño grupo novato aprendió lo básico, y nos sentimos cómodos con los caballos que nos habían asignado. Caminamos lentamente por un sendero familiar y muy transitado que estaba cerca de la casa del rancho, una estructura rústica de estilo cabaña al límite de zonas boscosas en las Montañas Rocosas. Al día siguiente, tras un rápido repaso, aprendimos a trotar e ir a medio galope, encontrando un ritmo con nuestros caballos que mostraba la misma confianza mutua requerida entre compañeros de baile formales en un salón de baile. A medida que fue aumentando la confianza, algo en mi interior deseaba liberarse de la conformidad por imagen de nuestro grupo y enviar a Sunset a galopar a toda velocidad por la colina.

Aproximadamente en ese momento oí una estampida de atronadoras pezuñas que se acercaban a nosotros, y me quedé mirando asombrado mientras la media decena de jinetes pasaban por nuestro lado. ¡Sentí que estaba en el centro de la pista del Derby de Kentucky! La velocidad, elegancia y control me sorprendieron. El capataz, un hombre indígena de mediana edad de la tribu de los navajos, explicó que eran jinetes expertos, a la vez trabajadores en ranchos junto con invitados experimentados, que se dirigían a los bosques para hacer un recorrido a través de la maleza. Al no estar familiarizado con esta expresión de rancho o coloquialismo de los vaqueros, aproveché la oportunidad para preguntarle al respecto mientras nos dirigíamos de regreso al corral para desmontar.

Él explicó que un recorrido a través de la maleza era simplemente lo que parecía. Los jinetes se apartaban del sendero establecido para crear una nueva senda, para localizar y mapear un recurso natural como un arroyo o un río, o cruzar terreno que no ofrecía ningún otro pasaje seguro. "Es un término multifunción para lo que la gente ha estado haciendo en estas tierras por cientos de años", dijo. "Varios pueblos nativos y también colonos europeos y estadounidenses tuvieron que crear sus propios caminos para poder recorrer el inmenso desierto. Con el tiempo, ciertas rutas llegaron a ser muy conocidas y se convirtieron en senderos establecidos, sendas y más adelante carreteras".

Básicamente, recorrer la maleza es lo que hicieron los pioneros para crear un nuevo camino hacia adelante.

¡Es lo que los comunicadores pioneros siguen haciendo en el presente!

La verdad de los pioneros

Me encanta aprender información nueva, particularmente sobre historia y otras culturas, y la explicación del capataz me fascinó. Me identificaba en parte, porque siempre me he considerado a mí mismo un emprendedor de corazón con espíritu pionero para probar nuevas aventuras y explorar nuevas posibilidades. Aunque no voy a montar a Sunset a pleno galope para hacer un recorrido por la maleza en un futuro cercano, sí aspiro, sin embargo, a ser un tipo de pionero.

Este es el papel de todos los comunicadores exitosos, creo yo. Ya sea que estén hablando de temas anteriormente citados y problemas no reconocidos o estén estableciendo nuevas normas en su estilo y su expresión, los pioneros de la comunicación nunca evitan los riesgos. Saben que siempre que alguien comunica, existe el riesgo inherente de que haya un potencial malentendido o mala comunicación. Mejor aún, en especial en el clima cancelar actual, los pioneros saben que su mensaje molestará, inquietará y vencerá a algunos de sus oyentes.

Jesús conocía este resultado, y lo considero no solo inevitable sino también un indicador positivo del mensaje del evangelio en un mundo hostil. Les dijo a sus seguidores: "Si el mundo los aborrece, tengan presente que antes que, a ustedes, me aborreció a mí. Si fueran del mundo, el mundo los amaría como a los suyos. Pero ustedes no son del mundo, sino que yo los he escogido de entre el mundo. Por eso el mundo los aborrece" (Juan 15:18-19, NVI). Esta dinámica sin duda ha surgido a lo largo de la historia, ya sea que consideremos los mensajes de Martín Lutero o Martin Luther King Jr. Cualquiera que se atreva a hablar en contra del status quo, a cuestionar la autoridad prevaleciente, o a proponer algo revolucionario puede contar con que habrá oposición.

Dar tu mejor mensaje puede molestar a miembros de tu iglesia, a tu grupo de apoyo, la asociación de propietarios de casas, tu salón de clase, tu club de campo, o tu sindicato de obreros. Los motivos tal vez sean cuestionados y los métodos denunciados o descartados. En medio de nuestro sonido insaciable en todo el mundo de tuits, memes y "me gusta", tu mensaje puede ser recortado, diseccionado y rociado de maneras que nunca imaginaste. Algunos intentarán sacar tus palabras de su contexto original, mientras que otros te compararán de modo desfavorable con alguien a quien apoyan.

Incluso si no estás predicando un sermón o dando un mensaje espiritual, probablemente experimentarás disonancia y discordia por parte de algunos en tu audiencia que siempre trabajarán por buscar errores. En otras palabras, los *haters* sin duda siempre van a odiar. Algunos pueden sentirse amenazados debido al modo en que interpretan tu mensaje y suponen que quieres que respondan. Otros tal vez se irritan al verse confrontados con la verdad. Porque, sin importar cuán obvia o evidente sea la verdad de tu mensaje, es probable que alguien en tu audiencia esté en actitud de negación y decidido a quedarse donde está.

La verdad de los pioneros a menudo aterra a quienes intentan ocultarse.

Predicar al coro

Tal vez enfrentes también la tentación de resistirte a tomar riesgos. Si permites que el temor a la crítica, el rechazo, o las consecuencias negativas moldeen tu mensaje, entonces probablemente diluirás tu mensaje para convertirlo en una oferta benigna con el atractivo de una tarjeta de felicitación genérica. Quienes te están escuchando tal vez sonrían y asientan con la cabeza (o la agachan para dormitar), pero algunos, si es que los hay, encontrarán tu mensaje memorable o relevante. ¡Nada me inquieta más que escuchar a un predicador predicar un sermón seco y aburrido! ¡O sentarme y escuchar a un orador que hace demasiados esfuerzos para apaciguar en lugar de apelar!

Sí, queremos ser conscientes de molestar innecesariamente a nuestra audiencia, al igual que hay momentos en los que el sentido común y la sensatez dictan diplomacia por encima de sinceridad. Tal vez recuerdes que Jesús también les dijo a sus seguidores: "Los envío como ovejas en medio de lobos. Por tanto, sean astutos como serpientes y sencillos como palomas" (Mateo 10:16, NVI). Muchas personas en la actualidad sencillamente equivocan el ser simplemente considerados y respetuosos con la corrección política. Los comunicadores sabios viven en la tensión que Jesús describe aquí. Entienden cómo caminar con mucho cuidado entre las minas terrestres de la controversia en ciertos temas, problemas y verdades.

Si buscas evitar cualquier ofensa o molestia al dar tu mensaje, entonces no estás haciendo otra cosa sino predicar al coro.

Este cliché eufemístico capta la imagen perfecta de lo que sucede cuando jugamos a lo seguro y dejamos que nuestro mensaje sea mediocre. Los predicadores que predican solamente al coro no arriesgan prácticamente nada, porque el coro ya tiene que estar ahí como parte del servicio, con frecuencia respaldando a quien está en el púlpito, literalmente, desde el lugar del coro. Presumiblemente, tal vez hayan oído antes los sermones y les resulten familiares y predecibles, si no, insípidos y secos. Sospecho que es la misma razón por la que vemos reposiciones en televisión o volveremos a ver otra vez nuestras películas favoritas; existe comodidad en la certeza de la trama de la historia.

Las mejores historias, independientemente del medio en el que se expresen, mantienen a las audiencias interesadas al equilibrar algunas convenciones y temas esperados con algunos giros que nadie vio llegar. Un cuento de hadas incluye frijoles mágicos, gigantes inmensos, y tallos de alubias que llegan hasta las nubes, pero si esos elementos familiares son actualizados y transformados, digamos, en medicinas, prescripción, conglomerados farmacéuticos, y subir los escalones de una aprobación de la FDA, entonces, la historia evoluciona repentinamente. Si una comedia romántica incluye un "encuentro al azar" de personajes que son opuestos y se atraen, y una proposición al final, nadie se sorprende. Sin embargo, si el guionista reubica estos elementos comenzando con una fiesta de compromiso en la cual los contrarios chocan y se producen resultados desastrosos que los separan, entonces los lectores o los espectadores se sentirán intrigados.

Los mejores oradores deleitan a sus audiencias de esta misma manera. Cambian y se deslizan con la destreza serpenteante necesaria para cubrir el espectro completo de colores y texturas en el mundo de su audiencia. No solo mantienen la atención de sus oyentes creando suspense, creando sorpresa y sobrepasando expectativas, sino que también su mensaje resuena de maneras que tienen importancia para su audiencia. Ellos agarran las suposiciones, lo determinado y las viejas historias, y los reinterpretan para crear revelaciones, sorpresas, y nuevos relatos que trascienden a lo que ha precedido.

En lugar de predicar al coro, estos comunicadores son como evangelistas que llevan sus buenas noticias, de la forma que sea, ¡hasta los confines de la tierra!

Una voz de un millón de dólares

De hecho, uno de los mejores practicantes de la comunicación que infundió nueva vida a tradiciones del pasado es el Reverendo Clarence LaVaughn (C. L.) Franklin. Hasta la llegada de YouTube y las redes sociales, él era probablemente el predicador afroamericano más imitado y celebrado de la historia, como me recordó el Dr. Thomas. Nacido en Mississippi poco después del inicio del siglo XX en una familia de aparceros, C. L. Franklin tenía dieciséis años cuando respondió al llamado de Dios a predicar. Comenzó a viajar por todo el Sur antes de aceptar ser el pastor de una iglesia bautista en Memphis, Tennessee. Unos años después se mudó a otra iglesia en Buffalo, Nueva York, antes de establecerse en el púlpito donde serviría el resto de su ministerio en la iglesia New Bethel Baptist en Detroit, Michigan.

Desde su base en Detroit, el reverendo Franklin comenzó a predicar por todo el país, compartiendo su estilo de predicación único que combinaba su profunda perspectiva de la Escritura con un poder emocional carismático expresado mediante las suaves texturas sedosas de su bonita voz de barítono. Con sus sermones emitidos frecuentemente en la radio y grabados en discos de vinilo, en la década de los cincuenta llegó a ser conocido como el hombre con "la voz del millón de dólares".

Su voz potente y melódica no estaba limitada a la predicación, porque el reverendo era también un cantante muy dotado. De hecho, el reverendo Franklin fue uno de los primeros predicadores a los que yo escuché que estaba hablando y predicando en el púlpito y después hacía una transición hacia el canto, por lo general cantando un canto o himno conocido que se relacionaba directamente con su mensaje. Su talento y pasión por la música condujo a la formación de su propio grupo de música góspel: C. L. Franklin's Gospel Caravan, que presentaba a las Clara Ward Singers al igual que a su hija pequeña, quien más adelante sería conocida como la icónica superestrella y primera dama del soul: Aretha Franklin.

En 1963, el reverendo Franklin organizó la Caminata hacia la Libertad por la Avenida Woodward en Detroit, atrayendo a más de 125.000 manifestantes y presentando a su amigo y pastor, el Dr. Martin Luther King Jr., que dio por primera vez un discurso llamado "Tengo un sueño". Aunque la vida del reverendo Franklin no estuvo carente de controversia, en particular por aspectos de su vida personal, él utilizó el micrófono que recibió para amplificar los mensajes que Dios puso en su corazón.

Como predicador y voz de la comunidad, el reverendo Franklin afiló sus dones hasta la perfección, haciendo que sus mensajes fueran más significativos aún. Rebosaba confianza, valentía y creatividad con su estilo único, a la vez que mantenía respeto, reverencia y responsabilidad por la santidad de su llamado al ministerio. Como estamos a punto de ver, sus mejores sermones transformaron el dolor del pasado en la esperanza del futuro.

Desde el nido del águila

Tal vez el mejor ejemplo de la forma única de alquimia del reverendo Franklin para transformar lo viejo en nuevo es también el más famoso. Titulado "El águila agita el nido", está basado en una exposición dinámica de Deuteronomio 32:11-12: "Como el águila que excita su nidada, revolotea sobre sus pollos, extiende sus alas, los toma, los lleva sobre sus plumas, Jehová solo le guió, y con él no hubo dios extraño" (RVR1960). El "le" al que se hace referencia en la parte del versículo se refiere a Jacob, el patriarca a quien Dios cambió el nombre y le puso Israel tras una noche entera de lucha, y también representaba la nación del pueblo escogido de Dios conocida también con este mismo nombre nuevo. "Porque la porción de Jehová es su pueblo; Jacob la heredad que le tocó. Le halló en tierra de desierto, y en yermo de horrible soledad; lo trajo alrededor, lo instruyó, lo guardó como a la niña de su ojo" (Deuteronomio 32:9-10, RVR1960).

El punto principal del sermón es que, al igual que el águila tiene que incomodar la comodidad del nido para conseguir que el aguilucho se disponga a volar, igualmente Dios tiene que hacer que el nido sea incómodo para agitar a los hijos de Dios de tal modo que puedan volar.[1] Durante una época de inquietud civil nacional y violencia, este mensaje pedía a los oyentes que reconsideraran la agitación de los tiempos como dolores de parto para algo nuevo que Dios estaba haciendo nacer.

Lo que debemos entender es que este sermón había estado en el corpus del canon de predicación de color, el cuerpo histórico de materiales de sermones, mensajes y metodología, por más de cien años cuando el reverendo Franklin desarrolló su propia versión.[2] Aunque tenemos incontables fuentes de materiales para sermones gracias a la tecnología en el internet, Franklin, al igual que muchos otros predicadores de color, con frecuencia conocía y predicaba sermones populares sacados del canon.

De origen desconocido, el sermón se transmitió por la tradición hasta que surgió una versión celebrada en la década de los veinte en la predicación del reverendo Calvin P. Dixon.[3] En la década de los cincuenta y los sesenta, la tradición transmitió el sermón a Franklin, al cual él añadió su estilo personal, sus dones y su singularidad, y la comunidad respondió proclamando que la versión de Franklin y la expresión del sermón fueron una genialidad. Su versión combinaba lo mejor de lo que él había heredado a la vez que hacía que el material fuera fresco y el mensaje más destacado y relevante para su audiencia en aquel momento. Ese es el arte de la comunicación.

Aunque algunos críticos puedan ser tentados a preguntar si este tipo de apropiación se convierte en plagio, puedo asegurarte, y he confirmado con el Dr. Thomas, que no lo es. Todo predicador, y me atrevo a decir cada comunicador, toma todo lo que él o ella ha recibido y lo transforma en una versión nueva. Por lo tanto, no es plagio en el sentido clásico de la comunidad académica, lo cual implica por lo general robar expresiones de ideas y copiar el lenguaje de otra persona, sino una adaptación fresca o un remix del sermón para abordar circunstancias comunales presentes.

Según los estándares de la comunidad, muy pocos de nosotros podríamos aportar el nivel de virtuosismo que aportó Franklin al sermón y, como resultado, él cambió el juego. El reverendo Franklin es ejemplo del modo en que los predicadores crean sermones desde los materiales en bruto de la tradición y ofrecen una versión nueva a la comunidad para abordar circunstancias presentes que hacen que la tradición avance. Él fue al mismo tiempo un guía sabio y un guardián dotado del legado que se le había confiado, al igual que un pionero apasionado que abrió su propia senda.

El sermón más famoso del reverendo Franklin nos recuerda que no tenemos que reinventar la rueda cuando comunicamos, ¡pero podemos hacerla rodar con más suavidad y rapidez para nuestras respectivas audiencias!

Bendice cuando hables

Sin importar cuándo está el micrófono delante de ti o qué tipo de comunicación eres guiado a compartir, tienes una nueva oportunidad cada vez que hablas, predicas, conversas o enseñas delante de una audiencia. Ya sea tu audiencia de diez personas o de diez mil, tienes la capacidad de construir sobre el legado de anhelo lingüístico que sigue siendo el impulso para hablar en público. El deseo de informar y educar, de desafiar y persuadir, de iluminar e inspirar, es el corazón de cada mujer y hombre que se atreve a pararse delante de un micrófono o tras un podio y abre su boca.

Tenemos una responsabilidad cuando comunicamos de usar las convenciones del idioma y los matices de la elocuencia oratoria lo mejor que podamos. Porque, como mínimo, estaremos desempeñando el papel dual de guía turístico y pionero, impartiendo verdades conocidas y avivando la curiosidad en algunos, a la vez que creamos nuevos métodos y prendemos esperanza en otros. Te han pasado la antorcha a ti cuando iluminas a cada audiencia a la que bendices con tu discurso.

No tengas miedo a tomar lo que te ha sido confiado (tu educación, tu experiencia, tus dones y talentos) y maximizar el beneficio que obtiene Dios de su inversión en ti. Sea que estés afilando tu uso de las redes sociales, mejorando tus habilidades de oratoria en tu comunidad, o comunicando la Palabra de Dios a tu rebaño, o todas esas cosas y más, ¡es momento de encontrar tu propia voz!

¡No tires el micrófono!

Sé el comunicador que solamente tú puedes ser.

CAPÍTULO 11

Prueba de sonido

Es difícil conseguir una audiencia. Es difícil mantener una audiencia. Demanda una consistencia de pensamiento, de propósito y de acción durante un largo periodo de tiempo.

—Bruce Springsteen

Probando, uno, dos, tres, ¡probando!

Me encontraba parado en la plataforma delante de un auditorio vacío, muy consciente de que, un par de horas después, habría miles de caras que me estarían mirando. Se produjo un fuerte y agudo pitido de retorno, y la mujer que estaba en la mesa de sonido dijo "¡Lo siento!" y levantó la mano indicándome que esperara. Tras unos segundos, y presumiblemente un ajuste en la mesa de sonido, ella me indicó que dijera otra cosa, lo cual hice. Esta vez, mi voz sonó con eco por todo ese lugar espacioso sin que hubiera ningún pitido, y la ingeniera de sonido indicó su aprobación con el dedo. Todo estaba bien para el evento de esa noche, en el cual yo sería un orador.

La prueba de sonido se ha vuelto una práctica común para la

mayoría de los comunicadores antes de dar su discurso, mensaje o sermón. En realidad, no supone mucho. Es simplemente una prueba rápida para asegurar que la tecnología funcione adecuadamente y, dependiendo del lugar y del evento, permitir que el ingeniero de sonido tenga una oportunidad para ajustar niveles, efectos y frecuencias como sea necesario para conseguir una calidad de sonido máxima de la transmisión y la amplificación de la voz.

Tras décadas de ser orador y de predicar, la prueba de sonido se ha convertido en una parte familiar del ritual de mi comunicación pública en conferencias, iglesias, y eventos de liderazgo. Es con frecuencia mi última oportunidad para hacer cualquier ajuste, corrección o añadido final para mejorar mi mensaje. Pero también es algo más que una comprobación rápida de que me oirán; es un recordatorio para asegurarme de que tengo algo que vale la pena decir.

Quédate conmigo

Tener algo que vale la pena decir y ser capaz de mantener la atención de tu audiencia durante la duración de tu mensaje es siempre sobrecogedor. Quiero conectar con ellos y que ellos se queden conmigo, siguiendo mientras participamos en nuestra conversación bastante única y de un solo sentido. Pero, como hemos visto, la mejor comunicación va en ambas direcciones, incluso si la audiencia no participa audiblemente. Y como el orador es el único que tiene la oportunidad de decir más cosas, él o ella tiene también mayor responsabilidad, al menos cuando habla.

Los mejores comunicadores captan la atención de sus audiencias sin ninguna muestra de querer forzarla. No acosan, reprenden o intimidan verbalmente a esos individuos reunidos delante de ellos por cualquier razón u ocasión. En especial para aquellos de nosotros que predicamos, una fuerza suave tiene siempre más poder que cualquier tipo de asalto verbal, fuego y azufre, o manipulación emocional. Lo que saben los predicadores y que otros comunicadores pasan por alto con frecuencia es que no queremos mantener con nosotros a nuestra audiencia por más tiempo del que se ocupa en hablarles.

Los predicadores quieren que los miembros de su congregación y los asistentes regulares quieran seguir acudiendo y que los visitantes regresen. Quieren que su congregación crezca y se expanda, y extienda el ministerio de la iglesia. Pero como son vistos con frecuencia como el rostro de su iglesia, pastores y predicadores saben que el modo en que comunican durante los servicios tiene un impacto directo sobre la percepción de la comunidad. Si su mensaje llegó seco como una tostada quemada durante el servicio de esa semana, entonces algunos asistentes tal vez sean renuentes a regresar la semana siguiente. Si comienza a desarrollarse un patrón, entonces emerge como un mensaje marca del pastor, y con frecuencia de la iglesia.

Aunque podemos argumentar sobre si sermones, lecciones en salones de clase, discursos políticos y discursos educativos deberían ser entretenidos o no, la realidad sigue siendo que queremos que nuestra audiencia esté plenamente involucrada. Creo que el mensaje en sí y también el modo en que se expresa debería intrigar, impulsar y deleitar a quienes experimentan la expresión del orador. Es obvio que hay límites con respecto a lo que es apropiado para eventos, lugares, ocasiones y audiencias, pero me temo que con frecuencia nos imponemos más restricciones a nosotros mismos que a cualquier otro. Suponemos que debemos mantener cierto tono, estilo o ambiente tan solo porque es un día festivo, un servicio conmemorativo, o un discurso de licenciatura.

Por ejemplo, yo nunca me he reído más que en un funeral en el que prediqué hace unos años atrás. Aunque usar el humor casi siempre incluye riesgo, en particular en algunas situaciones más que en otras, yo sabía que no había mejor manera de comunicar el mensaje que a la vez honrara al fallecido y también reflejara su personalidad que reír juntos con la comunidad reunida para estar de luto por él. Por inapropiado, irreverente o irrespetuoso que pueda parecer, yo había conocido al fallecido por muchos años, si no, durante toda mi vida. Para mí él era como familia, un hermano y cómplice, y habíamos vivido juntos muchos de los altibajos de la vida, alentándonos mutuamente, compartiendo las alegrías de nuestros triunfos y las cargas de nuestras pruebas. Y yo sabía que una de las cosas que más extrañaría de él sería su sentido del humor rápido e ingenioso. La risa salpicaba nuestras conversaciones casi cada vez que estábamos juntos.

Por lo tanto, en su funeral, sentí una fuerte convicción de que la mejor manera de expresar mi amor y mi tristeza, al igual que de celebrar su vida y su entrada en el cielo era compartir una historia personal. En lugar de una elegía o sermón tradicional, conté lo que a menudo se denomina una historia chistosa: una serie de eventos que iban de mal en peor con resultados cómicos. Cuando terminé, no podía distinguir las lágrimas de mi tristeza de las lágrimas de

risa por el recuerdo del celo de mi amigo por la vida y su sentido
del humor contagioso. Por lo que puedo recordar, los asistentes se
rieron más que yo mismo, incluso cuando el director del funeral
elevó sus cejas y batallaba por reprimir una sonrisa.

Yo podría haber dejado que el decoro, la formalidad y la etiqueta social evitaran que contara una historia tan chistosa en un
funeral.

O podría poner a un lado esos elementos tradicionales, que fue
lo que hice, a favor de hablar de lo que yo sabía en mi corazón que
mejor honraría y celebraría el fallecimiento de este querido amigo.

Tendencia o atemporal

Hay otra tensión que puede afectar directamente la lealtad y longe-
vidad de nuestra audiencia más allá de cualquier evento concreto.
¿Perciben que nos mantenemos actualizados, somos relevantes
y estamos a la última? ¿O que somos más tradicionales, estamos
anticuados y desfasados? Nadie quiere ser catalogado como lo
segundo, y aun así puede ser también embarazoso intentar usar
jerga callejera ¡si nunca hemos estado en el barrio!

La solución es crear tu estilo de comunicación para que sea
atemporal.

Sí, es importante estar actualizado en tu investigación, usar la
tecnología, y ser consciente de los eventos globales y culturales
en un mundo en el que los titulares cambian cada minuto en el
internet. Independientemente de cuál sea el tema y el entorno, tu
audiencia puede ser tentada a considerarte desfasado e irrelevante

para sus vidas posmodernas del siglo XXI. La respuesta general de la generación de los *millenials* de menospreciar a sus mayores ("Muy bien, *boomer*") destila su menosprecio con una mueca en su cara. Cuando te catalogan, no importa si su crítica es precisa o merecida; solamente importa que ellos ya no te escuchan ni te consideran creíble. Por eso querrás estar conectado lo suficiente con la edad y la etapa de tu audiencia para poder conectar.

Por otro lado, intentarlo demasiado puede ser contraproducente muchas veces, haciendo que tu intento se vea necio e ingenuo. Decir nombres de raperos que no son más mayores que tus nietos, a los que nunca has escuchado, pero los encontraste en el internet, no impresionará a la mayoría de audiencias de adultos jóvenes. Igualmente, con sitios web, posts, blogs, memes, clips, fotos y videos.

Entre que no nos importe o intentarlo demasiado duro está sencillamente el ser genuino. Desde mi experiencia, la clave para un estilo de comunicación participativo y excepcional es abordar directamente y con frecuencia tus propios temores. Utilizar el humor acerca de tu ignorancia de los últimos programas de vanguardia que eres consciente que no conoces *y* estás dispuesto a reírte de eso mismo. Ambas revelaciones por lo general serán atractivas para cualquier audiencia.

O podemos considerarlo de este modo: en el mundo de la moda, la batalla entre la tendencia y lo atemporal siempre ha existido. Aunque a algunas personas les encanta estar a la última de las últimas tendencias y probarse modas nuevas, otras desarrollan un estilo personal distintivo que sigue siendo consistente sin importar qué cambios se produzcan en la pasarela o en las calles.

"La moda cambia, pero el estilo perdura", dijo la legendaria Coco Chanel, y ese es el mantra de quienes quieren algo más de lo que hacen todos los demás.

Con YouTube y las redes sociales, he observado un fenómeno similar en las maneras en que los participantes se comunican. Algunos son muy conscientes de competir por las visualizaciones, los "me gusta" y los anunciantes, y están dispuestos a hacer todo lo que sea necesario para hacer crecer su plataforma y ampliar su audiencia en línea. Tal vez utilicen referencias diarias a los últimos titulares o eventos, vestuario y complementos, o actitudes llevadas a los extremos. Otros, sin embargo, encuentran el modo de elevarse por encima de los millones de otros mensajeros en el internet simplemente siendo ellos mismos. Ya sea que estén dando una charla TED, presentando a alguien en un programa de premios o siendo entrevistados, rebosan una autenticidad y seguridad, una sensación de sentirse cómodos en su propia piel. Ellos son comunicadores en el internet que, por lo general, me atraen con más frecuencia y consistencia. Debido a que yo respeto quiénes son y no solamente lo que muestran en redes sociales, tengo deseos de escuchar lo que ellos tienen que decir.

Estas son las voces, ni demasiado en tendencia ni demasiado tradicionales, que perduran en el tiempo.

Paralizado por la perfección

Otra de las barreras para mantener contigo a tu audiencia, tanto en el momento y también después, es el perfeccionismo. Ya sea que enseñes en un salón de clases, estés litigando en un tribunal o relatando historias de miedo a niños reunidos en torno a una fogata de campamento, tienes sobre ti todos los ojos y los oídos durante tu momento en el micrófono. No solo querrás aprovechar al máximo tu oportunidad, sino también querrás que sea memorable de la mejor manera para los receptores de tu mensaje.

Dependiendo del lugar y del contexto, tal vez sepas o no si tu comunicación es exitosamente recibida de la manera correcta. Si tus alumnos entienden los conceptos y demuestran dominio de ellos, entonces habrás tenido éxito. Si el juez o el jurado dan el veredicto a favor de tu cliente, entonces has tenido éxito. Si los niños con ojos muy abiertos tiemblan de miedo en un momento y al siguiente se ríen con alegría al lado del fuego cuando terminas tu relato, entonces has tenido éxito.

Más desafiante en la mayoría de los casos es no saber cómo ha sido recibido tu mensaje. Yo he predicado muchos sermones en los cuales reflejé todo lo que tenía en el sermón y me dejé el corazón en el púlpito solamente para sentir que en cierto modo había perdido a mi audiencia. Cualquier respuesta emocional en la congregación parecía decaer. Después, la gente me decía lo mucho que les había gustado mi sermón de una manera que era en cierto modo forzosa y educada.

Unas pocas veces cuando me he sentido de esa manera, he preguntado a mi esposa, mis hijos, y los miembros de mi equipo cómo experimentaron ellos el sermón. Me conocen lo bastante bien para entender que no estoy buscando elogios, de modo que por lo general intentan hacer comentarios sinceros. La mayoría de las veces comentarán sobre lo que les pareció más atractivo, pero batallan para identificar dónde pudo haberse perdido el sermón o no haber sostenido su atención plena. Debido al volumen de mi predicación y de mis conferencias, con los años aprendí a no rumiar por demasiado tiempo o demasiada intensidad a fin de evitar paralizarme a mí mismo por medio del perfeccionismo.

Muchas veces, silenciar al crítico interior y soltar su crítica es más difícil de lo que me gustaría admitir. Repito el sermón o la conferencia en mi mente y busco fallos o cosas que me gustaría haber hecho diferente. Ocasionalmente, este ejercicio tiene un valor, pues decido hacer cambios o correr diferentes riesgos la próxima vez que esté ante el micrófono. Igual que un deportista que mira videos de sus actuaciones en el pasado, puedo mejorar mi exposición, borrar un punto redundante, o insertar un momento de silencio necesario.

Otras veces, sin embargo, tengo que lidiar con ello y aceptar las imperfecciones que habrá en un mensaje dado. Especialmente cuando era más joven y todavía estaba formulando y afilando mi estilo único, era duro conmigo mismo por no sonar como mi predicador o conferencista favorito en ese momento. No intentaba imitarlos claramente, pero deseaba tener la confianza y el carisma, esa sensación de seguridad siendo yo mismo, que experimentaba cuando escuchaba a los comunicadores a los que más admiraba. Lo que no entendía entonces, claro está, es que cada uno de ellos ya había batallado con las mismas inseguridades e incertidumbres que yo estaba enfrentando. Ellos habían llegado a ser lo bastante experimentados para reconocer lo que aportaban a su mensaje y que nadie más podía aportar.

Ahora, después de más de cuatro décadas como comunicador,

he aprendido a permitir que mis imperfecciones expresen mi autenticidad. Desde mi experiencia, ese es el secreto para superar la parálisis del perfeccionismo. Aceptar que, a pesar de cuán precisos, consumados, expresivos o elocuentes podamos ser, siempre habrá momentos que nos habría gustado cambiar en cualquier sermón, discurso o conferencia. Ya sea una tendencia a dejar caer el temido "mm…" para llenar el espacio momentáneamente en medio de las expresiones, controlar dificultosamente la velocidad a medida que las palabras parecen acelerarse por sí mismas, o una tendencia a abandonar el bosquejo, todos tenemos áreas que esperamos mejorar a medida que maduramos en la metodología de nuestro mensaje.

Después de todo, tal vez ya has descubierto que, si la entrega de tu mensaje es demasiado perfecta, entonces tu audiencia puede que no conecte contigo. Si parece que lo tienes todo solucionado en exceso, tal vez te perciban como que estás por encima de ellos y, por lo tanto, consideren tu mensaje irrelevante para sus propias vidas imperfectas. Sí, la mayoría de las audiencias quieren a alguien que les proporcione una expresión inspiracional y a la vez aspiracional de su mensaje, pero también necesitan maneras de identificarse, conectar y relacionarse. Necesitan saber que somos tan humanos como ellos, sin considerar las diferencias, ostensibles o no, que existan entre nosotros y ellos.

Por lo tanto, si batallas con el perfeccionismo, aprende a ver lo que es verdaderamente constructivo y a descartar el resto. Busca maneras de mejorar, pero no te limites a ti mismo a una norma imposible. ¡Haz espacio para la creación dinámica de una experiencia que trasciende lo que eres capaz de controlar!

Enfoca tus sentimientos

Saber cómo enfocar tus sentimientos tal vez sea el factor más importante a la hora de crear y mantener un vínculo con tu audiencia. La conexión emocional que experimentamos con ellos enriquece el proceso de comunicación para casi todos. Las personas quieren sentirnos y conectar con la profundidad y la sinceridad de los sentimientos que expresamos. A veces, incluso me pregunto si lo que sale de nuestras bocas importa tanto como nuestros corazones. La Biblia refuerza esta creencia, afirmando que "las palabras que ustedes dicen provienen del corazón" (Mateo 15:18), con la capacidad de contaminarnos o servir como una "fuente de vida" (Proverbios 10:11, NVI).

Con el paso de los años, muchas personas me han elogiado por la intensidad emocional de mi predicación y mi expresión. Aunque agradezco su disposición a encontrar atractivo mi estilo que se basa en lo que hay en mi corazón y sigo estando agradecido por sus amables palabras, a veces me pregunto si conozco alguna otra manera de comunicar. Mi cerebro y mi corazón se encuentran en mi voz. Solamente cuando uno de ellos intentó silenciar al otro es cuando me metí en problemas o comuniqué por debajo de lo mejor de mí.

He escuchado a muchos comunicadores en mi vida que ejecutaron su mensaje sin fallo alguno y mantuvieron la atención con sus novedosas perspectivas sobre los últimos descubrimientos en su campo. He asistido a conciertos y programas en los que los músicos y los artistas no tuvieron ningún fallo y dieron cada nota de un modo perfecto. Pero si no experimenté su expresión emocional, la conexión de su corazón con su mensaje, me fui insatisfecho. En el otro extremo del espectro, también me he encontrado con muchas personas que tenían una plataforma y un micrófono, pero con muy poco que ofrecer aparte de una diatriba, una queja, un lamento, una crítica mordaz, un soliloquio servil, o alguna otra expresión de privilegio emocional. Ellos abren las puertas de sus sentimientos y los dejan salir a borbotones, pero con muy poco control sobre el modo en que llegan a sus oyentes. Por consiguiente, ¡sus audiencias tal vez salgan corriendo rápidamente en busca de un terreno más elevado! Quienes están sujetos a expresiones emocionales extremas, raras veces comparten la misma infusión que se está preparando. Y más infrecuentes todavía son los oyentes que se identifican no solo con los sentimientos que se comparten sino también con su misma intensidad.

Cuando un comunicador pierde el control de sus emociones ante el micrófono, puede que muchos oyentes desconecten. Incluso si comparten esos mismos sentimientos u otros parecidos, la experiencia puede ser demasiado para ellos. Por lo tanto, en lugar de prender pasión en sus audiencias, estos oradores emocionalmente exagerados enfrentan miradas distantes y expresiones a la defensiva. Otros no quieren oír y sentir lo que se está diciendo porque es demasiado doloroso, demasiado intenso, demasiado molesto, demasiado incontrolable, y demasiado potente.

Nuestros sentimientos, particularmente en el fragor del momento, sin duda pueden meternos en problemas. Si nos permitimos a nosotros mismos arder y lanzar emociones no censuradas, probablemente puede que lo lamentemos diciendo cosas que no queríamos o que no creemos verdaderamente. En esos momentos de pura emoción, sin embargo, todo parece extremo, lo cual a menudo resulta en una comunicación que es igualmente hiperbólica. Como un niño pequeño que tiene una rabieta, perdemos el control de todos los hilos de comunicación excepto el principal. Por consiguiente, clamamos desde las profundidades de nuestra propia alma, a menudo inconscientes de que nuestros clamores caen en corazones sordos.

Porque en esos momentos hemos comprometido nuestro control y hemos permitido que nuestros sentimientos superen a nuestra audiencia y al mensaje que deseábamos comunicar. Ya no participamos con nuestros oyentes en un tipo de diálogo, tanto como los forzamos a experimentar la intensidad volcánica que se está formando en nuestro interior. Ellos quieren apartarse de nuestro camino y evitar resultar quemados.

Ya sea de modo consciente o inconsciente, cuando desatados demasiada emoción que no ha sido filtrada, nos arriesgamos a perder algo más de lo que nunca podremos ganar. Particularmente cuando hay temas controvertidos, divisivos, y que ya tienen carga emocional, el modo en que los manejamos por lo general determina si alguien querrá escuchar. Tal vez nos cataloguen como demasiado partidistas, comprometidos, o impulsados emocionalmente, queriendo decir que incluso si recuperamos la compostura y comunicamos un mensaje brillante, ya los hemos perdido.

Sea cierto o no, ellos suponen que si no podemos controlar cómo nos sentimos, entonces no podemos controlar tampoco el mensaje que estamos presentando.

El fragor del momento

Hace muchos años atrás me encontré en una situación única que requirió que considerara cómo utilizo, y a veces decido no utilizar, mis sentimientos cuando me comunico delante de una multitud. En esta ocasión en particular no estaba predicando, sino que me habían invitado a dar el discurso de apertura en la convención de ese año de una organización sin fines de lucro. Esta organización, aunque predominantemente estaba formada por personas blancas, tenía varios miles de miembros por todo el país que con frecuencia trabajaban de cerca con pastores e iglesias locales en sus comunidades. No diré nada más sobre los detalles de su misión a fin de proteger a los inocentes, ¡y a los culpables!

La invitación de este grupo me sorprendió de por sí, y no pude evitar preguntarme sobre motivos ocultos o planes escondidos. Yo estaba bastante familiarizado con una pareja de ejecutivos de este grupo, y conocía la reputación de otros que estaban en su equipo de liderazgo. Como si estuviera anticipando mi curiosidad no declarada, uno de mis conocidos me aseguró que este grupo me invitó deliberadamente a fin de entender con más claridad cómo podían ser más inclusivos con los afroamericanos y las personas de color en su membresía y también con las personas a las que pretendían servir.

Por lo tanto, acepté la invitación, para la que aún quedaban varios meses, y no volví a pensar en ello hasta que se acercaba la fecha de la convención. La semana antes del evento, uno de los líderes a los que yo conocía me contactó y nos invitó a mi equipo y a mí a cenar con la junta de directores y otros ejecutivos involucrados en la organización. Acepté y procedí a desarrollar mi charla, enfocándola indirectamente en la exclusividad considerando la manera en que Jesús se relacionaba con los de afuera, los marginados, y otras personas como samaritanos, prostitutas, recaudadores de impuestos, y otras personas a las que muchos en el pueblo judío despreciaban en aquella época.

Después de volar desde Dallas a la ciudad que albergaba esa convención, llegué al lugar con un par de personas de mi equipo que normalmente me ayudan cuando viajo para dar conferencias. Sin embargo, resultó que tenía también a otra persona con nosotros, un colega y relativamente nuevo amigo que me ayudaba con uno de mis nuevos proyectos. Él vivía cerca de esa ciudad, de modo que era una oportunidad natural de que pudiéramos reunirnos para conversar sobre planes en desarrollo antes de mi cita para hablar en esa convención.

Ahora bien, este amigo, al que llamaré Timothy, y yo teníamos muchas cosas en común. Bastante cercanos en edad, los dos nos habíamos criado en pueblos pequeños en el sureste rural, donde asistimos a iglesias cristianas protestantes parecidas. Ambos estábamos casados y teníamos varios hijos, y los dos estábamos comprometidos a ser esposos fieles y padres dedicados. Aunque él no estaba en el ministerio vocacional a tiempo completo, sí estaba muy familiarizado con sus demandas. De hecho, la diferencia más ostensible era nuestra raza, porque él era blanco. Pero hasta ese momento, esa diferencia nunca había sido un problema en el modo en que nos relacionábamos y trabajábamos juntos con éxito.

Cuando invité a Timothy a ir conmigo a esa cena con el equipo de liderazgo de la organización, él aceptó de buena gana. Aunque no se lo mencioné en el momento, a mí también me gustaba la idea de ver cómo participaría y reaccionaría al estar con este grupo, que resultó que era de unos ocho o nueve individuos, la mayoría hombres y un par de mujeres, todos ellos de raza blanca, de mediana edad, y profesionales con estudios. La inteligencia emocional y sensibilidad de Timothy me había impresionado ya, de modo que sentía curiosidad por cómo leería él esa reunión de un grupo racialmente mezclado.

Durante la cena en sí, naturalmente en torno a una mesa bastante grande debido al tamaño de nuestro grupo, la conversación fue en su mayor parte educada mientras rompimos el hielo y nos conocíamos. A medida que progresaba la cena, varios de los líderes del grupo comenzaron a hacerme preguntas enfocadas en cómo su grupo podría ser más inclusivo con las personas de raza negra y otras personas de color. Si soy generoso y les concedo el beneficio de la duda, ellos no tenían intención de parecer condescendientes y discriminatorios sistémicamente, pero lo fueron. En lugar de conversar con otros seres humanos, sonaban como un grupo de científicos que estaba visitando a otra especie, ¡deseosos de tomar notas y captar datos sobre la vida en nuestro planeta extranjero!

Sus intereses y actitudes no nos sorprendieron en absoluto, y les ofrecí respuestas sinceras con toda la amabilidad posible. Incluso mientras lo hacía, sin embargo, no podía evitar observar a Timothy, que la mayoría del tiempo se mantenía en silencio ya que no estaba involucrado directamente en la agenda de aquella noche. Ese hombre ya no era blanco, ¡estaba enrojecido! Se parecía a uno de esos personajes de los dibujos animados a quienes les sale humo por las orejas. Tenía la mandíbula apretada, y sus ojos eran como rayos láser que escaneaban a los que hablaban. Yo podía sentir la intensidad de su enojo ante aquellas personas, juntamente con su vergüenza y su bochorno porque él compartía su misma raza, pero no su retórica. Apenas podía contener mi diversión, apreciación y afecto por su reacción en el momento, pero no dije nada mientras la cena se acercaba a su fin.

Cuando el equipo de la organización se fue, invité a Timothy a ir conmigo y mis asociados para conversar brevemente. Cuando nos subimos al elevador que nos llevaba al vestíbulo, comencé a reír. Los dos miembros de mi equipo, hombres negros más jóvenes, también comenzaron a sonreír y asentir con la cabeza en dirección a mí. Timothy, con la cara aún enrojecida y la mandíbula apretada, me miró como si estuviera preguntando qué sucedía.

"¿Estás bien?", le pregunté, y cuando se cerró la puerta del elevador. "Estás que echas humo, ¿no?".

"¿Cómo lo supiste?", dijo tartamudeando. "Intenté no traicionar mis sentimientos, pero esa, esa manera en que te trataron fue increíble. ¡Estoy muy enojado! ¡Y avergonzado!".

"Sé que lo estás. ¡Me preocupaba que fueras a explotar allí mismo! ¿Necesitamos visitar a un médico?".

Mi amigo meneó negativamente la cabeza. "La peor parte es que no tienen ni idea. Ahora mismo probablemente se estén dando palmaditas en la espalda por haber hecho una gran tarea en cuanto a conectar. ¡Eso me pone furioso!". Dio un profundo suspiro. "Lo siento mucho. Espero no haber hablado fuera de lugar".

"Todo lo contrario", dije yo. "Es muy alentador, realmente. Observas lo que yo vivo cada segundo de cada día. La mayoría de las personas no lo captan, especialmente las personas en esa organización, razón por la cual estuve de acuerdo en hablar aquí. Quiero disipar sus estereotipos y sacudir sus expectativas. Quiero que vean que nuestras similitudes como seres humanos sobrepasan con mucho nuestras diferencias, incluyendo el color de nuestra piel".

Al día siguiente di mi conferencia y, si me perdonas por mencionarlo, recibí una gran ovación por parte de los varios miles de personas que llenaban el auditorio. Después, conversé brevemente con Timothy antes de despedirnos. Él preguntó: "¿Cómo pudiste revelar tu corazón con tanta pasión y sin permitir que tu ira y enojo justificables se interpusieran en el camino?".

Su pregunta es más oportuna hoy día de lo que fue en ese entonces. Sospecho que es una de las preguntas del millón de dólares que todo comunicador, líder y orador debe responder, independientemente de su raza o de los asuntos presentes que estén afectando sus emociones. Porque aprender a conectar con nuestros verdaderos sentimientos sin permitir que esas emociones nos abrumen y tomen el control, es con frecuencia la clave para una comunicación que impulsa, empodera y une.

Pequeña audiencia, gran impacto

Finalmente, si quieres aumentar tu plataforma y expandir tu audiencia, entonces también debes considerar el cuadro general y no solamente tu próxima cita para hablar. ¿Cuál es tu marca como comunicador? ¿Cuáles son los componentes clave de tu estilo de comunicación? ¿Qué impulsa a otros a escuchar y seguir tu mensaje? Estas preguntas tal vez parezcan relevantes solamente para aquellos cuya comunicación es esencial para su carrera profesional, aquellos que hablan para miles de personas regularmente, pero te aseguro que se aplica a cualquiera que desee ser escuchado.

Sea que tu plataforma abarque las redes sociales en un esfuerzo por mostrar tu experiencia con la cosmética a millones de espectadores, o revele tus planes para revitalizar tu comunidad a una decena de barrios, nunca debes subestimar el impacto que puedes tener debido al tamaño de tu audiencia. Sin importar cuán grande o pequeña sea, las personas siguen siendo personas. Quieren conocerte, pero también quieren ser conocidas. Si marcas una diferencia positiva en la vida de una sola persona, entonces habrás tenido éxito al exponer tu mensaje.

Recuerda, cada movimiento comienza con una sola persona.

Por lo tanto, presta atención a los puntos y la retroalimentación que obtienes sin permitir que un puñado de comentarios aplaste tu espíritu o te catapulte demasiado alto. Arriésgate a permitir que otros vean lo que hay en tu corazón y conozcan lo que crees. Tal vez te parezca siempre apropiado en el momento rendirte ante las multitudes y saltar al vagón de banda más ancha. En última instancia, sin embargo, las personas quieren saber si eres genuino, si lo que dices te importa a ti mismo antes de que les importe a ellos, y si te interesas por ellos más allá de los apretones de manos, los "me gusta" y los retuits.

La próxima vez que hagas una prueba de sonido antes de hablar delante de una audiencia, detente y toma un momento para considerar qué sonidos estarás expresando y por qué tiene importancia para quienes están a punto de reunirse delante de ti.

Si tu comunicación es más pequeña en escala y no es necesaria una prueba de sonido, no minimices el impacto que puedes tener basándote en el tamaño de tu audiencia. Jesús escogió solamente a doce seguidores clave con los que trabajar íntimamente durante su ministerio en la tierra. No hay duda de que ellos no eran las personas más educadas, populares o progresistas que podía haber escogido. Como tenían pasión y compasión, como estaban dispuestos a liderar mediante el servicio, y como confiaban en Él para lo imposible, cambiaron el mundo.

No tienes que estar en el ministerio o predicar desde un púlpito para marcar una diferencia positiva. Solo debes estar dispuesto a agarrar el micrófono cuando llegue tu momento y compartir lo que sabes que es verdad. Tal vez supongas que no hay mucha diferencia en tu modo de comunicar porque *solamente* estás dando anuncios en tu club cívico, dirigiéndote a una clase de niños, liderando un grupo de activismo social en tu barrio, o presentando un PowerPoint sobre las ventas trimestrales en tu lugar de trabajo. Pero para aquellos que escuchan el sonido de tu voz, tú tienes el poder de informar, inspirar, de erradicar la injusticia y de innovar.

Sin importar el tamaño de tu audiencia, acepta el micrófono y maximiza tu mensaje.

Nunca pases por alto el impacto que puedes tener sobre la vida de una sola persona.

¡Porque eso es lo único necesario para ser un comunicador exitoso!

CAPÍTULO 12

Mantén la calma cuando el micrófono queda abierto

En el análisis final, lo que somos comunica con mucha más elocuencia que cualquier cosa que decimos o hacemos.

—Stephen Covey

Con teléfonos con cámaras, grabadoras y seminarios en directo, sucede cada vez con mayor frecuencia: ¡micrófonos abiertos que captan la comunicación que el orador no quería emitir! Podría ser un arrebato emocional, unas palabras vulgares, una expresión de jerga vulgar o una crítica maliciosa, pero cuando las palabras salen de la boca del que las expresa y el micrófono abierto las capta, entonces no se pueden retirar. Para pastores, clero, oficiales públicos y políticos, los accidentes por micrófonos abiertos muchas veces revelan un lado demasiado humano que parece contrarrestar la moralidad total y espiritual de sus personajes públicos. Para nuevos presentadores, entrevistadores y periodistas profesionales, micrófonos que se dejan abiertos accidentalmente revelan a menudo sus opiniones personales o una charla incidental en lugar de su cadencia cuidadosamente cultivada.

Tal vez, en tiempos pasados, los deslices a micrófono abierto eran más escandalosos porque las figuras públicas mantenían un mayor control sobre sus vidas privadas. Crearon un personaje que tal vez reflejaba o no la realidad de quiénes eran cuando no tenían delante una audiencia. Hoy día, la conectividad en el internet y las redes sociales permite que muchas personas vivan sus vidas delante de una audiencia ilimitada sin ninguna restricción. Tal vez valoran la autenticidad por encima de todo lo demás y no les importa dejar que el mundo entero vea sus defectos, sus rarezas y sus meteduras de pata accidentales. O quizá disfrutan de la atención que reciben por sus intentos de asombrar, noquear y sacudir a sus espectadores y oyentes. Sus micrófonos se dejan encendidos indefinidamente, y siempre se supone que están transmitiendo cada sílaba que se pronuncia.

Tal vez te sientes cómodo con tal transparencia revelada y extendida, pero sospecho que la mayoría de los comunicadores siguen necesitando establecer límites saludables. Aunque puede que no tengan nada que ocultar, valoran su privacidad y la sagrada intimidad que proviene del tiempo exclusivamente personal con familia y amigos. A medida que adquieren más experiencia, aprenden a mantener la calma cuando el micrófono está abierto, ¡una destreza que recomiendo encarecidamente que cultives si quieres maximizar tu impacto!

Autenticidad no fingida

Yo he experimentado mi parte de traspiés delante de audiencias en directo, incluyendo derramar el vaso de agua que tenía sobre el podio para beber, pronunciar mal el nombre de alguien sin darme cuenta, y perder mi línea de pensamiento en medio de una neblina mental causada por el agotamiento. También he experimentado algunos momentos de micrófono abierto, pero por fortuna y para decepción de mis detractores, solo pudieron oírme pedir más café o conversar con mi entrevistador.

Cuando experimenté con tener mi propio programa sindicalizado de entrevistas, fui especialmente consciente del poder de comunicación del micrófono y también de la cámara más de lo que yo podía controlar. Cuando la luz de la cámara que tenía delante se ponía en rojo, lo cual me resultaba irónico, ya que normalmente el color verde es el que indica paso mientras que el rojo significa parar, yo estaba en antena. Tenía la ventaja de saber que cualquier afirmación errónea o error sería borrado en la edición, pero también sabía que, cuando titubeaba, podría resultarme difícil recuperar mi enfoque y compostura.

En raras ocasiones cuando había segmentos o entrevistas en directo, entonces no tenía otra opción sino aprovechar al máximo el momento reconociendo, y si era posible, corrigiendo mis meteduras de pata. A veces me reía, me daba hipo, o me agarraba momentáneamente fuera de guardia la respuesta inesperada de algún invitado. Me gusta pensar que tales ocasiones no solo me mantenían humilde, sino que también permitían a mi audiencia identificarse con mi humanidad. Fingir otra cosa o culpar a otros puede proteger mi ego temporalmente, pero pierde una oportunidad de estar presente con mi audiencia en el momento y conectar mi vida con las de ellos.

De hecho, una de las mayores lecciones que aprendí de esa incursión fue sobre comunicar autenticidad delante de cámara. Aunque me habían filmado en el púlpito y mis sermones se habían emitido y también se habían transmitido en directo, descubrí que era más desafiante ser yo mismo como presentador de un programa de entrevistas. Aunque ciertamente había entrevistado a muchas otras personas en mi carrera, especialmente en conferencias, paneles de discusión, y emisiones del programa *The Potter's Touch*, sin embargo, me sentía un poco incómodo. No sentía la necesidad de ser otro sino yo mismo, pero sabía que era un novato en ese papel que tiende a requerir todo al mismo tiempo por parte de quienes tienen el micrófono.

Aprendí que quienes son más exitosos, los grandes como Oprah y Steve Harvey, o incluso Barbara Walters y Johnny Carson en su tiempo, entienden rápidamente que puede haber muy poca distinción entre quienes son ante la cámara y quienes son cuando se detiene la grabación y se apagan los micrófonos. Tan solo una delgada línea, si es que la hay, separa el modo en que mantienen conversaciones en sus programas y en el salón de sus casas. Esta cualidad es, de hecho, una de las características que más admiro de Oprah, ya que he llegado a conocerla un poco con el paso de los años: *¡lo que ves es lo que hay!* El mismo entusiasmo, compasión, intensidad, inteligencia y creatividad que ella reveló en diversas facetas de su programa son partes genuinas de su forma de ser.

No hay sustituto alguno para la conexión que se establece al compartir tu yo auténtico con otros. Tengamos en mente que la mayoría de las personas pueden saber si estamos fingiendo autenticidad, incluso si no hay nada en nuestro mensaje que traicione nuestra pretensión de ser genuinos. Intentar hacer eso, finalmente tiene el resultado contrario y crea una distancia mayor entre nuestra audiencia y nosotros. Ellos no solo se preguntan cuáles son nuestros motivos para tal engaño, sino que también dudan de nuestra credibilidad. Cuando está en cuestión la credibilidad, entonces has comprometido tu autoridad y has dado a tu audiencia razón para desconfiar de ti y de tu mensaje.

En definitiva, la autenticidad bien vale la pena el riesgo. Tal vez te sientas desnudo y expuesto en el momento, pero al eliminar capas del barniz de tu lengua vernácula, le das a tu audiencia una oportunidad de conocerte. Cierras la distancia entre la plataforma y sus asientos, entre el púlpito y las bancas. Quizá no a todos les guste lo que revelas, pero si compartes quien tú eres con dignidad, ellos siempre te respetarán. Y si les gusta lo que estás compartiendo y se acercan más a ti, entonces tu mensaje se quedará con ellos mucho tiempo después de que hayas pronunciado la última palabra.

Planea la espontaneidad

Una de las principales maneras en que los comunicadores expresan su autenticidad y vulnerabilidad es mediante la espontaneidad. Tal vez implique pedir a un miembro de la audiencia que pase a la plataforma contigo para una breve charla, aprovechar una oportunidad orgánica de incluir una ocurrencia, o detenerte para ajustar la calidad del sonido. Podrías decidir abstenerte de mostrar las imágenes que habías planeado mostrar o hacer una búsqueda en el internet en directo y proyectarla para que tu audiencia la vea.

Algunos expertos en discursos y *coaches* de comunicación desalientan la espontaneidad debido a los riesgos que implica perder el control. Y sin duda alguna, ¡hay riesgos que vale la pena considerar antes de decidir improvisar en directo! Muchas personas han comprendido los peligros que tiene involucrar a niños o animales en sus presentaciones. En lugar de dar la respuesta que esperabas que se produjera, el niño se pone a llorar o se quita los zapatos. En lugar de ser el apoyo visual inesperado para tu sermón de Navidad, el burrito decide que el pesebre se convierta en un cómodo cuarto de baño.

He visto producirse accidentes como estos, y yo mismo he sido la causa de algunos de ellos. Y después de que una cosa parece salir mal, puede sacudir tu confianza y hacer que te resulte difícil recuperarla. Tal vez te sientes sacudido y desconectado de la audiencia con la que has trabajado duro para poder conectar. Por lo tanto, sopesa siempre los riesgos y considera tantas consecuencias y contingencias potenciales como puedas imaginar. Entiendo que planear con antelación niega la definición misma de espontaneidad, pero espero que entiendas mi punto. La mayoría de las veces tendrás que tomar tu decisión en cuestión de segundos sobre la marcha, pero eso no significa que no hayas considerado de antemano posibles opciones.

La espontaneidad también puede obrar a tu favor y proporcionar el paraguas que necesitas para continuar suavemente tras un comienzo complicado. Tus instintos pueden impulsarte a seguir tus corazonadas y cambiar el tono de tu mensaje basándote en la inesperada atmósfera emocional que estás sintiendo en tu audiencia. No solo es desafiante sino también fútil intentar elevar el ánimo de una audiencia que claramente está en un tono tranquilo, contemplativo y de tristeza. De modo similar, puedes perder la participación de tu audiencia si la sobria gravedad de tu mensaje interrumpe su ánimo alegre y optimista.

A medida que adquieres más experiencia como comunicador, tal vez te vas sintiendo más cómodo con la espontaneidad. Como al hacer un fuego, los momentos de espontaneidad pueden caldear el ánimo frío de una audiencia o prender un incendio que consuma tu ímpetu. La clave para utilizarla con éxito es discernimiento, preparación mental, y compensar el riesgo con una recuperación rápida. Como muchas de las flechas que hay en la aljaba de un comunicador, la espontaneidad requiere práctica, con algunos fallos incluidos, antes de aprender a utilizarla con eficacia y dar en la diana que te propones.

Expresar validación

Autenticidad y espontaneidad también tienen que estar equilibradas, al menos un poco, por la autodisciplina y una disposición a situar a nuestra audiencia por delante de nuestra actitud. Porque dejar el micrófono abierto accidentalmente no es la única manera de tensionar una charla y sentir la presión de tener que cumplir. A veces, hay un elefante en la sala que no anticipamos. Podría ser algo tan simple como una avería que deja el lugar frío y con corrientes de aire, o podría ser algo más complejo como una tragedia nacional o un boletín de noticias que acaba de comunicarse. Aunque hay excepciones, yo recomiendo por lo general mencionar al elefante y permitir que la audiencia sepa que nuestra experiencia está en consonancia con la de ellos, al menos en parte.

Debido a que mi metabolismo pasa a la acción rápida cuando hablo o predico, probablemente yo aceptaría temperaturas más frías mejor que cualquier miembro de mi audiencia o congregación. Sin embargo, he aprendido a reconocer algo que tiene el potencial de distraerlos de mi mensaje. Si es preciso y apropiado, tomo la responsabilidad y me disculpo por la incomodidad o la inconveniencia. Si está más allá de mi control, entonces me sitúo yo mismo al lado de mi audiencia mientras soportamos juntos unas condiciones menos que ideales.

A mayores escalas y con asuntos de más importancia, casi siempre me siento guiado a reconocer lo que tiene peso en todas nuestras mentes y entristece nuestros espíritus. Tal vez abro mi corazón o ya no tengo la energía para reprimir mi reacción emocional a las calamidades, pero considero que hay poco o ningún valor en reprimir sobre la plataforma lo que veo en los rostros que me miran y no pueden contener el dolor. Parte de mi responsabilidad como quien tiene el micrófono en esos momentos es ser la voz de la audiencia, el mensajero para la comunidad, y el megáfono para un mensaje que con frecuencia queda amortiguado por el ruido del mundo.

Dar voz al dolor de nuestra audiencia proporciona validación y a menudo reivindicación.

Esta es la razón por la que sabía que tenía que mencionar al menos lo que había estado sucediendo recientemente en el mundo que nos rodea. No solo la pandemia de la COVID-19 del año 2020 sino también el virus de violencia y la plaga de racismo sistémico que se permitió por demasiado tiempo que se desbocaran. Ignorar la importancia vital de la comunicación en el proceso de buscar soluciones y producir un cambio sería un grave error y una oportunidad perdida. Seguimos viendo de primera mano cómo utilizar el micrófono que se nos ha dado puede comenzar conversaciones, requerir y otorgar perdón, y mantener diálogos continuados. Las palabras siguen siendo nuestra mayor esperanza para la humanidad.

También existe el peligro real de perder nuestro micrófono si no expresamos toda la verdad. En otras palabras, ignorar los elefantes que caminan en medio de nuestro mensaje, ¡nos deja vulnerables a ser pisoteados! Tensiones no declaradas, problemas que no se abordan, verdades innegables, y pérdidas inimaginables pueden amontonarse rápidamente y enterrar nuestro mensaje por lo que no dijimos. Como hemos explorado en capítulos anteriores, permanecer en silencio en medio del sufrimiento perpetúa por lo general el dolor y nos convierte en cómplices de censurar lo que es necesario decir.

¡Con tu momento ante el micrófono llega una gran responsabilidad!

Cambio de menú

Algunas veces, tu micrófono te resulta más complicado porque de repente sientes más presión. De hecho, puedes suponer que normalmente se colarán algunos ingredientes inesperados hasta la cocina coloquial de la mayoría de los comunicadores. Tal vez te piden en el último minuto que cambies tu tema o abordes un asunto urgente que acaba de surgir. Podrías tener que cambiar de ubicación, olvidarte de usar tecnología, o aceptar una audiencia el doble de grande de lo que se esperaba inicialmente. Quizá te piden que sustituyas a alguien, que ocupes el lugar de alguien que no llegó, o que improvises para una audiencia espontánea.

La clave del éxito en tales momentos de estrés es ser creativo. Aunque la presión añadida puede muchas veces ahogar tu creatividad y dejarte con deseos de jugar a lo seguro, encontrar un modo de aprovechar al máximo los ingredientes inesperados aumenta tu habilidad y destreza con el lenguaje. En esos momentos cuando tu oportunidad de comunicación sale mal, cambia o evoluciona, confía en que siempre puedes estar a la altura de la ocasión. ¡Simplemente tienes que cambiar tu menú!

Igual que los mejores cocineros planean las comidas con antelación, también se acostumbran a trabajar con lo que tienen cuando se trata de servir la comida. A mí me encanta cocinar y hornear, y esto es cierto desde mi experiencia. No solo me resulta terapéutico el proceso, ¡también me encanta comer un plato delicioso! Cuando llegan las fiestas, especialmente Acción de Gracias y Navidad, me pasaré una semana entera antes de nuestras cenas familiares preparando menús, reuniendo ingredientes, y comenzando a cocinar cosas que se preparan fácilmente con antelación. Me gusta tomarme mi tiempo y no sentirme apurado para asegurar que cada plato reciba una gran atención y ejecución. Con los años que he pasado en la cocina, he aprendido que inevitablemente algunos platos no saldrán como se esperaba. Mis hijos o mis nietos se comerán otros platos "accidentalmente" antes de que lleguen a la mesa. Pueden producirse accidentes, ya sea por derramar la salsa, tirar una cacerola llena, ¡o dejar el pavo al alcance de las pezuñas de tu mascota!

Cuando llegan esos momentos no planeados, tengo una opción en cuanto a cómo responder y avanzar hacia la comida que imaginé originalmente. Puedo permitir que mi enojo, decepción, frustración o fatiga enfríen mi entusiasmo y hagan fracasar nuestra cena. O puedo seguir la corriente, dejar a un lado mi visión original para nuestra cena a cambio de la que tengo delante de mí, y cambiar el menú en consecuencia. Eso significa que puedo sustituir cerezas por arándanos o meter en el microondas verduras congeladas en lugar de usar las frescas que ahora están tiradas en el piso de la sala. Tal vez tengo que hornear un pastel de pacanas en lugar de la crema de coco que había planeado. ¡El asado de Navidad quizá hay que sustituirlo por el filete de res!

Los mejores comunicadores aprenden a operar con una receptividad, resiliencia y recursos similares. Aceptan las nuevas limitaciones y operan dentro de ellas. Usan distintas recetas que utilizan lo que tienen a su disposición en lugar de arriesgarse a la parálisis por quedarse fijos en la pérdida de su visión inicial. Tal vez siempre te sientas nervioso, quedes decepcionado, y pierdas los nervios cuando las cosas se desvían en el último minuto antes de que comiences tu comunicación. Tales reacciones son totalmente humanas. Sin embargo, ¡tu manera de responder a ellas son tu decisión!

Inclina tu espejo

Algunas veces, experimentarás que sale calor de tu micrófono porque necesitas comunicar un mensaje que sabes que tu audiencia en realidad no quiere escuchar. Tal vez sea darles noticias decepcionantes, admitir la pérdida de un cliente importante, o confrontar problemas que ponen incómodos a la mayoría de los miembros de tu audiencia. Comunicar cualquier cosa que pueda ser interpretada como crítica es desafiante también.

En tales situaciones, los mejores comunicadores encuentras maneras de dirigirse a su audiencia y dar su mensaje todo lo claramente, amablemente y respetuosamente posible. A veces eso involucra un enfoque directo que quita de repente el esparadrapo de la herida de la audiencia de modo tan rápido y eficaz como sea posible. Muchas veces, sin embargo, hay que emplear la ingenuidad para asegurar que el mensaje es recibido en lugar de quedar eclipsado por la reacción de sus receptores.

No se me ocurre mejor ejemplo que una escena que se describe en el Antiguo Testamento en la cual un profeta reacio a hacerlo confronta a un monarca que está a la defensiva. En un caso clásico del mensajero que teme ser castigado por su mensaje, y en este caso probablemente lo maten, el profeta Natán tiene que confrontar al rey David con respecto a su doble secreto escandaloso: la aventura amorosa del rey con Betsabé y el posterior asesinato de su esposo, Urías el heteo. Sabiendo hasta qué extremos ha llegado David para ocultar sus delitos y apaciguar su conciencia para evitar quedar al descubierto, Natán anticipa que un enfoque directo no funcionará. No si quiere tener alguna oportunidad no solo de seguir con vida sino también de que David se arrepienta, que es la razón por la cual Dios envió a Natán a confrontarlo.

Ya sea por desesperación o por genialidad, Natán escoge un enfoque inesperado. Sabe que a nadie le gusta que sus secretos queden al descubierto o ser señalado por pecados que todavía batalla por aceptar que ha cometido, y sin ninguna duda, como rey de Israel, David no será la excepción. Por lo tanto, Natán piensa en un modo de enfocar este delicado asunto encontrando otro ángulo, uno que yo denomino "inclinar el espejo". Él sabe que no puede sostener el espejo directamente y dejar al descubierto los pecados de David porque David no quiere mirar. Y, como rey, no quiere que nadie le diga lo que tiene que hacer o que juzgue sus acciones, ni siquiera un mensajero enviado por Dios. Por lo tanto, en lugar de arriesgarse a una confrontación fea y fallida, Natán simplemente le cuenta una historia a David:

El Señor envió a Natán para que hablara con David. Cuando se presentó ante David, le dijo:

—Dos hombres vivían en un pueblo. El uno era rico, y el otro pobre. El rico tenía muchísimas ovejas y vacas; en cambio, el pobre no tenía más que una sola ovejita que él mismo había comprado y criado. La ovejita creció con él y con sus hijos: comía de su plato, bebía de su vaso y dormía en su regazo. Era para ese hombre como su propia hija. Pero sucedió que un viajero llegó de visita a casa del hombre rico y, como este no quería matar ninguna de sus propias ovejas o vacas para darle de comer al huésped, le quitó al hombre pobre su única ovejita.

Tan grande fue el enojo de David contra aquel hombre, que le respondió a Natán:

—¡Tan cierto como que el Señor vive, que quien hizo esto merece la muerte! ¿Cómo pudo hacer algo tan ruin? ¡Ahora pagará cuatro veces el valor de la oveja!

Entonces Natán le dijo a David:

—¡Tú eres ese hombre! (2 Samuel 12:1-7)

¿No te encanta la brillante estrategia que Natán usa aquí? Tiene que sentirse estresado por dar un mensaje imposible a alguien que tiene el poder suficiente para callar al mensajero permanentemente. No obstante, Natán se reporta ante Dios y tiene que llevar a cabo su misión asignada, lo cual deja al profeta entre la espada y la pared, pero no antes de encontrar una solución inclinando el espejo que le muestra al rey.

Como David no puede manejar el escuchar la cruda verdad de sus propios delitos, Natán le muestra cómo se ven desde una perspectiva más objetiva. La cruel injusticia le da una bofetada en la cara al rey cuando la escucha descrita como una parábola. La historia deja a David enfurecido y ardiendo de indignación porque el poderoso hombre rico haya violado descaradamente no solo la ley de Dios sino también los principios de la decencia. ¿Cómo pudo alguien tan rico y poderoso, que claramente lo tenía todo en el mundo, robar y matar lo *único* que pertenecía al hombre pobre?

David, sin saberlo, se juzga a sí mismo y proclama el castigo más severo posible, la muerte, a la vez que también hace restitución por cuadruplicado al hombre pobre al que ofendió de modo tan ofensivo. Solamente entonces, cuando el rey se ha puesto a sí mismo la soga al cuello, ¡Natán revela el asombroso giro de la historia! David no tiene ninguna defensa, ninguna excusa y ningún recurso. La imagen familiar de sí mismo en el espejo inclinado de la parábola de Natán agarra fuera de guardia a David. Entonces, de inmediato, el rey entiende que se está mirando a sí mismo, acusado por su propia respuesta.

El ejemplo de Natán nos recuerda que, en situaciones aparentemente imposibles, podemos encontrar un medio de comunicar la verdad de una manera que sea recibida innegablemente. Tal vez no haya tanto en juego como para el profeta y el rey, pero puede que seamos capaces de rodear las defensas, excusas y justificaciones de otros igualmente. En nuestro mundo actual, cuando hay tantas divisiones y diferencias que pueden distanciarnos, no debemos renunciar a comunicar la verdad incluso cuando sea dolorosa de aceptar.

Hablar con libertad

Estudiar el modo en que expertos comunicadores como el profeta Natán manejan asuntos controvertidos y personalidades polarizadas proporciona muchas veces una clase maestra sobre cómo mantener la calma cuando el micrófono queda abierto. Ellos encuentran la manera de moderar sus emociones, enfocarse en su propósito, crear nuevos enfoques, y mantener intacta su conexión con la audiencia. Su habilidad de comunicar puede que sea inspirada divinamente, ¡pero también puede serlo la tuya!

Y el cielo sabe que necesitamos voces nuevas dispuestas a elevar la voz y hablar en este momento. En el presente, creo que estamos en una coyuntura en nuestra historia con consecuencias verdaderamente épicas. No estoy hablando sobre los problemas e idiosincrasias que hay a primera vista en nuestro mundo hoy, sino de las profundas placas tectónicas de humanidad angustiada que se mueven debajo de nuestros pies. Las personas necesitan esperanza que trasciende el trauma que les rodea debido a la pandemia y la política partidista, los desastres naturales y los delitos antinaturales cometidos los unos contra los otros. No tenemos que conocer todas las respuestas, sino meramente estar dispuestos a plantear la pregunta. A mantener conversaciones en las cuales estemos tan dispuestos a escuchar como lo estamos a ser escuchados.

Hoy día, gracias a la tecnología, tenemos más oportunidades que nunca antes de comunicar y marcar una diferencia positiva. No tienes que abrirte camino a la fuerza hasta el podio o esperar a ser invitado a la plataforma. Con las redes sociales y las muchas facetas de expresión que proporcionan, tienes un micrófono a tu alcance para dirigirte a millones de personas en todo el mundo. Muchas de las reglas de la retórica y aspectos de la tradición en la expresión ya no se aplican, y puedes ver a muchísimos otros en el objetivo de la cámara del teléfono.

Aunque tenemos un panteón de diestros comunicadores a los que mirar, en última instancia necesitamos comunicar solamente lo que nosotros mismos podemos declarar que cobre vida. Al igual que cada uno de nosotros tiene un propósito único dado por Dios, creo que cada uno también tiene su propio dialecto y discurso.

Como mencioné anteriormente, según la Sociedad Lingüística de América, hay casi siete mil idiomas que actualmente hablan los diversos pueblos que pueblan nuestro mundo, y esa misma cifra de diferentes dialectos en uso.[1] Algunos sociólogos, antropólogos y expertos en lingüística creen que, si se lleva a un extremo, cada ser humano en el planeta podría considerarse un originador de un dialecto de su propio idioma. Considerando esta perspectiva, ¡estoy agradecido de que podamos entendernos unos a otros!

Por fortuna, podemos resistir la caótica cacofonía que surgió cuando nuestros ancestros intentaron construir la Torre de Babel, antes de que la compleja multiplicidad de distintas lenguas detuviera en seco la comunicación (Génesis 11:1-9). En cambio, podemos usar las convenciones estructurales y lingüísticas compartidas por otros que hablan nuestros idiomas para expresarnos y para entendernos unos a otros. Podemos compartir la gráfica textura de imagen poética al igual que la potente persuasión del debate. Podemos intercambiar historias y comparar temas comunes.

Tú y yo podemos escuchar y reflejar los mensajes que hemos recibido incluso mientras transmitimos los propios. Practicando la Regla de Oro de tratar a los demás como queramos que nos traten a nosotros, también podemos escuchar a los demás como queremos que nos escuchen a nosotros. Nuestro lenguaje compartido puede ser moldeado para que nos sirva con más precisión, poder y propósito.

Y aunque un lenguaje compartido es necesario para la

comunicación, eso no significa que nos conformemos a bosquejos genéricos y gráficas desgastadas; de hecho, precisamente lo contrario, como hemos visto repetidamente a lo largo de estas páginas. Tenemos oportunidades ilimitadas de organizar nuestros pensamientos, aclararnos la garganta, y hablar al micrófono que nos han entregado. En este momento, diversidad y originalidad se celebran mucho más que cuando yo era pequeño, lo cual te liberará para expresar tu lugar dentro del prisma de tu personalidad, mostrando todos los matices de tus colores que aparecen y brillan.

Por lo tanto, mientras tu voz reverbera por el espacio existente entre tus labios y los oídos de tu audiencia, habla con libertad. No intentes ser más joven de lo que eres ni tampoco más viejo de lo que eres. No intentes ser blanco si eres de color, o ser de color si eres blanco. No intentes ser quien crees que tu audiencia quiere que seas, necesita que seas o espera que serás. Si no puedes ser tú mismo, nunca tendrás éxito en comunicar el mensaje misional que es único de ti, de tu vida y tus experiencias. Aprende de quienes han hablado, escrito y grabado sus mensajes antes que tú. Utiliza el legado lingüístico que has heredado para extender tu riqueza (de palabras, sabiduría y maravilla) a otros que esperan escuchar lo que tienes que decir.

Tu micrófono está abierto. ¡Pero estás manteniendo la calma!

Es el momento de crecer hacia donde te dirijan tus talentos.

Y en cualquier cosa que hagas, amigo mío, ¡no tires el micrófono!

PARTE 5

La comida en el mensaje

Como compartí contigo al inicio de este libro, la perspectiva del Dr. Frank Thomas sirvió como catalizador para este libro. Mientras más conversábamos él y yo sobre su creación, más entendía que podría lograrse ese impacto máximo con el análisis retórico que solamente Frank podía proporcionar. Si yo consideraba mi propia predicación como la cocina de mi abuela sin seguir una receta, entonces el Dr. Thomas estaba decidido no solo a anotar mis recetas sino también a sazonarlas con su perspectiva, agudeza, y vasto conocimiento histórico.

A medida que consideramos cómo se desarrollaría este proceso, estuvimos de acuerdo en que la metáfora de la cocina se parece y expresa adecuadamente las diferentes partes y procesos de la predicación. Siempre me ha encantado cocinar, y he seguido intentando preparar platos nuevos al igual que recetas de la tradición familiar, particularmente durante las vacaciones. En años recientes, comencé a perfeccionar mis recetas utilizando *software* en el internet que clasifica automáticamente todos los platos por *ingredientes* y también por *instrucciones*. Eso me permitió el lujo de teclear algunos ingredientes principales que tengo a la mano para ver qué recetas aparecen, o calcular la cantidad de tiempo disponible o los aparatos que se necesitan para la preparación y ver así lo que es factible.

Este sistema tiene mucho sentido para mí. A la hora de cocinar, debes tener los ingredientes y también las instrucciones para así poder producir un plato terminado que servir. No se puede tener una cosa sin la otra. Tal vez tengas una lista de ingredientes, pero sin saber cuántos y en qué orden, la preparación sería solamente conjeturas en el mejor de los casos. O si solo tuviéramos instrucciones, sin importar cuán explícitas y detalladas puedan ser, sin los ingredientes, ¡los invitados a la cena se quedarán con hambre!

Estas dos categorías, *ingredientes* e *instrucciones*, también reflejan lo que el Dr. Thomas y yo aportamos a este libro que estás leyendo ahora. Él es un experto en dar voz a la tradición oral de nuestros ancestros y mostrar la relevancia y también las aplicaciones prácticas para sus perspectivas. Aunque principalmente está mirando ejemplos y evaluaciones críticas que se centran en tradiciones orales africanas y su evolución en la predicación afroamericana, los beneficios trascienden a su especificidad. Igual que no hay que ser de descendencia italiana para disfrutar de la comida italiana, tampoco hay que ser un predicador de color para participar y disfrutar de las instrucciones culturalmente sazonadas compartidas por el Dr. Thomas.

De modo similar, los ingredientes, sabores, texturas y gustos que he compartido contigo son lo bastante diversos y flexibles para aplicarlos prácticamente a todas las formas de comunicación oral y a veces escrita. El Dr. Thomas y yo hemos tomado prestadas cosas mutuamente y hemos descubierto la intersección que se produce entre lo académico y la unción, entre lo artístico y la química, a lo largo de estas páginas. Mis capítulos anteriores han estado informados e influenciados de manera directa e indirecta por su amistad, su compañerismo y su erudición. Estoy muy agradecido por todo lo que él ha aportado para ayudar a que este libro sea lo mejor que podría ser.

Ahora, para poder proporcionarte algunos de los mismos beneficios de la experiencia del Dr. Thomas, en respuesta a mi petición ha sido el autor de los capítulos siguientes, junto con un ejemplo de sus métodos analíticos aplicados a uno de mis sermones en el apéndice, lo cual me alegra mucho incluir. Sé que te sentirás intrigado, iluminado e inspirado por todo lo que tiene que compartir. Es mi esperanza que nuestros ingredientes e instrucciones combinados harán de ti un mejor comunicador independientemente de cuál sea tu llamado.

¡Buen provecho!

CAPÍTULO 13

La receta

Por el Dr. Frank Thomas

*La receta para una comunicación que tenga sabor requiere
seguir las instrucciones, ¡y saber cuándo no hacerlo!*

—T. D. Jakes

Muchas personas puede que no sepan que el Obispo T. D.
Jakes es un cocinero maravilloso. Recientemente, en una
fiesta importante, recibí una fotografía de él mismo situado detrás
de una variedad de pasteles, tartas y postres muy bien adornados.

"¿Hiciste tú todos?", le pregunté.

"Sí, ¡yo cocino en todas las fiestas importantes!", me respondió. "Mañana, esperamos a treinta y cinco personas". Me quedé
asombrado e impresionado por los pasteles de varios pisos, tartas perfectas, y dulces perfectos que estaban delante de él tan prodigiosamente. Mi curiosidad me venció, y le pregunté si usaba y
seguía recetas.

"Cocino con y sin recetas, pero siempre empezando desde cero".

Su comentario me llamó la atención, porque habíamos estado conversando del concepto de la receta como metáfora para el método de predicación. Algunos sermones provienen de recetas ya escritas, y otros lo hacen desde profundas, misteriosas y espaciosas cavernas de recuerdos y experiencia. Pero ya sea desde la receta o la memoria, o como es más frecuentemente el caso, una combinación de ambos, todos los sermones de elevada calidad están hechos empezando desde cero.

La palabra "cero" en este caso significa que una tarta o pastel, por ejemplo, se preparar desde ingredientes básicos e individuales (harina, mantequilla, azúcar, etc.) en casa en lugar de hacerlo desde cajas de ingredientes precocinados o mezclas que se compran en un supermercado. Cuando mi familia se reúne a comer en una fiesta anual, normalmente bromeo con varios miembros de la familia y comento afectuosamente que cualquier cosa que prepararon no lo hicieron desde cero en casa, sino que fue "comprado en la tienda". Ellos a veces afirman que ambas cosas no se pueden distinguir, pero yo me permito discrepar.

Lo mismo es cierto de los sermones. Los mejores sermones son siempre hechos en casa, creaciones originales, y no mezclas ya preparadas que se cocinan desde ingredientes precocinados, como el sermón de otra persona que se encuentra en el internet o en un capítulo del libro de otro autor. Debido a esta distinción, el uso de recetas constituye una metáfora maravillosa para el análisis del método de predicación.

Las recetas de la abuela

La idea de la receta como metáfora de la predicación surgió de una conversación que tuvimos el Obispo y yo sobre la posibilidad de intentar entender su sistema desde una perspectiva académica. Él dijo que enfocar su predicación de esta manera era como "pedirle a tu abuela que cree una receta".

Si estás cerca de tu abuela, puedes observarla cuando cocina y estudiar cómo crea una comida deliciosa y también postres exquisitos. Tienes la oportunidad de hablar con la abuela sobre su cocina y hacerle preguntas. Observas que la abuela no utiliza recetas escritas y tazas de medidas como tales; es un poquito de esto y una pizca de aquello, o una taza grande de esto y una cucharada de aquello. La abuela no necesita una receta escrita porque recuerda, prepara y replica los rituales familiares que aprendió al observar a su mamá, a su abuela y a su abuelo.

La abuela no crea platos y postres estrictamente desde su propia imaginación. Las recetas se han transmitido en la tradición familiar, que ella tiene en mente a la vez que añade su propio toque de sabor y originalidad. Si le preguntas cuántas cucharadas u otras medidas hay que utilizar en un plato concreto, puede que ella te diga: "Utiliza solo la mitad de una barra de mantequilla, o una cucharada pequeña de extracto de vainilla". Y después de toda la conversación, la abuela te deja remover la mezcla y después chupar el plato, ¡lo cual es casi mejor que el propio postre!

Pero ¿qué sucede si no estás cerca de la abuela? Si no puedes observarla y aprender de modo práctico, necesitas algún tipo de receta que enumere ingredientes y te dé instrucciones sobre cómo mezclarlos, la preparación y el cocinado. Ahora bien, esto no es lo mismo que sugerir que, como la receta no está escrita, no existe un sistema intencional y complicado de arte culinario en el corazón y la cabeza de la abuela mientras cocina y hornea. De modo similar, no se puede decir que la predicación del Obispo Jakes, o de cualquier predicador dotado, carezca de un método y un sistema de predicación planeados y elaborados solamente porque no está escrito. La evidencia del sistema culinario de la abuela no es si está escrito o no, sino que está en el gusto y la consistencia de su cocinado.

Lo mismo es cierto de la predicación. Las complejidades de una manera de predicar no están vinculadas exclusivamente a explicaciones y definiciones, sino al gusto, la eficacia y el poder transformador que tiene el sermón para tocar y mover el corazón humano. Los mejores predicadores de la abundante tradición oral de la predicación afroamericana saben cómo permitir que Dios los use para tocar los corazones y las vidas de quienes escuchan. Con frecuencia, estos mensajeros divinos simplemente no han anotado la receta para que otros la sigan. Están tan ocupados cocinando grandes sermones que quizá no toman el tiempo para escribir la receta. Nos corresponde a nosotros que somos escribas, quienes buscamos archivar y anotar las tradiciones, hacer preguntas, registrar y traducir la creación del pastel o la tarta a una receta para generaciones posteriores.

Por eso, el Obispo me pidió amablemente mi ayuda en esta empresa. Si heredamos, imitamos y reflejamos a la abuela, no necesariamente necesitamos una receta porque tenemos su presencia, ejemplo, demostración y conversación delante de nosotros siempre. Pero ¿qué les sucede a quienes no tienen la oportunidad de estar cerca de ella? ¿O qué sucede si ella muere y no ha quedado nada escrito? En la mayoría de los casos, mientras más apartados estemos de la abuela generacionalmente hablando, más necesitamos la receta. Alguien en la familia tiene que asegurarse de que la receta quede anotada. Ese es mi objetivo en los capítulos siguientes.

Preparado desde cero

El Obispo crea los sermones en formas y matices basándose en recordar, replicar y reproducir la tradición que sus ancestros transmitieron, a la vez que añade su propia personalidad, talentos y originalidad. El Obispo no produce sermones que salen de la nada y de ninguna parte. La materia prima y la sustancia han sido transmitidos en la tradición (cristiana y afroamericana) que él moldea con maestría con su propia creatividad y sus talentos.

Es importante recordar lo siguiente: *ningún cocinero o predicador es mayor que la tradición de la cual nació*. La tradición llegó antes que nosotros y perdurará después de nosotros. La tradición nos inspira y nos rodea. Nosotros hacemos nuestra contribución a la tradición, damos nacimiento a la generación siguiente de la tradición, y los soltamos para que hagan su propia aportación de modo que la tradición y quienes nos han precedido sigan perdurando.

Igual que la cocina de la abuela es imitada, los mejores predicadores son imitados. Los mejores ejemplares de una tradición de predicación se celebran, se elevan y se imitan ampliamente, y si no se produce una receta, entonces lo que les queda a todos los predicadores es un poquito de esto y una pizca de aquello. Y entonces, un día muere el predicador celebrado, y si no tenemos cuidado, la receta se va a la tumba con el predicador.

Tristemente, tenemos un largo historial de muchos genios de la tradición de predicación afroamericana que se van a la tumba sin tener nada escrito. Hay familias que tienen cajas de sermones o grabaciones en los sótanos de la iglesia o en las casas de hijos y nietos, y ahora, incluso aunque hay formatos en video y digitales, no queda ninguna receta. Nos quedamos con un poco de esto y una pizca de aquello. Muchos predicadores, como dice el viejo dicho, "se nos fueron entre las manos" antes de poder tener la receta.

Durante la época del fonógrafo y antes de la era del video y de YouTube, el reverendo Jesse Louis Jackson dijo que el predicador más imitado en la historia de la tradición de predicación afroamericana era el reverendo C. L. Franklin, el papá de Aretha Franklin.[1] Franklin murió hace más de veinticinco años atrás, y, sin embargo, hay muy pocos recursos que comparten su receta. Espero evitar una pérdida tal mediante mis esfuerzos aquí. Es innegable que uno de los predicadores más imitados nacionalmente y globalmente en la era digital es el Obispo T. D. Jakes, y mi contribución a cada parte de este libro tiene intención de ayudar a otros a preparar sus mejores pasteles, tartas y postres homiléticos.

El contexto cultural de las recetas

Las recetas surgen de una herencia y de las costumbres indígenas de un grupo de personas que, basadas en su cultura, contexto y creencias, reúnen su conocimiento para la preparación de comidas distintivas y platos únicos. Cuando la abuela está cocinando, lleva con ella su particular pueblo, cultura, contexto, creencia y región. La comida de la abuela se basa en una historia, memoria, herencia y experiencia cultural: la historia de un pueblo. Demasiadas veces se come comida étnica, pero no se presta la atención suficiente a la historia, e incluso se podría decir a la historia de trasfondo, que está en un segundo plano. Tras cada bocado de la comida existe contexto, folklore, historia: la historia y la experiencia de un pueblo.

Muchas veces, podemos apropiarnos culturalmente de la comida de un pueblo sin considerar su historia y su contexto; de modo similar, podemos apropiarnos culturalmente y espiritualmente de la predicación del Obispo Jakes sin entender su cultura, contexto, región y creencia. El predicador no surge de la nada y de ninguna parte. En palabras del profesor de predicación, André Resner:

> Todo predicador tiene una constelación de cultura, familia de origen y sistemas eclesiásticos que desarrollan al predicador desde las primeras etapas de vida. Tales sistemas incluyen categorías de género, etnicidad, ubicaciones sociales y económicas de barrio y de clase, al igual que condiciones de salud física y mental. La mayoría de los predicadores están muy influenciados por estos sistemas a medida que ellos...moldean su teología y el sermón que surge de esa teología.[2]

La receta y el alimento del sermón del Obispo Jakes surgen directamente del contexto y la tradición de predicación afroamericanas. Podemos desarrollar una receta para su predicación y no tener en cuenta la cultura, el contexto, la región y la creencia de donde él proviene. Debemos dar cierta consideración a la cultura y la tradición afroamericanas que dan lugar a su predicación, la cual ha tocado al mundo. Así que comencemos con un breve resumen de lo que Zora Neale Hurston califica como "características de expresión negra" para describir la historia, la tradición y el contexto de la predicación de Jakes.

Zora Neale Hurston (1901-1960) fue una activista por los derechos civiles, folclorista, novelista, antropóloga, etnógrafa, y "genio del Sur". Fue una de las figuras importantes del Renacimiento de Harlem de la década de los años veinte y treinta antes de escribir su libro más críticamente aclamado *Their Eyes Were Watching God* (Sus ojos miraban a Dios). Basándose en una extensa investigación antropológica y compilaciones de tradiciones orales sureñas de los americanos de color, se convirtió en una intérprete crítica de la cultura negra y del comportamiento de las personas de raza negra en los Estados Unidos.[3]

Hurston fue criticada por situar en primer plano el lenguaje hermoso, profundamente conmovedor y poético de predicadores afroamericanos en el Sur, a menudo incultos. Hizo una crónica y registro de la pura genialidad de los sermones, haciendo énfasis en sus recursos literarios y retóricos y dotes de oratoria. El personaje principal de su primera novela, *Jonah's Vine Gourd* [La enredadera de calabaza de Jonás], publicada en 1934, es un predicador, de modo que no sorprende que su dedicatoria original da tributo: "A los primeros y únicos poetas negros reales en América: los predicadores que llevan un esplendor bárbaro de palabra y canto al campamento mismo de los burladores".[4]

En respuesta a sus críticos, Hurston explicó que el pueblo de raza negra en Estados Unidos, derivado de una historia cultural que se originó en África, tiene un legado de una tradición oral, es decir, la transmisión oral y en palabra de cuentos, folklore, historia, música, baile, proverbios, creencias y sermones. Esta transmisión oral difiere de la historia cultural del mundo occidental, que es principalmente preservada y transmitida sobre la base de la palabra escrita.[5]

En *The Sanctified Church* (La iglesia santificada), Hurston articula hábilmente una teoría de narrativa negra, abierta a todo el relato oral, que incluye folklore, narrativas de esclavos, jerga callejera, "las decenas", y especialmente predicación negra, e identifica componentes de esta destreza presentando lo que ella denomina "características de expresión negra". Los ensayos en *The Sanctified Church* exploran las señales que producen significado en las iglesias de color mediante la adoración y la predicación cuando se entienden desde la perspectiva de la interpretación cultural.

Ella enumera estas características como dramatismo, modularidad, asimetría, originalidad, y la voluntad de adornar. Con nuestro enfoque en mente, he adaptado a la predicación tres de sus características más relevantes: dramatismo, la voluntad de adornar, y la característica general que impregna la comunicación afroamericana: el folklore, y el arte del relato.

Dramatismo

Hurston sugiere que una sensación vital de "dramatismo" impregna la totalidad del ser "negro", es decir, expresiones de significado ricas en metáfora y símil se repiten constantemente en rituales complicados y repetidos de interacción en el curso de la vida diaria. Cada fase de la vida negra es representada y muy dramatizada con base en estos rituales de desempeño cultural. Se evidencia en rituales de intensas interacciones sociales que podrían producirse entre personas de color en todas partes. Por ejemplo, el tipo de pose y postura entre un varón y una mujer jóvenes cuando se evalúan mutuamente.

Uno de los lugares más grandes y más importantes para un ritual e interacción social dramáticos para las masas de personas de color ha sido tradicionalmente la iglesia. En particular, y para nuestros propósitos, la adoración, y especialmente la predicación, es una interacción social dramática y un desarrollo cultural. Son desarrollos dramáticos y embellecimientos rituales de interacción social entre Dios, las personas y el predicador. El predicador contribuye al dramatismo, con respecto a la predicación, mediante la libertad de expresión corporal, movimiento, emoción, tono y volumen de voz, gestos con las manos, expresiones faciales, sentido del humor, llamado de respuesta, y silencio.

El momento de la predicación *es* un desarrollo cultural dramático.

La voluntad de adornar

Según Hurston, este deseo de belleza, en su núcleo más central, surge del mismo impulso en cada persona, por ejemplo, de ponerse joyas, dar forma a una escultura o decorar una casa: el deseo humano, en el trato y en las circunstancias incluso más degradantes y humillantes, de crear y expresar belleza. Hurston comentaba que las paredes de las casas de las personas de color promedio estaban adornadas, incluso hasta el extremo de ser algunas veces extravagantes; el equivalente a la decoración de máxima vanguardia. Este deseo expresa el hecho de que, en la vida de las personas de color, existe la voluntad de adornar y crear belleza, y según Hurston para las personas negras, dadas las circunstancias más degradantes, "nunca puede haber belleza suficiente, y mucho menos demasiado exagerada".[6]

Encontramos este mismo deseo en los sermones de los predicadores negros. Ellos decoran, adornan y tejen palabras y narrativa con el lenguaje figurado de la metáfora y el símil, con la intención de satisfacer "el deseo de belleza" en el alma de la congregación y también del predicador. El Obispo Jakes ha dicho que el predicador debe tener sustancia suficiente para justificar su estilo, sin limitarse a imitar a otros sino añadiendo su propio toque descriptivo y decorativo.

El predicador, en lenguaje que rebosa imágenes pintorescas, poesía, hipérbole y aliteración, todo ello basado en los cinco sentidos de la audiencia, crea belleza para sí mismo y también para su audiencia. El sermón está adornado para crear belleza en el alma humana. Sin duda, el predicador afroamericano es un maestro del adorno.

Folklore y narrativa

Esta última característica de la expresión negra no está enumerada en *The Sanctified Church*, pero Hurston habla de ello a menudo y lo practica en toda su investigación, su escritura y su trabajo: folklore y narrativa. La narrativa es el método general de la expresión y la predicación negra; es el sobre en el cual se envía la mayor parte de la comunicación en la comunidad afroamericana.

Narrar una historia es la capacidad de tomar una verdad abstracta y plasmarla en imágenes de la vida cotidiana. La narrativa es el recipiente mediante el cual se entrega la verdad a los corazones, los hogares y la comunidad de personas afroamericanas, y es especialmente evidente en la predicación. La verdad no se comunica frecuentemente con lenguaje textual, sino en imágenes y también historias. Los predicadores de color aprenden rápidamente que, por lo general, captamos más al experimentar la verdad en forma narrativa que haciéndolo de manera conceptual y expositiva.

El Obispo destacó que Jesús era un narrador, y las parábolas significan que Jesús simplemente contaba historias. En el siglo XXI, Jesús habría hecho películas. Jesús habría hecho películas porque Él relataba historias que producían verdad.

Del dolor al poder

El contexto cultural y las características de la expresión negra informan sin duda alguna la receta de la predicación del Obispo Jakes. La creación de su sermón y su expresión resultan de la tradición de predicación afroamericana que involucra desarrollo y memoria cultural, rituales de metáfora y símil, dramatismo, la voluntad de adornar, y la narrativa y el folklore. El Obispo me dijo que se considera a sí mismo un narrador que proviene del linaje de narradores de descendencia africana.

El Obispo Jakes le dijo a su familia que iba a hablar con un escriba acerca de su predicación, y surgió la pregunta: "¿Qué es la predicación negra?". ¿Era el estilo, o la predicación en sí? ¿La raza del predicador? ¿La demografía de la congregación? ¿O quizá otra cosa totalmente distinta? Le sugerí al Obispo Jakes mi adaptación de una definición:

> La predicación negra tiene: (1) orígenes en una tradición oral de transmisión de relatos, folklore, historia, proverbios, creencias, palabras sagradas, sermones, oraciones, y similares; (2) la experiencia de esclavitud, racismo, odio, linchamiento, Jim Crow, encarcelación en masa, supresión del voto, y similares; y (3) el mensaje de esperanza, expresado inicialmente en el folklore de High John de Conqueror y similares, y por consiguiente en el evangelio cristiano de Jesucristo.

Algunos identifican esta esperanza, nacida de la experiencia afroamericana, en cultura, música, y vida y predicación religiosas como "soul".

El Obispo Jakes aclara el término "soul" sugiriendo que los afroamericanos han dominado el arte de convertir el dolor en poder. La predicación negra es la habilidad del predicador para darle sentido a la historia sin sentido que el pueblo de color ha soportado y desmitificar el dolor de tal modo que el sufrimiento tenga sentido en el momento creativo de la predicación. La predicación negra toma la tristeza, la queja, la desorientación, la duda, el temor, y el sinsentido de la vida y proporciona orden y estructura al dolor, de modo que la persona puede encontrar esperanza, victoria y reivindicación. El Obispo habla a este poder transformador que tiene la predicación negra, y lo considera como el regalo del pueblo negro al mundo:

> No queremos que la gente sienta nuestro dolor cuando estamos predicando. Queremos tomar nuestro dolor y quemarlo en ese mensaje de tal modo que se convierta en el motor que impulse la intensidad y la urgencia [de sanidad], y nosotros como pueblo [afroamericano] hemos dado eso al mundo como un regalo. Eso no es lo mismo que decir que las personas de raza blanca, los mulatos, o cualquier otro pueblo no podría hacerlo, pero basándonos en la historia de raíces africanas y nuestro viaje en América, es nuestro regalo a la Iglesia, la cultura y el mundo.

La predicación negra, entonces, no se trata exclusivamente de emociones de estilo, gritos, cambios de tono, o un desarrollo emocional exagerado y estilizado. En su esencia, es el arte de convertir la desesperación en esperanza. La predicación negra es un desarrollo cultural que está lleno de metáfora y símil, incluyendo dramatismo, la voluntad de adornar, y la narrativa para convertir el dolor en propósito. El pueblo negro tuvo que aprender a convertir las cenizas en belleza, el lamento en gozo, porque no tenía otra opción si el pueblo negro quería sobrevivir. El pueblo negro llevó el sufrimiento al texto bíblico y encontró una respuesta. Como explicaba el Obispo Jakes:

> Cuando miramos a un pueblo que ha sido literalmente golpeado y a un Dios que ha sido ubicado en un poste de flagelación, cuando miramos a un pueblo que ha sido injustamente arrestado y miramos a un Jesús en el que no encontraron falta alguna y aun así lo crucificaron, Él es parecido a mi historia. Él encaja bien en la mesa familiar. Esta idea de un salvador sufriente encaja bien en un pueblo sufriente de cualquier grupo de personas, una mujer sufriente, un género sufriente, una generación sufriente. El salvador sufriente nos refleja de tal modo, que podemos ser parecidos a él, aunque nos separan dos mil años. Somos parecidos en la historia. Y escuchar que Él está escondido y después resucita me da esperanza en que, si yo puedo soportar la turbulencia del viernes, llega el domingo... El hecho de que Él resucitara no es extraño para mí, porque cada día yo tengo que tener una resurrección, porque cada noche anterior tuve una crucifixión... Me identifico con la historia del Cristo, con la historia de la Biblia. Encuentro mi rostro en sus páginas.

El Obispo Jakes le dijo a una audiencia en Sudáfrica que ellos habían soportado el apartheid como él, como afroamericano, había pasado por la esclavitud, "y nos reuniremos en la cruz". La habilidad de estar quebrado y hecho pedazos y convertir eso en algo que se puede utilizar para catapultar hacia adelante a la persona, eso es predicación negra. Y entonces cualquier predicador, independientemente de su raza, color y credo, puede tomar la predicación negra y emularla si ha llorado lo suficiente, ha sufrido por tiempo suficiente, y ha carecido de cosas por tiempo suficiente, es decir, si su sufrimiento ha llegado a su alma y desea esperanza. Este es el regalo de la predicación negra al mundo.

La receta se llama predicación negra. Es un tipo de alimento espiritual en particular que surge de la cultura, el contexto, la región y la experiencia del pueblo afroamericano. Describirlo como predicación negra no es menospreciar la predicación o delimitarla, sino celebrar el contexto de sus orígenes y recordar a aquellos que la forjaron en medio de las circunstancias y situaciones más degradantes. Pasar por alto, ignorar, menospreciar o descartar la herencia cultural y el contexto de la cultura negra es pasar por alto la principal vitalidad y fuerza de la receta y conformarse con un poquito de esto y una pizca de aquello. Ofrezco aquí las palabras del Obispo Jakes:

> Lo que nos hace únicos es que hemos colgado en la cruz por tanto tiempo, que nos hemos convertido en expertos en sacar belleza de la agonía. En ausencia de riqueza generacional, ventaja cultural estratégica, en ausencia de las cosas de este mundo, en cambio se nos ha otorgado una gloria que es única para cualquiera que ha sido negado. Siempre que he estado donde había gente de color, siempre hubo grandes iglesias; en las partes más profundas de África donde no hay agua corriente y no tienen edificaciones, con telas que ondean al

viento sujetas con palos, miles y miles, algunas veces un millón de personas, se reunirán para adorar a Dios de alguna forma u otra. Y no importa si se viaja al Caribe, a los aborígenes, por toda América, o al este de África, el oriente de África o Sudáfrica. Hay algo que hemos dominado acerca de la iglesia porque se ha convertido en el sustrato del hecho de que no somos olvidados; que la redención está cerca; que podemos escapar; que podemos soportar; que podemos avanzar. Y de alguna manera u otra como Noé, quien predicó el mismo mensaje por ciento veinte años, de algún modo u otro cada domingo predicamos el mismo mensaje. El título cambia, los versículos cambian, pero la historia sigue siendo la misma, y cada domingo en la mañana encontraremos un modo diferente de decir lo mismo: "Y sigo de pie".

Lo mejor de la tradición de predicación afroamericana ofrece esperanza a un pueblo olvidado, silenciado, y maltratado de muchas maneras, y a la vez valiente, creativo y triunfante. La predicación negra ha sostenido al pueblo afroamericano por cuatrocientos años en este hermoso lugar de diáspora.

Dios mediante, seguirá así por muchos siglos más.

Mejorar tu propia receta

En definitiva, nuestra meta en este libro es pasar la antorcha y ayudarte a mejorar como comunicador y, para muchos lectores, como predicador. Cualquiera que sea tu intención para la comunicación efectiva, hemos ofrecido la receta del Obispo Jakes con la esperanza de que te ayudará a descubrir y mejorar tu propia receta. Creemos que el descubrimiento y la mejora de tu receta te hará más atractivo en tu expresión del mensaje y facilitará "momentos ganadores" para ti y para tu audiencia. Con esta meta en mente, aquí tenemos cuatro sugerencias para descubrir y mejorar tu consciencia de tu receta y el modo en que la sigues.

En primer lugar, conviértete en un estudiante de comunicación y conéctalo con los dones de predicación y las fortalezas en tu propia cultura y en tus ancestros. Ningún predicador surge de la nada y de ninguna parte. Todo predicador proviene de una tradición, y toda tradición tiene dones. En demasiados casos, los predicadores ignoran la tradición según la cual están formados. Estar en contacto con tu tradición te permite mencionar, apropiarte y utilizar la historia indígena de tus ancestros como combustible que hace que la historia bíblica de dos mil años de antigüedad cobre vida en el momento del siglo XXI en el que se expone. Esta familiaridad cambia el entendimiento del tenor y el tono de tus predicaciones. El predicador ve más fácilmente su propia historia en la historia bíblica, y eso causa que el predicador esté involucrado más plenamente en la narrativa bíblica y ofrezca una traducción contemporánea de un modo nuevo e inusual.

En segundo lugar, conviértete en un estudiante de la predicación y conéctala y sé más consciente de la genialidad que hay en otras tradiciones de predicación fuera de la tuya propia. Apenas he arañado la superficie proverbial aquí de la genialidad de la predicación afroamericana. Busca explicaciones similares de otras tradiciones de predicación. Esto podría involucrar que construyas tus propias bibliotecas de lectura, escucha y consideración de la predicación en otras culturas. Conviértete en una esponja, plantea preguntas, haz visitas, construye relaciones, toma clases, ve a la escuela, o matricúlate en alguna oferta de educación continuada en la predicación con predicadores de otra tradición. Los predicadores que quieren mejorar su predicación buscan y mantienen conversaciones con predicadores de alta calidad de toda cultura y tradición.

En tercer lugar, debes encontrar y articular las fuentes de esperanza en tu propia alma. Un maestro no puede enseñar algo que él mismo no haya aprendido. Un líder no puede comunicar de modo convincente algo que no practica. Un predicador no puede dar al pueblo una esperanza que el predicador no tiene. Prácticamente cada persona, como parte de la condición humana, ha llorado y batallado en la noche con el dolor, la duda, el temor y la decepción.

El predicador que quiere mejorar su predicación debe haber experimentado este dolor y, como dice la Biblia en 2 Corintios 1:4, ofrecer a la gente el consuelo que él mismo ha recibido. Aunque muchos prueban su fidelidad a los principios bíblicos mediante una explicación convincente y profunda, los mejores predicadores demuestran una habilidad para exteriorizar sentimientos desde un lugar más profundo de lo que están explicando. La mayoría de las personas asisten a la iglesia no solo para obtener una explicación, sino una explicación arraigada en la esperanza y la inspiración. Para ser capaz de mejorar la predicación, uno debe ser capaz de responder fundamentalmente a esta pregunta fuera y dentro de la plataforma, detrás del púlpito o lejos de él: ¿cuál es el fundamento de mi esperanza?

Por último, recordemos que las mejores recetas mezclan cuidadosamente sustancia y estilo para crear una comunicación única que educa, inspira, enseña y alienta. Una sustancia totalmente espiritual y el análisis por sí solo es demasiado técnico para comunicar el espíritu que está detrás de la narrativa. Por consiguiente, la audiencia es informada pero no inspirada. Sin embargo, un estilo recargado y vistoso, pero sin sustancia puede tocar los sentidos, pero deja hambriento el intelecto. Muy parecido a la mezcla de mantequilla y azúcar, huevos y harina que hace que un pastel sea delicioso, la mezcla de sustancia y estilo da como resultado la recepción de información e inspiración.

Al meditar en cómo la receta para la predicación del Obispo Jakes puede ayudarte a ser un mejor comunicador, empieza considerando todo lo que has heredado de quienes te precedieron. ¿Cuánto de ti mismo aportarás a su mezcla para crear momentos ganadores en tu exposición? ¿Cómo tomarás las recetas que has heredado y sostendrás el legado de otros incluso mientras haces que la tuya sea única y singular? Antes de finalizar tus respuestas, ¡reflexiona en todo lo que Obispo Jakes ha compartido en los capítulos anteriores acerca de sus propios ingredientes secretos!

CAPÍTULO 14

Los ingredientes

Por el Dr. Frank Thomas

*Los ingredientes para un buen sermón vienen de lo que requiere
la receta y también de lo que tú decides añadir o quitar.*

—T. D. Jakes

Recientemente, mi maravillosa esposa por más de cuarenta años anunció que íbamos a pasar a una "dieta basada en plantas" para mejorar nuestra salud. Ella ha sido siempre una defensora de la nutrición y el ejercicio, de modo que no me sorprendió. Esta vez, sin embargo, supe que nuestra nueva dieta se enfocaba solamente en verduras, granos integrales, frutos secos, semillas y legumbres; en otras palabras, nada de productos animales. Carne, hueso, leche, huevos, o cualquier cosa derivada de esos productos, como mantequilla o gelatina, no pasaba el corte. Por mucho que yo apreciaba sus esfuerzos y su experiencia culinaria, silenciaba mi renuencia a renunciar a mis cortes de carne favoritos, sin mencionar los batidos, las tortillas, y la mantequilla sobre mi tostada de pan.

Una de las primeras comidas que ella preparó después de hacer la transición me hizo olvidar lo que me estaba perdiendo. Unas fajitas de verduras con salsa y aguacate, hechas desde cero, presentaban champiñones frescos, pimientos rojos y verdes, cebolla roja, ajo, y jengibre fresco. En cuanto a especias, la receta incluía cúrcuma, sirope de maple puro, jugo de lima, cilantro y pimienta negra. El plato estaba delicioso, y cuando elogié su cocina, ella me dijo que la frescura era lo que marcaba toda la diferencia en la calidad de los ingredientes y, por lo tanto, en el resultado final.

Su comentario despertó mi curiosidad.

Mientras miraba la lista de ingredientes, mi mente divagó hacia mi redacción de la receta de la predicación del Obispo Jakes. Si las mejores recetas tenían ingredientes frescos, ¿cuáles serían los ingredientes frescos que formarían la mejor predicación? Igual que el cocinero tiene que mezclar los ingredientes frescos para preparar el plato, el predicador tiene que mezclar los ingredientes frescos de la preparación del sermón para preparar el sermón. Consideremos lo que significa seleccionar ingredientes, algunos del legado de recetas que uno recibe y otros de nuevos huertos, a fin de coordinar los mejores sermones posibles.

Heredar e innovar

Creo, sin disculparme, que los predicadores crean a partir de materias y sustancia espirituales preexistentes. Los sermones se desarrollan a partir de la materia prima o los ingredientes de una tradición. En términos retóricos, la tradición está engranada en la memoria colectiva de la audiencia, un conjunto de experiencias, creencias y suposiciones arraigadas en los recuerdos de la audiencia. Estos son los ingredientes y la materia prima desde los cuales el orador o predicador es libre para desarrollar el sermón. La audiencia libera a la vez limita al predicador en la práctica de la tradición del predicador.

En el sentido más amplio, la tradición es una parte importante de la historia de la comunidad, y permite a la comunidad tener oportunidades de desarrollar nuevas versiones de sí misma sin perder el sentido de identidad.[1] Los valores morales de una comunidad, como Dios, libertad, justicia o amor, no son nunca absolutos e inalterables, pero se debaten en cada generación, y estos valores en última instancia funcionan para sostener la identidad de la comunidad. A fin de satisfacer las necesidades en continua evolución de la comunidad, la oratoria religiosa y política funciona para reformular y expresar de nuevo los valores comunitarios. La oratoria está a la vez liberada y limitada por la memoria colectiva comunal. La tradición necesita nuevas expresiones de sí misma para continuar hacia el futuro, pero existen límites a lo que se puede fomentar u ofrecer por parte de los oradores. El predicador recibe la tradición y añade su propia expresión de singularidad, personalidad y talentos. La comunidad acepta, rechaza o incorpora la nueva versión de la tradición basándose en la habilidad del predicador para persuadir a la comunidad a expandir su identidad. Igual que el nivel de energía de un orador a menudo refleja y también determina la respuesta de su audiencia, el uso que hace el predicador de los ingredientes heredados y también innovados da forma a su identidad al igual que a la comunidad a la que se dirige, desde la cual habla, y para la que habla. Esta relación simbiótica significa que las historias que se relatan influyen en ambas direcciones, lo cual significa que los predicadores deben conocer el legado de la narrativa y también renovar, revisar y reinventar esas historias.

¿Cómo funciona este proceso? Veámoslo a continuación.

Las historias que contamos

Estoy convencido de que la narrativa sigue estando en el corazón de la predicación negra. Es una de las principales formas en las que la tradición está engranada en la audiencia. El Obispo Jakes habla sobre su mamá como la principal portadora y transportadora de la tradición, un canal de la voz de la memoria y la identidad colectivas de la comunidad que le fueron transmitidas.

Recuerdo conversar con el Obispo del papel de su mamá en ayudarlo a ajustarse a su plataforma y popularidad cada vez mayores. Él relata que tan solo estaba siendo él mismo y que un día se despertó y el mundo estaba tomando fotografías, quería que apareciera en películas, y algunos decían que nunca antes habían oído nada parecido a su predicación. Dijo que aquello fue confuso, aterrador, horrible e intimidatorio, todo al mismo tiempo. Como respuesta a toda la notoriedad, él decía regularmente: "Siempre he sido así". Él no había cambiado; siempre había sido un narrador de historias. Entonces cuenta la historia de que, cuando era un niño pequeño, su mamá vestía con elegancia a los niños y tenían que participar en concursos de talentos. Su mamá impartió la forma y sustancia de la tradición mediante establecer el ejemplo para el concurso de talentos mediante narrativas como la siguiente:

> Un día, estaba sentado afuera en el porche observando, y observé al señor Richardson avanzar y estacionar su auto detrás de la casa de la señorita Anna May. No creo que ellos tuvieran intención de que yo lo viera, pero declaro que lo hice. Tenía muchas ganas de que Willie Joe llegara a casa para poder contarles lo que vi. Pero él estaba tan cansado cuando llegó a la casa, que lo único que quería era una cena, un poco de pan de maíz y manteca, y se fue a la cama. Pero yo no. De vez en cuando, en mitad de la noche, miraba por la ventana para ver lo que estaba sucediendo en esa casa. Aproximadamente a las cuatro de la mañana, oí el sonido de gravilla porque él había comenzado a mover esa camioneta y salía de ese patio. Y ni siquiera había puesto en marcha el motor. Llegó a la esquina, pero yo lo escuché. No sé por qué me sentí impulsado a levantarme a las seis de la mañana y llevar a la casa de ella unas pastas de té, pero lo hice.

Jakes dice que su mamá relataba historias como esta, y entonces los demás tomaban turnos para contar historias, escribir guiones, y también inventar ideas en sus cabezas. Realizaban esa actividad tantas veces cuando él era pequeño, que Jakes dice que ahora puede hacerlo a voluntad. Cuando está componiendo en sermón, está allí mismo en el porche de su mamá relatando historias, escribiendo bosquejos, e inventando ideas en su cabeza. Su mamá y la comunidad le transmitieron la tradición, Jakes dice:

> Nunca he estudiado eso en la escuela [narrativa], pero estoy precisamente allí en el porche y puedo ver la arcilla roja de Alabama. Puedo oler el aire y oler a las vacas. El dulce aroma de vacas pastando en la distancia, mezclado con la cascarilla del maíz que crece detrás de la casa de mi abuela. Puedo verlo claramente, tan claro como la gravilla que se mueve debajo de los neumáticos antes de poner en marcha el motor porque no quieres que nadie se despierte en mitad de la noche.

La mamá del Obispo le hizo un regalo asombroso. Fue la portadora de esta abundante tradición hasta su vida. No todo el mundo recibe este nivel de imaginación, creatividad y narrativa que le es transmitido de una manera tan magnífica. La tradición estaba profundamente engranada en él y, como resultado, su narrativa en la predicación era inconsciente, natural, arraigada, practicada y refinada; no necesitaba ni buscaba explicaciones hasta que hubo un deseo de pasar la receta a la siguiente generación.

La Biblia y la esperanza

El Obispo creció en la iglesia bautista del lado de su mamá y era "profundamente bautista", dice él, haciendo hincapié en ello con el tono de bajo que tiene su voz. Entró en la iglesia pentecostal con quince años de edad, y su papá murió cuando el Obispo tenía dieciséis. Cuando su papá se fue, se creó un vacío y se inició una búsqueda de una consciencia de un padre mayor de lo que la religión misma podía proporcionar. El Obispo buscaba a Dios para encontrar algo más de lo que había hallado en la tradición de la iglesia bautista. Para el Obispo, a los dieciséis años de edad la Biblia se volvió muy importante:

> Cuando tenía unos dieciséis años, de repente no podía dejar de leer mi Biblia. Ocultaba mi Biblia en mi libro de ciencias en la escuela, y leía la Biblia mientras se suponía que debía estar leyendo mi libro de ciencias. No podía dejarla. Para mí, tenía sentido. Mi papá había muerto el año antes, y abrí este libro y comprobé que me hablaba. Me hablaba de la manera más sorprendente, y yo podía entenderla...y me gustaba. Y yo le gustaba a ella, y había algo entre ella y yo que era como el fruto que sale de la cáscara.

La mayoría de las iglesias bautistas en Charleston [Virginia Occidental] eran grandes y bonitas y, en comparación, las iglesias pentecostales eran pequeñas y húmedas. Al principio, su mamá pensaba que las iglesias pentecostales eran muy poco para él, diciendo: "¿Vas a ir allí a esa iglesia santificada?". El énfasis pentecostal, aunque a veces era un poco extremo, estaba en estudiar la Biblia y practicar la presencia del Espíritu Santo. Eso resultaba atractivo para la búsqueda de Obispo Jakes de un Dios más grande. Él dice:

El énfasis estaba en las Escrituras. Los hombres mayores (portadores de la tradición) que me enseñaron no eran famosos, no eran muy conocidos, ni tampoco renombrados. Siempre me siento intimidado cuando la gente me pregunta quién me influenció, porque querría darles esos grandes nombres que ellos esperan, pero las personas que me influenciaron nunca buscaban popularidad. No es solo que no la tenían, tampoco la buscaban. Lo que me encanta de eso es que ha moldeado mis prioridades. Yo no tuve grandes iconos, ni pensaba que un día iba a predicar en este o aquel lugar. No, no, no fue así. No era la cantidad, era la calidad. No era la amplitud, era la profundidad. Era ser capaz de que saliera por tu boca el poder de la expresión del Espíritu Santo.

Junto con su mamá, los ancianos antes mencionados impartieron a Jakes, como parte de la tradición, el significado del Espíritu Santo y de la Biblia.

Juntamente con las raíces y el fervor bautista y su fuego por la Biblia y el Espíritu Santo, me sentí guiado a hacerle al Obispo esta pregunta: ¿cuál es la base de tu esperanza? Con mirada sincera, simplicidad, profundidad y una honestidad calmada, me respondió: "A nivel personal, sé que Dios está conmigo". Entonces ofreció la siguiente reflexión:

Kari Jobe compuso la canción "Estás por mí", y la primera vez que la oí, comencé a llorar y no podía parar.[2] Porque durante toda mi vida supe que Dios estaba por mí, pero nunca pude entender por qué. Yo defraudé a Dios en cada paso. Pero desde aquel niño pequeño que gritaba en lo alto de las escaleras a todo pulmón con mi padre rompiéndolo todo abajo con un hacha y mi mamá gritando como una loca, Dios siempre ha demostrado que Dios estaba por mí.

Basándose en que Dios está por él, Jakes ciertamente es optimista por naturaleza. Cree que cualquier ser humano puede levantarse si pelea lo bastante duro y el tiempo suficiente, porque Dios está con esa persona. Jakes comparte: "Sé lo que es no tener otra cosa sino esperanza. Algunas veces, cuando perdía mi empleo y no tenía dinero, ¡la esperanza era lo único que había en nuestro refrigerador! Salía a recoger manzanas caídas de los árboles, que eran gratis, para alimentar a mi familia. Mi historia personaliza la esperanza. Esperanza en la asombrosa, la excelente gracia de Dios que invade el alma". El corazón de su mensaje para la gente es que Dios está por ellos y que pueden lograrlo y volver a levantarse. El Obispo resume su esperanza y su ministerio con esta conmovedora historia de su niñez:

Estoy de regreso por la carretera después de distribuir periódicos, una carretera montañosa en Charleston, Virginia Occidental, y todos aquellos cachorros estaban intentando comer. Eran cachorros recién nacidos, y la perra pastor alemán que era su madre estaba muerta. Y todos ellos intentaban comer del cuerpo de una madre muerta. Puse a todos los cachorros en una caja y los llevé a la casa. Supongo que tendría unos siete u ocho años de edad. Decidí que iba a hacer que vivieran; por lo tanto, vacié la botella del jabón para lavar Palmolive de mi mamá, puse un poco de leche en la botella y también avena, no sé por qué [risas], no me pregunten por qué, pero aquello me pareció una buena idea. Y lo puse allí, lo calenté un poco, y di de comer a los cachorros. Bueno, dos cosas que aprendí fueron que, si te levanta la persona adecuada y lucha lo bastante duro, te hará vivir, porque todos aquellos cachorros vivieron. No perdí a ninguno. Y aprendí que la avena causa diarrea a los cachorros. Una diarrea muy mala. Creo que sigo siendo aquel muchacho que recoge cachorros. En lo más hondo de mi ser sigo siendo ese hombre que te recogerá donde estés y te alimentará con lo que tenga para lograr que vuelvas a levantarte y puedas cumplir tu destino. Y esa es mi bendita esperanza.

Alinea tus activos

Cuando las partes y las piezas encajan en su lugar, un predicador crea un sermón de modo similar a como un compositor crea una canción. La comparación es adecuada, porque ciertamente hay un tipo de música en la predicación. Hay una melodía en el sermón que tiene momentos de crescendo y momentos de silencio, cierto tipo de sinfonía que tiene una tipografía vocal que sube y baja para mantener el interés de quien escucha. Hay algunos que tienen un intelecto profundo pero su expresión es monótona. Aparentemente tienen poca capacidad para orquestar el contenido intelectual de tal modo que conecte con la audiencia. Pasan por alto el hecho de que la oratoria es musical, independientemente del contenido intelectual que se transmita. Muchos oradores cometen el error de prestar una atención exclusiva al contenido intelectual, y prestar poca atención a la música de la exposición.

En conjunción con la voz, el cuerpo es también un instrumento. El Obispo reconoce que es una persona animada. Sus manos están en el mensaje. Su caminar, sus pasos, e incluso su postura están en el mensaje. Él cuenta la historia de un amigo en Caracas, Venezuela, que lo vio predicar y tocó la pantalla y lloró. No sabía lo que estaba diciendo el Obispo porque él solo hablaba español, y el Obispo habla inglés. Esa persona invitó al Obispo a Caracas basándose en cómo se sintió su espíritu al escuchar el sonido de la voz de Obispo y mirar la expresión de su postura. Recibió el mensaje que no pudo obtener mediante canales auditivos y de habla. El Obispo utilizaba la historia para establecer el punto de que la comunicación llega a las personas en diferentes niveles.

La comunicación es mucho más que las palabras que decimos. En nuestros papeles como predicadores, cuando subimos al púlpito o a la plataforma, todo en cuanto a nosotros comunica. La pregunta es: ¿están en armonía el cuerpo, la voz y la boca, y comunican el mismo mensaje? El Obispo alienta a los predicadores a mirar cuánto de la comunicación va más allá de la boca, y batallar con esta pregunta: ¿está mi boca contradiciendo cuando al resto de mi persona? Si el predicador tiene la confianza en Dios para no estar tan preocupado por las inhibiciones personales, podría estar dispuesto a sacrificar su autoimagen para que Dios pueda utilizar todo, la persona total del predicador, para comunicar el mensaje.

El Obispo sugiere que eso no significa que el predicador no debiera ser auténtico y leal a quien el predicador es. El Obispo entiende que su amplia gama de comunicación es una idea pentecostal. Los pentecostales tienden a utilizar la persona completa su predicación y su comunicación. El Obispo dice que él utiliza su tamaño como un activo, pero incluso si una persona es bajita, eso también puede ser un activo porque hay algunas cosas que una persona de baja estatura puede hacer y que las personas altas no pueden. El Obispo habla de considerar la persona y los talentos propios como activos:

> Si lo consideramos un atributo y no una carga, cualquier cosa es un activo…cualquier cosa es una herramienta. He visto a predicadores predicar sin tener brazos; y lo utilizaron como un activo y no como un lastre. [El predicador dice]: "Miren, algún día volveré a tener brazos…Ahora mismo no puedo darles un apretón de manos, pero algún día…". A eso me refiero con tener la confianza suficiente para subir a la plataforma y tener la suficiente seguridad para utilizar todo como un atributo que expresar, incluyendo postura, el tono de voz y la expresión. Todos estos matices individuales abstractos crean colectivamente una marca llamada tú mismo. Y ser leal a esa marca te hace legítimo y auténtico.

El Obispo Jakes es un maestro del llamado y la respuesta, del diálogo audible entre un predicador y la audiencia. El Obispo nunca quiere crear una atmósfera en la que las personas lleguen y observen porque, como él dice: "Este lugar donde intentamos ir es tan sagrado, que no puedo llegar allí sin ellos". Él invita a los oyentes mediante su voz y su cuerpo al momento de la presencia de Dios que solo puede producirse si ellos lo construyen y lo disfrutan juntos. Como resultado, la predicación es un diálogo sagrado entre el predicador y la audiencia.

Al igual que un médico experimentado diagnostica a un paciente, cuando el predicador dice algo que la gente siente, pero para lo cual no tiene palabras, la audiencia responderá y endosará lo que se dijo. Cuando el predicador da en el clavo, la audiencia se lo hará saber al predicador. Esto ayuda al predicador a saber cómo ayudar. El predicador intenta ayudar a la gente, y la gente le proporciona la información necesaria para que pueda ayudar.

La conclusión

En toda tradición de predicación o de oratoria, existe un enfoque en la conclusión del sermón. Las expresiones que avanzan hacia el final como resumen y conclusión son críticas para que se recuerde y se practique el mensaje. Aún me queda por encontrar una tradición que ponga tanto énfasis y presión sobre la conclusión del sermón como la que existe en la tradición de predicación afroamericana.

En gran parte de la tradición afroamericana existe el énfasis y la expectativa de celebración, que a veces parece como buscar que la gente se quede de pie y "gritando" como principalmente la singularidad y la conclusión más efectiva. Esto se considera evidencia del Espíritu Santo, y muchos predicadores mostrarán lágrimas en un sermón maravilloso intentando conseguir este tipo concreto de conclusión.

Aunque es conocido por conclusiones dinámicas y conmovedoras de los sermones, el Obispo defiende que ningún estilo de conclusión es apropiado para todos los sermones. Dice que las personas no gritan y celebran mediante corrección o coacción. En otras palabras, hay muchos tipos de sermones y de conclusiones, y el predicador debe esforzarse, sin ninguna inhibición, por expresar la conclusión que sea natural y orgánica para el tipo concreto de sermón que el predicador está predicando. El Obispo aconseja mantenerse fiel al sermón que se acaba de predicar en lugar de variar dramáticamente o cambiar repentinamente el tono o el estilo al final. Nos alienta a encontrar una manera cohesiva de poner fin a la exposición, para que así las personas sepan dónde están y cómo han sido cambiadas por lo que acaban de escuchar y experimentar.

Si los cocineros creen que "la prueba está en el pastel", entonces los predicadores como el Obispo Jakes saben que tener ingredientes de calidad, tanto heredados como inventados, ¡son esenciales para el éxito!

CAPÍTULO 15

El sabor

Por el Dr. Frank Thomas

El sabor de un sermón crepitante ¡satisface el alma como ninguna otra cosa!

—T. D. Jakes

Cuando damos el primer bocado de un plato exquisito o de un postre abundante y rico, saboreamos la experiencia lentamente y deliberadamente. Permitimos que surja la mezcla de sabores a la vez que experimentamos e identificamos la contribución única de cada ingrediente por separado al plato terminado. Ya sea dulce o sabroso, picante o poco sazonado, el bocado de comida que se encuentra en el tenedor y aterriza en la boca merece una apreciación culinaria al igual que un consumo placentero. Permitimos que el gusto se quede en el paladar a medida que los sabores van desapareciendo y comenzamos a desear el siguiente bocado.

A medida que progresa la comida, no solo disfrutamos del

sabor distintivo de todos los diversos sabores involucrados en la preparación del plato, sino que también disfrutamos del sabor general en el modo en que se reúnen para tener un efecto general más singular. Las papilas gustativas notan cada bocado mientras la mente y el cuerpo registran las impresiones sensoriales generales que acompañan a la experiencia de la comida. Gusto y sabor trabajan en conjunto para tentar a la boca incluso mientras comienza inmediatamente la digestión para señalar esa satisfacción sublime.

La comunicación, particularmente con sermones que se sirven desde la experiencia de predicadores como el Obispo Jakes, proporcionan con frecuencia los mismos sabores, texturas y satisfacción que un plato casero delicioso. Si la prueba está en la tarta, como dice el viejo dicho, entonces la prueba del gusto determina tu evaluación. De modo similar, el sabor de tu experiencia mientras recibes un sermón brillante determina el gusto que se queda en ti cuando sales de la iglesia y sigues adelante con tu vida. Como el recuerdo de un festín excepcional, sin embargo, eres cambiado para siempre por el gusto que disfrutaste y la comida espiritual que alimentó tu alma.

Sazón espiritual

La definición clásica de retórica, derivada de Aristóteles, se define como "la habilidad de descubrir los medios de persuasión disponibles". Los antiguos griegos estaban fundamentalmente interesados en el lenguaje y la palabra hablada porque, en una democracia que demandaba participación y en la que los ciudadanos hablan para defender sus intereses, la persuasión era una habilidad muy importante. La destreza política de la época era la habilidad de hablar eficazmente a favor de los intereses propios. Por lo tanto, la retórica quedó establecida como el medio para enseñar normas de argumento y persuasión.

Dentro del campo de los estudios retóricos, la crítica retórica es el estudio de las diversas opciones persuasivas que los oradores tienen a su disposición en la creación de textos de discursos (para nuestros propósitos, sermones), y el modo en que esas opciones funcionan juntas para crear efectos en el predicador y en la audiencia. La crítica retórica nos permite ver con más claridad las opciones persuasivas que utilizó el predicador, y potencialmente otras opciones que *no* fueron seleccionadas, todo ello en el esfuerzo por verificar cómo el orador intenta persuadir a la audiencia. En otras palabras, podemos comparar la receta utilizada, los ingredientes incluidos, y el proceso de cocinado con los gustos y sabores del sermón.

En el capítulo 13, "La receta", tal vez recuerdes mi aseveración de que lo complicado de un sistema homilético no está vinculado exclusivamente a explicaciones y definiciones, sino a la eficacia del "gusto", y el poder transformador del sermón para tocar y mover el corazón humano. Gran parte de la eficacia y del poder transformador de un sermón es dominio del Espíritu Santo; por lo tanto, es la obra del Espíritu Santo lo que estoy definiendo como el "gusto" del sermón en la boca, el corazón y el alma de los oyentes.

Aunque el gusto es principalmente la obra del Espíritu Santo, el predicador desempeña un rol importante mediante lo que el predicador da al Espíritu Santo y a la audiencia con lo que trabajar. El sermón no es solamente una combinación de palabras, frases y párrafos declarados, sino más bien un sistema organizado de ideas, imágenes y argumentos retóricos pensados intencionadamente por el predicador para persuadir a la audiencia y asistir al Espíritu Santo en crear el gusto de Dios en las bocas, los corazones y las almas de la audiencia. Por lo tanto, un sermón tiene una topografía retórica, cierto tipo de geografía persuasiva, y terreno de intención que pueden trazarse como se traza un paisaje sobre un mapa físico. Al mirarlo de cerca, podemos trazar la intención y las herramientas de persuasión del predicador.

Cuando trazamos está geografía persuasiva, está claro que el sermón es arte vivo. El sermón es una forma de arte o una pieza de arte tanto como lo es un cuadro sobre una pared. El artista pinta el cuadro, y cuando se exhibe, la obra de arte es interpretada por quienes la miran. No todo el mundo interpreta el cuadro de la misma manera. A menudo se produce discusión, especialmente entre los críticos de arte, en cuanto a lo que el artista quería decir y las técnicas y procesos utilizados para producir los efectos que los espectadores perciben en el arte. El arte a menudo no tiene una interpretación estándar, correcta o adecuada, porque lo que vemos está influenciado por con frecuencia por nuestra ubicación social y nuestra experiencia en la vida.

Yo creo que la discusión iluminada de muchas y diversas interpretaciones, desde experiencias y perspectivas de vida diferentes, nos ayuda a acercarnos al "significado" de la pieza de arte, de ahí el término "arte vivo". Cualquier arte que siga siendo interpretado y discutido es ciertamente arte vivo; por lo tanto, mi meta aquí está, en el mejor sentido de la palabra, en servir como un crítico de sermones y topógrafo retórico del sermón y el sistema homilético del Obispo Jakes. La crítica retórica nos permite mirar profundamente al mundo interior del predicador analizando las elecciones persuasivas del orador que dejan al descubierto los pensamientos, el corazón y el sistema de creencias del predicador representados en ideas, imágenes y argumentos que el predicador ofrece al Espíritu Santo y a la audiencia para que trabajen con ello.

Existen diversas opciones persuasivas a disposición de los predicadores en la creación y la exposición de mensajes, tales como la elección de textos, verdad abstracta, historias, metáforas, imágenes y símiles, al igual que amplitud, creatividad, articulación, movimiento corporal, e intensidad de expresión. Los predicadores hacen elecciones retóricas para incluir y a la vez excluir material basándose en la intención de persuadir. Mi meta es analizar críticamente esas elecciones, y cómo se conjugan esas opciones para crear efectos en el predicador y en la audiencia como una ofrenda al Espíritu Santo, quien crea el gusto en la boca, el corazón y el alma de los oyentes.

El predicador formado por la tradición ofrece la receta y los ingredientes, el predicador y la gente renueven la masa de la expresión mediante llamado y respuesta, y entonces Dios hornea el pastel del sermón en el horno de fuego celestial. Predicador y audiencia reciben entonces el gusto, o el "momento de presencia", es decir, la evidencia de la eficacia y el poder del Espíritu para mover el corazón humano. Dios está presente en la boca, el corazón y el alma humana, y también en el lugar mismo del evento de predicación.

Por favor, entiende que yo no soy el tipo de crítico que busca encontrar algo equivocado en la predicación del Obispo, o lo que falta, y que ofrece instrucción y corrección. Bernard Devoto, un importante crítico literario de la década de los cuarenta dijo: "La prueba suprema de cualquier forma de crítica no es su perspicacia en cuanto a unas pocas obras, sino los estándares que establece para la creatividad futura".[1] La meta para ser un crítico de sermones es establecer métodos y estándares de la predicación del Obispo para inspirar creatividad futura en la predicación de los lectores. Mi mayor propósito es que el lector pueda examinar y criticar cuidadosamente la receta y los ingredientes que ofrece al Espíritu Santo y a la audiencia. La meta es suscitar nuevas formas y estándares de creatividad en la predicación y la oratoria.

Principios detrás de la predicación

Mucho de lo que hemos discutido hasta aquí surgió de la experiencia de conversaciones maravillosas con el Obispo acerca de la predicación. Escuché varios conceptos y principios importantes que moldean su predicación y que sería negligente si no los compartiera. Los principios son:

1. La anchura de pensamiento estimula a la gente
2. Predica a las personas a quienes ves en tu espíritu, y
3. ¿Con cuántas ganas lo quieres?

La anchura de pensamiento estimula a la gente

En nuestras entrevistas, yo seguí preguntando al Obispo sobre su experiencia de predicación en diversos entornos y lo que había aprendido, dada una exposición tan extensa a la predicación, que pudiera ayudar a otros predicadores a mejorar su predicación. El Obispo habló en primer lugar sobre el peso y el poder transformador del liderazgo global:

> He estado en la Casa Blanca en medio de algunos de los tiempos más volátiles y turbulentos en la historia de este país. Estuve a unos ocho pies de distancia de Bill Clinton cuando declaró su culpabilidad en el asunto Monica Lewinsky...Estuve con el presidente Bush en el Katrina, recibí al Air Force One cuando aterrizó en Baton Rouge. Viaje en el vehículo con el gobernador y el alcalde...Hablé para el presidente Obama en su servicio de Semana Santa. Hablé a favor de él en su toma de posesión, que, por cierto, fue probablemente la ocasión en que estaba más nervioso en toda mi vida. En esos momentos, el peso del mundo descansa sobre ti. No se trata de ser un orador excelente; se trata de la inmensa responsabilidad que tienes de decir algo significativo e importante que estimule a un grupo de personas que están hechas pedazos y enojadas o heridas.

Él mencionó que, como orador, pretendía cambiar la situación, pero descubrió que la situación la mayoría de las veces era lo que lo cambiaba a él. Entonces mencionó el cambio: "Te vas de la sala con un pensamiento y una comprensión un poco más grandes de lo que se necesita para liderar a un grupo diverso de personas".

Una cosa es cuando los predicadores dirigen una iglesia o a un grupo de personas que piensan lo que piensa el predicador, que en su mayor parte están de acuerdo con lo que piensa el predicador. Pero cuando salimos de esa burbuja y entramos en un conjunto de ideas y sentimientos diversos que tienen que manejarse con sensibilidad, tenemos que considerar algo más que la perspectiva propia para poder ser eficaces. Estas experiencias explican uno de los principios clave que sustentan la predicación del Obispo: enfocar la predicación desde una perspectiva más amplia que permita al predicador englobar las diversas y muchas experiencias de diferentes personas en una audiencia.

El Obispo dice que esta perspectiva global es su responsabilidad cada domingo, porque su audiencia está formada por todo tipo de personas, desde personas sin techo que salen de los albergues hasta profesores de universidad cuya especialidad es el griego y el hebreo; desde químicos, médicos y abogados, hasta personas que hacen camas y otras que acaban de regresar del trabajo y acuden a la iglesia llevando puestos sus uniformes de Walmart o Kmart. Regularmente, él se dirige a estadounidenses diversos, ya sean de raza negra, blanca, latina, nigeriana, de Ghana, de Barbados o de Jamaica. El Obispo habla a personas que utilizan sistemas de traducción en la adoración porque ni siquiera hablan inglés sino solamente, por ejemplo, portugués, español o francés. Hay lenguaje de signos para las personas con problemas auditivos. Y podríamos añadir a esto una audiencia internacional de muchas naciones y personas que ven los servicios en el internet. El Obispo dice que eso hace que sea cuidadoso en cuanto a lo que dice porque está hablando prácticamente a cada generación, etnia o persuasión política en Estados Unidos, y no solo en Estados Unidos sino también en el mundo. Eso le obliga a tener anchura de enfoque.

Estas amplias experiencias y situaciones enseñaron al Obispo que somos más parecidos que diferentes, y en el momento en que el predicador entiende esto, se convierte en un constructor de puentes. De nuevo, el Obispo relata su experiencia:

> Hice un evento de avivamiento de tres días en San Quintín. Ministré a Erica Sheppard en el corredor de la muerte. He estado con padres que están a punto de enterrar a un bebé [con síndrome de Down] o que acaban de desconectar [a un ser querido] de las máquinas que sostienen su vida. Cuando estás con personas que tienen problemas, llegas a ver quiénes son en realidad. Cuando comienzan a sangrar, todos los matices se disipan. Y somos más iguales que diferentes, y sabiendo que soy centrista en mi modo de pensar, tiendo a ser un constructor de puentes y unificador siempre que sea posible. Y si no puedo construir un puente, te dejo tranquilo.

El Obispo Jakes se considera un constructor de puentes y unificador. Eso tiene poder.

Él cree que nuestro país está politizado por un sistema diseñado para proporcionar información y hacer dinero. A veces, estas dos ideas (dar información y hacer dinero) chocan porque los medios pueden crear una historia para obtener audiencias en lugar de relevancia. Cuando es necesario aumentar los números a fin de poder cobrar a los anunciantes, algunas veces "se añaden especias" de división para conseguir audiencia. El país está siendo separado y dividido porque las audiencias y el beneficio han gobernado más que la realidad. Si ignoráramos la retórica divisiva, podríamos observar que nuestros villanos no son tan malos como creemos, y que nuestros héroes no son tan santos como pensamos. Una perspectiva más realista podría ser que las personas están en el medio y pueden ser ambas cosas en algún momento u otro. Este enfoque amplía el pensamiento en el liderazgo y la predicación de la persona. Esto también moldea el modo en que el Obispo encara el texto, porque no puede tener anchura de pensamiento en todo lo demás y ser estrecho cuando se trata del texto.

Lo que supone esta anchura de pensamiento es que un gran orador debe ser también un gran oidor. El Obispo piensa que no se puede hablar si uno no sabe escuchar. El ministerio nace de la habilidad de escuchar a la gente, de descubrir dónde están, y de entender cómo conectar y también identificarse con ellos. Todos queremos ser amados; queremos lo mejor para nuestros hijos; queremos dar amor; queremos ser apreciados; queremos aire limpio, agua segura y niños sanos; y queremos una oportunidad de levantarnos y llegar a ser alguien. Todas las personas quieren soportar las vicisitudes de la vida y ver progreso en sus vidas. El Obispo argumenta que hay más cosas que nos unen de las que nos separan. Ya sea que vivamos en estados del Cinturón Industrial o en el centro de la ciudad, si escuchamos con atención, las quejas son muy parecidas. Estados Unidos ha comenzado a hablar tan alto, que las personas no pueden escucharse unas a otras. Si las personas pudieran detenerse un momento y escucharse mutuamente, hay más que nos une que lo que nos separa, y el Obispo piensa que esto es cierto de todos los grupos de personas.

¿Con cuántas ganas lo quieres?

El Obispo menciona que ha escuchado a muchos predicadores fabulosos de todas las razas y persuasiones que eran grandes oradores, con una capacidad inmensa de comunicar y llegar a la gente. Siempre que escucha a este calibre de predicador, se pregunta a sí mismo: ¿qué los hizo ser tan buenos? ¿Qué los hizo ser efectivos? ¿Qué los hizo ser extraordinarios? Finalmente llegó a la conclusión de que cada uno de ellos "lo quería", y qué si alguien quería ser realmente bueno en la predicación, tenía que quererlo con ganas. Es adecuado que pasemos al relato de historias en lugar de proposiciones intelectuales para explicar el significado de esta verdad:

> Hay una vieja historia de un joven predicador se acercó a un predicador anciano. El anciano estaba retirado y se había ido a pescar. El joven predicador se acercó al viejo y le dijo: "No puedo creer que lo he encontrado a solas. Me encanta todo lo que usted predica. He escuchado todo lo que predicó". El anciano sigue pescando porque no quería que lo molestaran. Había ido hasta allí para alejarse de todo eso...El joven no dejaba de molestarlo,

molestarlo, molestarlo. El hombre no le decía nada, pensando que, tal vez si no decía nada, el joven se iría… Finalmente, el anciano dejó a un lado la caña, agarró al muchacho, lo empujó y lo lanzó al lago. El muchacho no sabía nadar. Estaba bajo el agua [sonido de gluglú], tragando agua, y todo lo que podía tragar. Y la tercera vez que se fue abajo y estaba a punto de morir, el anciano lo agarró y lo sacó del agua. "¿Por qué hizo eso? ¿Por qué hizo eso? Solo intentaba charlar con usted. ¿Por qué hizo eso?", preguntó el joven predicador. El hombre respondió: "Calla. Escúchame". Le dijo: "¿Recuerdas cuando respiraste por última vez y con cuántas ganas querías volver a hacerlo? Con esa fuerza tienes que quererlo". Y se puso a pescar otra vez.

El Obispo dice que la verdad del asunto es que la mayoría de las personas no lo quieren con esas ganas. Lo quieren, si Dios lo quiere, o si sucede o se supone que así ha de ser. Lo quieren, pero no lo quieren con esas ganas. Las personas que son verdaderamente estupendas en lo que hacen, ya sea maestría culinaria, masonería, intelectualismo o predicación, lo quieren con esas ganas. Si no lo quieres como si fuera oxígeno, nunca serás estupendo en lo que haces. Si no sigues despierto cuando otros se quedan dormidos, si no escuchas cada sermón y entrevista y evalúas cuán buena era la redacción y, de vez en cuando, anotas una palabra que no conocías para añadirla al arsenal y así expresar mejor la gracia de Dios maravillosa, entonces es que no lo quieres con las ganas suficientes. Y si no lo quieres con las ganas suficientes, nunca te sucederá.

Mejorar tu propia receta

En definitiva, nuestra meta es ayudarte a mejorar como predicador y, como resultado, hemos ofrecido los ingredientes del proceso de preparación del sermón del Obispo para ayudarte a descubrir y mejorar tu propia predicación. Creemos que el descubrimiento de los ingredientes del proceso de preparación del sermón del Obispo te hará ser más atractivo en tu exposición del mensaje y facilitará "momentos ganadores" para ti y para tu audiencia. A continuación, tenemos cuatro sugerencias para lo que puedes hacer para descubrir y mejorar tu consciencia de los ingredientes en tu proceso de preparación del sermón.

En primer lugar, el Obispo articuló su método general de preparación del sermón como: estudiarte plenamente a ti mismo, pensar con claridad, orar mucho por ti mismo, y soltarte. Por favor, reflexiona en tu proceso de preparación del sermón y organiza tu proceso en estas cuatro categorías. ¿Qué haces que categorizarías como "estudiarte plenamente a ti mismo"? ¿"Pensar con claridad"? Y así sucesivamente. O tal vez tienes otras o distintas categorías que podrías agregar. Es perfectamente correcto repasar las categorías del Obispo o incluso inventar las tuyas propias. La meta aquí es que identifiques y reflexiones intencionadamente en tu proceso de preparación del sermón de tal modo que puedas evaluar críticamente su eficacia. Tal vez podrías añadir más cosas a tu proceso de preparación del sermón o eliminar otras. ¿Qué relación existe entre la oración y la predicación en tus sermones? ¿Cuán consistente eres con tu proceso de preparación del sermón?

¿Cómo mejorarías tu proceso de preparación del sermón después de leer este capítulo?

En segundo lugar, el Obispo explicó que, en nuestros roles como predicadores, cuando subimos al púlpito o a la plataforma, todo en cuanto a nosotros comunica. El Obispo alienta a los predicadores a mirar cuánta comunicación se produce más allá de la boca, y a lidiar con esta pregunta: ¿está mi boca negando lo que dice el resto de mi persona? Podría ser bueno conseguir un cuaderno o diario y, a lo largo de algunas semanas, tomar nota de las partes de tu exposición. ¿Está contribuyendo tu voz a la música de la predicación, o es solamente un instrumento del habla? ¿Está inhibido tu cuerpo? ¿Eres consciente de ti mismo o consciente de Dios? ¿Cómo incorporas el llamado y la respuesta? Si lo haces, ¿es solamente vocal o también tu cuerpo llama a la audiencia a responder? ¿Eres un buen médico? ¿Te dice la gente dónde le duele? En tu predicación, ¿te dejas llevar y te sueltas?

Después, sugerí dos principios de la predicación del Obispo en los que tal vez quieras reflexionar con atención. ¿Cuán amplia es tu predicación? ¿Predicas solamente a personas que están de acuerdo contigo? ¿Cuán diversas son las audiencias a las que predicas? ¿Deseas predicar a amplias audiencias? ¿Crees que la anchura de pensamiento estimula a las audiencias? ¿Cuán bueno eres para escuchar? ¿Predicas a las personas a las que ves en tu espíritu? ¿Necesitas una multitud grande para predicar bien? ¿Cómo lo manejas cuando Dios te ubica en lugares pequeños o te da un grupo pequeño? ¿Tienes un estándar de predicación que no rebajas independientemente de cómo sea la congregación?

Por último, el Obispo nos desafió a involucrarnos en la

autorreflexión y una tremenda cantidad de sinceridad cuando preguntó con cuántas ganas lo queremos. Con toda la honestidad que puedas reunir delante de Dios, ¿qué dices cuando te preguntas a ti mismo con cuántas ganas quieres realmente ser un predicador eficaz? ¿Estoy dispuesto a quedarme despierto hasta muy tarde? ¿Estoy dispuesto a emplear las horas necesarias para afilar mi habilidad? ¿Creo que eso le corresponde a Dios y no a mí? ¿Cuántas ganas tengo realmente de mejorar?

El arte de la predicación refleja las recetas heredadas, los ingredientes escogidos, el proceso de mezcla y cocinado; todo en orden para servir sermones como alimentos para el alma con un sabor exquisito. Si deseas crear deseos en quienes te oyen predicar de modo que saboreen cada uno de tus sermones hasta que llegue el siguiente, entonces no puedes pasar por alto ninguna parte del proceso. No importa cuánto trabajo se realizó en la preparación y el proceso, pues, en definitiva, el gusto es lo que se recordará.

APÉNDICE

Análisis del sermón del Obispo Jakes "No sabía que era yo"

Por el Dr. Frank Thomas

Tras varias entrevistas con el Obispo Jakes, ofrezco una lectura detallada de "No sabía que era yo". He escogido este sermón porque creo que, en su forma más pura, es un ejemplo excelente de oratoria y predicación del Obispo Jakes. Podría haber escogido muchos mensajes, dado que el Obispo ha hablado en diversos lugares y entornos en todo el planeta, incluyendo Microsoft y Toyota; delante del rey de Suazilandia, el presidente de Uganda, y el presidente de Namibia; en Hillsong en Australia; en varios programas, en entrevistas con Larry King, Oprah, el Dr. Phil, y el Breakfast Club; y en eventos de *Essence*. Apareció en las cubiertas de *Time*, *Ebony*, y el *Wall Street Journal*. Todo esto habla de la profundidad y la anchura de su oratoria y predicación, y su impacto sobre la iglesia, la cultura y el mundo. "No sabía que era yo" se predicó el 29 de septiembre de 2019, en el servicio de adoración regular el domingo en la mañana de The Potter's House en Dallas, Texas, donde el Obispo sirve como pastor principal.

El descubrimiento de las opciones retóricas del Obispo Jakes nos ayuda a reconocer lo que hace que sea por un predicador tan persuasivo. Debemos entender siete conceptos que son críticos para su estrategia persuasiva:

1. Llamado y autoridad divinos.
2. Balance de intelectualismo y demostración espiritual.
3. Estructura del sermón.
4. Carne en los huesos: definiendo la fórmula para el balance.
5. Personificación del mensaje.
6. El personaje de Papá, y finalmente:
7. La homilética que empodera.

Comencemos con la comprensión que tiene el Obispo del llamado y la autoridad divinos.

Llamado y autoridad divinos

Sin ninguna duda o vacilación, para el Obispo Jakes la predicación es un llamado divino de Dios. El predicador no solo decide, basándose en cualquiera de muchísimas razones humanas, convertirse en un predicador de la Palabra de Dios. Existe una función divina, un impulso celestial, y un llamado espiritual. El Obispo explicó su sensación de llamado en "No sabía que era yo", basado en uno de los principales textos bíblicos del sermón, Jeremías 1:4-5: "Te conocía aún antes de haberte formado en el vientre de tu madre; antes de que nacieras, te aparté". Para el Obispo, ser apartados significa que Dios nos conoce y nos ordena. Dios formó a cada persona con un destino divino antes ni siquiera de ser formada en el vientre de su madre, y para los predicadores, ese destino divino es un llamado a predicar el evangelio.

Aquellos a quienes Dios aparta y llama, Dios también los reviste de autoridad divina para hablar. El Obispo creó una gran anticipación por una "palabra" de Dios en la congregación cuando dijo al anunciar el sermón "No sabía que era yo": "Dios ha estado lidiando conmigo toda la semana con respecto a este mensaje. Me emociona poder compartirlo con ustedes. Creo que Dios va a hacer grandes cosas". El Obispo afirmó y se apoyó en una función y autoridad divinas que le habían sido dadas por Dios para dar un sermón a la congregación, al cual la congregación, al oír que Dios había estado "lidiando" con él, respondió con anticipación y entusiasmo gritando y aplaudiendo. La autoridad divina es fundamental para la predicación del Obispo. La recepción y la eficacia de cualquier predicador se basan en el sentimiento que ellos tienen llamado, función y autoridad divina que crea entusiasmo y anticipación en las personas.

Balance de intelectualismo y demostración espiritual

Aunque hicimos énfasis en la fuerza retórica del sermón afroamericano en el capítulo 13, "La receta", una característica que no explicamos adecuadamente era el balance de intelectualismo con demostración espiritual, es decir, ideas de pensamiento y sustancia abstractos combinados con libertad emocional en la interpretación y la exposición. La mejor predicación combina el descubrimiento y la comunicación de las ideas abstractas del texto con los sentimientos y el ánimo que el texto crea en el corazón humano. Aunque no es la única forma de predicación, el arte de la narración se parece con más frecuencia a conseguir el balance de estas dos dimensiones esenciales en la predicación.

El Obispo Jakes cree que los predicadores en el presente no ponen demasiada importancia en el arte de la predicación. Muchos están fascinados con el escenario o la plataforma sin tener la comprensión fundamental de que la predicación es un llamado y una forma de arte. Ya hemos hablado de la predicación como llamado, y el Obispo ahora comenta sobre la predicación como una forma de arte:

> [La predicación] es una forma de arte tal, que pudo distinguir a un orador maestro en dos minutos de escucha. Puedo describir la profundidad del predicador porque la maestría con la cual el predicador dibujó una imagen delante de una audiencia hace que ellos vean la idea abstracta que nació en la cabeza del predicador, su vida de oración o consagración. Es entonces responsabilidad del predicador seguir dibujando hasta que la audiencia lo vea sin contaminación, polución o disolución.

La predicación es la expresión de una idea abstracta, nacida de la integración personal, espiritual, intelectual y emocional del predicador con el texto bíblico y su contexto. El arte de la predicación es dibujar la imagen de tal modo que la audiencia pueda ver con claridad la verdad o idea abstracta y la considere relevante para sus vidas y su contexto. El Obispo advierte a los predicadores:

No queremos escuchar cómo se siente el predicador; queremos escuchar cómo piensa el predicador. Y si escuchamos el tiempo suficiente cómo piensa, entonces el predicador puede expresar cómo se siente. Yo no quiero llegar el domingo en la mañana para oír que piensas menos de mi porque el sermón es todo intelectualismo, y estoy tomando notas como si estuviera en una clase. Lo que aviva el alma para seguir viviendo no es siempre la distribución de datos y citas sabias de intelectuales. No hay nada de malo en los datos y las citas sabias, pero es la pasión con la cual se expresa la narrativa, el balance de intelectualismo y demostración espiritual. Algunas veces, es más valioso que el contenido en sí. Algunas veces es cómo lo dijiste, y ni siquiera se trata de lo que dijiste. Hay que mezclar ambos: pensamiento y sentimiento. Cuando trabajo en un sermón, tengo la sensación de estar tejiendo el estudio y el intelectualismo con pasión y creatividad. Intento conseguir la mezcla correcta. Paso de lo que es descriptivo a lo que es factual, de lo que es intelectual a lo que es experiencial.

El mensaje del sermón es un balance entre intelectualismo y demostración espiritual de intelectualismo con el añadido de pasión y creatividad. Antes de explicar cómo logra el Obispo este balance fundamental, me gustaría describir el sistema estructural de su sermón. Un sistema estructural es la estructura ósea que sostiene y afianza el cuerpo humano. Sin el esqueleto, el cuerpo humano sería un montón de carne sin forma. De igual manera, el sermón tiene un esqueleto que proporciona la estructura ósea del sermón. Sin él, el sermón se desintegra hacia una masa de pensamiento sin forma.

La estructura ósea del sermón

"Estructura" es mi palabra para el sistema óseo del sermón que permite el movimiento general, la organización, y la lógica y el fluir del sermón basado en el desarrollo de la idea de un pensamiento central. Recuerdo cuando era niño y cantaba el viejo himno espiritual "Dem Bones".[2] Tal vez también tú lo cantaste:

> *El hueso del dedo del pie es juntado con el hueso del pie,*
> *El hueso del pie es juntado al hueso del tobillo,*
> *El hueso del tobillo es juntado al hueso de la pierna,*
> *¡Ahora muévanse, huesos del esqueleto!*

Lo cantábamos completo recorriendo los huesos del cuerpo: "El hueso de la cadera es juntado al hueso de la espalda; el hueso de la espalda es juntado al hueso del cuello". El punto es que todos los huesos tienen que estar juntos y trabajando juntos para que el cuerpo pueda realizar tareas simples como caminar o correr. Lo mismo es cierto del sistema óseo del sermón; todas las partes tienen que trabajar juntas.

La estructura es lo que permite a los huesos del esqueleto del sermón trabajar juntos. H. Grady Davis dice que un sermón es "un movimiento audible de pensamiento en el tiempo".[3] Si los huesos no están conectados y la idea se mueve con demasiada lentitud, entonces el sermón pesa y se enreda y es considerado aburrido o no digno de la atención de la audiencia. Si la idea se mueve con demasiada rapidez, entonces la audiencia no puede captarla y escucha pasivamente abrumada, confusa, e incapaz de seguir el ritmo de los pensamientos del predicador. Los pensamientos deben ser organizados, desarrollados, regulados, conectados, y "estructurados" para que se entiendan de modo eficaz.

Basado en la angustia existencial de la vida afroamericana en los Estados Unidos, en muchos sermones afroamericanos, y en particular en los sermones del Obispo, el movimiento óseo general del sermón está en la forma narrativa de pasar del problema a la gracia, del problema en el texto y en la vida al evangelio que vence el problema con gracia, amor, esperanza y verdad.[4] La gracia es mayor, y como dice Paul Scott Wilson, "del problema a la gracia refuerza el movimiento general de la fe: *del* éxodo *a* la tierra prometida, *de* la crucifixión *a* la resurrección y la gloria.[5] Mi propio método básico para problema y gracia es situación, complicación, resolución y celebración.[6] El sermón del Obispo Jakes "No sabía que era yo" discurre fácilmente hacia una adaptación de esta estructura ósea:

Situación: Dios nos creó en la eternidad, nos conoce de modo íntimo y personal, nos llamó, y nos envió a la tierra con un propósito y un destino divinos.

Complicación: Vinimos a la tierra y olvidamos nuestro propósito y destino divinos, olvidamos quiénes éramos, y nos perdimos, nos distrajimos y tuvimos miedo.

Situación en el texto: Dios puso a los israelitas en esclavitud y opresión a manos de los amalecitas y los madianitas porque siguieron a ídolos (olvidaron quiénes eran ellos).

Complicación en el texto: Gedeón está trillando trigo en el lagar para esconder la cosecha. Un ángel del Señor se le aparece a Gedeón y le dice: "El Señor está contigo, guerrero valiente". Gedeón responde que, si el Señor está con nosotros, entonces por qué nos ha sucedido todo esto. ¿Por qué el Señor nos ha abandonado y nos ha entregado a nuestros enemigos?

Resolución en el texto: el Señor dice entonces a Gedeón: "Ve con la fuerza que tienes y rescata a Israel de manos del enemigo". Gedeón sigue dudando, diciendo que él es de la tribu más pequeña y que es el menor de esa tribu. El ángel dice: "¡Ve!".

Resolución en la vida: debemos recordar que Dios nos conocía, tenía comunión con nosotros, y nos envió a la tierra con nuestro destino divino. Aunque pudiéramos pensar que somos pequeños, somos grandes guerreros con la seguridad de que Dios está con nosotros para librarnos de la mano del enemigo. Dios quiere que vayamos y ganemos la batalla.

Celebración: Dios te conoce de modo íntimo y personal, te llamó y te envió a un destino divino. Levántate hacia tu destino divino. Alaba a Dios, porque ya tienes la victoria. Alaba a Dios, porque sabes quién eres realmente.

En algunos círculos de predicación, la idea central, como dijimos en el último capítulo, se conoce como la frase del tema o la afirmación de propósito, en efecto, la estructura ósea del sermón. Aquí tenemos lo que yo sugeriría que es la frase del tema para el sermón "No sabía que era yo", aunque el Obispo nunca lo identifica en el sermón mismo: *Dios envió a Israel y a Gedeón a la tierra con un destino divino. Israel y Gedeón olvidaron quiénes eran, y fueron puestos en esclavitud. Dios, en Jueces 6, restaura el propósito divino de Gedeón y de Israel, y aunque nosotros los oyentes, como Gedeón, olvidamos quiénes somos, Dios nos llama a ser guerreros valientes y saber que no hay ningún enemigo al que no podamos derrotar.* El Obispo teje esta idea central, este ADN, por todo el sermón.

Carne en los huesos: definir la fórmula para el balance

Ahora que hemos definido la estructura ósea, debemos poner carne en los huesos del sermón para que cobre vida. Cuando usamos la frase, por ejemplo, "poner carne en los huesos", nos referimos a que en el cuerpo humano los huesos están recubiertos por el tejido suave del cuerpo, que consiste principalmente en los músculos que cubren los huesos. De igual manera, el Obispo pone tejido suave sobre la estructura ósea del músculo. La carne sobre los huesos es la técnica y el proceso del Obispo para balancear intelectualismo y demostración espiritual. La fórmula de Obispo para el balance de intelectualismo y demostración espiritual es esta: el predicador:

1. Desarrolla el principio abstracto desde el texto bíblico y la experiencia de la vida hacia lo que podría llamarse un proverbio contemporáneo.
2. Avanza para asegurar la belleza del proverbio para el oyente (adorno).
3. Ilustra el proverbio dicho en la vida del oyente y en sus relaciones (drama).
4. Dirige, impulsa y pide un llamado y una respuesta de la audiencia.
5. Recibe el "momento de presencia" de Dios.
6. Conduce a las personas a conectar con Dios y practicar el proverbio bíblicamente contextualizado.

Permíteme, por favor, explicar cada una de estas etapas.

De principio abstracto a proverbio

El texto bíblico, basado en la historia de la relación de Dios con los seres humanos, es el camino principal para llevar abstracciones de la verdad divina a la experiencia humana. Algunas veces, la abstracción viene al mirar profundamente el texto bíblico, y entonces acercarse a la vida, y otras veces uno observa la vida y después se acerca al texto bíblico. En cualquiera de los casos, *la verdad divina del texto se entrecruza con la vida humana y el predicador la lleva hacia la sabiduría de la experiencia humana.*

La profesora de predicación Alyce M. McKenzie sugiere que "la sabiduría es de Dios y señala la presencia de Dios" y llega principalmente en tres formas: (1) una persona sabia, que es la personificación de un aspecto del carácter de Dios (Jesús, por ejemplo, es la sabiduría de Dios en persona); (2) un cuerpo de proverbios y enseñanzas de la Biblia, como los libros de Proverbios, Job, Eclesiastés, Salmos, dichos y parábolas de Jesús, prólogo al Evangelio de Juan, Santiago, etc.; y (3) la senda, el "arte de dirigir una vida" o caminar en el camino de la sabiduría.[7]

Lo que hace sabia a una persona es recibir y actuar según la sabiduría que es revelada por otra persona sabia basada en enseñanzas de la Biblia, lo cual dirige a la persona en la senda correcta de la mejor manera de vivir. Muchos argumentarían que esta es una de las principales razones y motivaciones por las que las personas asisten a la iglesia: para recibir de la personificación de un aspecto del carácter de Dios (el predicador) enseñanza de la Palabra de Dios para dirigir al oyente en el camino de la sabiduría.

Cuando el Obispo revela la verdad abstracta a partir del texto, entonces la entrega a las personas en forma de un proverbio contemporáneo, muy parecido a un proverbio bíblico, una frase breve de sabiduría práctica con mucho significado y experiencia que conecta de inmediato con la vida de la persona. La sabiduría del texto que nació en la mente, la vida de oración, o la consagración del predicador se forma, cristaliza, y es trasladada al contexto, la historia y la vida personal del oyente mediante la síntesis que hace el predicador de la idea abstracta para convertirla en un proverbio contemporáneo.

Voy a ofrecer un ejemplo de un proverbio del texto bíblico del sermón "No sabía que era yo". El Obispo dice: "Por lo tanto, poner el texto en contexto requiere que yo comience desde un lugar inusual. Quiero comenzar con Dios, Dios mismo, la idea de Dios, no la iglesia, no la religión, Dios". El proverbio es "Dios no es la iglesia lo la religión, sino que Dios es Dios". El Obispo quiere presentar directamente a Dios ante el oyente. El Obispo por lo general inicia el sermón con una experiencia, hecho, o información que conecta directamente con la vida del oyente, pero en este mensaje está comenzando con el concepto abstracto de Dios.[8] El Obispo intenta ayudar al oyente a entender que las personas han confundido a Dios con la iglesia. Dios es mayor que la iglesia, la religión, la doctrina, la teología, y todas las normas y la comprensión que nosotros como seres humanos tenemos de Dios. El objetivo del Obispo es llevar la idea de Dios al alcance y la experiencia de la congregación. Para hacer que eso suceda, el Obispo se mueve con rapidez para que el proverbio contemporáneo sea hermoso adornándolo.

Adorno del proverbio

Tras anunciar que Dios es Dios, el Obispo dice entonces: "Aquel que gobierna, y súper gobierna y reina, que tiene control absoluto, el que es propicio, el Omnipotente, el Todo suficiente, El

Shaddai, el Consolador de Israel, en Dios poderoso, el Príncipe de paz, Dios". La meta del adorno es la creación de belleza, asombro, maravilla y adoración de Dios en el alma del oyente. Mediante la atribución de nombres bíblicos perdurables, descripciones, metáforas y símiles para describir a Dios, el Obispo crea un vínculo emocional con la idea abstracta. Añade pasión y creatividad a la idea abstracta para ayudar a la audiencia a ver, sentir y oír a Dios, aunque no hay ningún lenguaje humano adecuado que pueda describir a Dios.

Muchos entre la audiencia están familiarizados con estas descripciones bíblicas para Dios, y tienen un historial emocional con la recitación bíblica del Obispo. Si alguien no está familiarizado, la pasión, convicción y compromiso emocional del Obispo y de la audiencia son contagiosos. Es la pasión con la cual se expresa la idea abstracta lo que habla a la audiencia. La habilidad retórica para añadir intensidad emocional, espectáculo y belleza a la idea abstracta abre otra dimensión de recepción en la mente, el corazón y el alma humana. Los recursos retóricos como la aliteración (por ej., el *p*ropósito y el *p*oder de Dios) conmueven a las audiencias porque este nivel de atención al adorno del lenguaje añade belleza, arte y conexión emocional.[9]

Otro ejemplo clásico de adorno (añadir belleza, intensidad y espectáculo al lenguaje) es el uso que hace Martin Luther King Jr. de la anáfora en "He estado en la cima del monte", el sermón clásico y atemporal de la última noche de su vida, el día 3 de abril de 1968 en Memphis, Tennessee.[10] King cuenta la historia de cuando lo apuñalaron en la ciudad de Nueva York mientras firmaba libros. Relata que el filo llegó tan cerca de su aorta que, si él hubiera estornudado, habría muerto. Entonces menciona que recibió una carta de una niña de raza blanca en la escuela de secundaria White Plains que decía que estaba muy "contenta" de que no hubiera estornudado. King utiliza la anáfora para elevar la intensidad emocional: "También yo estoy contento de no haber estornudando. *Si hubiera estornudado*, no habría estado aquí en 1960 cuando estudiantes de todo el sur comenzaron a hacer sentadas en los mostradores del almuerzo". King recorre el movimiento por los derechos civiles ofreciendo series frases anáfora ricas de *"Si hubiera estornudado"*, y con cada *"Si hubiera estornudado"*, King eleva la intensidad y el tono emocional, y la audiencia responde con entusiasmo, subiendo cada vez más a las dimensiones de pasión, belleza y convicción. El adorno va más allá de la dimensión racional de la idea abstracta y permite que la idea abstracta llegue al corazón, la mente, el cuerpo y el alma del oyente. El Obispo pasa de la verdad abstracta expresada en un proverbio a la creación de belleza en el corazón y el alma del oyente.[11] Vayamos ahora al paso siguiente de la fórmula: la ilustración del proverbio.

La ilustración del proverbio

En el capítulo 13 dije que, históricamente, cada fase de la vida de los negros fue representada y dramatizada sobre la base de rituales de desempeño cultural. Jakes sitúa ahora el proverbio en las relaciones sociales y demuestra cómo el proverbio podría expresarse en el desempeño cultural entre familia, amigos, compañeros de trabajo, y especialmente "haters". En "No sabía que era yo" dice:

Jeremías 1:4-5:... [gritos]... Antes que te formase en el vientre te conocí. *Antes, antes* de formarte. *Antes* de que llegaras a tu primer cumpleaños. *Antes* de que tuvieras una semana de edad. *Antes* de que tuvieras un día de edad. *Antes* de que tu mamá estuviera embarazada, te conocí. *Antes* de que nacieras. *Antes* de que nacieras. *Antes* de que nacieras te aparté; [aplausos] te aparté. Quería que fueras diferente. *Antes* de que ni siquiera llegaras aquí, quería que fueras diferente. Y te pasaste los primeros veinte años de tu vida intentando encajar. Pero la razón por la que nunca encajaste es que yo te aparté antes de que ni siquiera llegaras aquí. No encajabas con tus vecinos. No encajabas con tus amigos. Ah, ni siquiera encajabas en tu familia. [gritos] Tú eres el único en tu familia que piensa como piensa porque yo te aparté antes de formarte en el vientre... Te conocí. Te nombré. Te aparté.

El concepto abstracto de Dios está adornado en la última sección, y entonces ilustrado y personalizado en esta. El proverbio bíblico o idea abstracta en Jeremías 1:4-5 es que Dios nos conoce y nos aparta.

Según la fórmula, el Obispo adorna la idea abstracta, la dramatiza, es decir, dibuja la idea abstracta en el desempeño cultural en las relaciones sociales. Adorna el proverbio mediante la repetición de la palabra *antes*. La repetición, en esta ocasión, es repetir las mismas palabras *antes* y *antes de que nacieras* muchas veces para dar énfasis y elevar la intensidad emocional. Dios nos conocía y nos apartó para ser diferentes, y como somos diferentes, muchas personas no encajan en sus familias, con sus amigos o vecinos. Aunque esta sensación de ser diferente puede ser dolorosa, el Obispo reorienta el sentimiento sugiriendo que Dios conocía al oyente y lo formó en el vientre de su madre para que fuera diferente o apartado. Apartar queda dramatizado, es decir, dibujado y ubicado dentro de las relaciones sociales.

El proverbio se sitúa en la vida personal y las relaciones sociales de los oyentes con palabras de acción que pueden ser imágenes, mediante ejemplos y no abstracciones, y así evocar intensidad emocional. El Obispo repite este proceso una y otra vez en el sermón. Toma la idea abstracta del proverbio bíblico, le da forma y la convierte en un proverbio contemporáneo, la adorna, y la dramatiza en los entornos culturales del oyente. El Obispo se mueve por todo el texto con este mismo proceso: idea abstracta y proverbio, adorno, después ilustración en las relaciones sociales del oyente. Cada vez que emplea la fórmula, la conecta con la última vez que utilizó la fórmula, y cada vez se construye sobre la última vez, elevando así la intensidad y el efecto emocional. Veamos el siguiente paso en el proceso, el impulso, la dirección y la participación del llamado y la respuesta.

Llamado y respuesta

Ahora que una verdad abstracta expresada como proverbio está adornada y dramatizada, el Obispo entonces llama, dirige o sugiere un llamado y una respuesta de la audiencia. En el último capítulo mencioné el llamado y la respuesta, y aquí me gustaría demostrar explícitamente cómo funcionan el llamado y la respuesta en un sermón, y cómo lo utiliza el Obispo Jakes como estrategia persuasiva. Tal como sugerí, la definición más sencilla de llamado y respuesta es que el predicador habla, y la gente responde, y el diálogo forma el ritmo, el tono, el tiempo, el movimiento y el contenido del mensaje.

Algunos creen que el predicador da forma al mensaje a solas en el estudio. El predicador *prepara* el mensaje a solas en el estudio con Dios, y después lo ofrece a la congregación. La audiencia no es pasiva en su aceptación del mensaje. La audiencia o bien responde con entusiasmo, lo cual le dice al predicador que continúe, o pone reparos y limita al predicador mediante la falta de respuesta, lo cual, en efecto, le dice al predicador que se dirige en la dirección errónea. La audiencia limita al predicador mediante su respuesta o libera al predicador para simbolizar retóricamente lo que está en el alma del predicador. Predicador y audiencia colaboran para hacer que se produzca el mensaje. El Obispo dice:

> …mientras estoy predicando, lo estoy componiendo delante de ustedes. Y lo extraño es que mi director de televisión detrás del escenario está haciendo lo mismo que estoy haciendo yo aquí adelante. Cámara número uno: un plano de cerca. Cámara número dos: respaldo. Yo estoy haciendo lo mismo mientras predico: más de eso, menos de esto, movamos hasta allí, pasemos hasta allá. Porque parte de la predicación es espontánea para mí, y en ese momento de predicación existe esa relación entre el púlpito y las bancas, y la cadencia que existe

en cómo ministramos eso a la congregación casi nos dirige hasta el punto adecuado. Y ustedes pueden sentir todo eso como un cirujano palpa buscando un coágulo. Y, por lo tanto, diré más de esto y algunas veces, el otro día, la mitad de mi mensaje no salió porque no lo necesité.

Llamado y respuesta es el ritmo y la cadencia entre predicador y congregación. El predicador, en el ritmo de la predicación, hace espacio para la respuesta, y la gente llena el espacio con su respuesta a lo que el predicador está diciendo. Llamado y respuesta es un recurso retórico entre el púlpito y las bancas, y funciona mejor cuando es alegre, indicativo de una relación positiva y afirmadora entre predicador y audiencia.

Existen varias formas de llamado y respuesta que son evidentes en "No sabía que era yo". La primera es la comprobación y el registro que hace el Obispo de lo que está sucediendo en su propia alma mientras da el sermón. En varios lugares él comprueba, evalúa y da su propio testimonio del material que está predicando al decir varias veces: "Oh, Dios mío, ¡esto es bueno!". Anuncia al inicio del mensaje que va a dedicar de cinco a diez minutos a establecer el contexto y poner un marco al cuadro (el corazón del mensaje), pero al comprobar la temperatura de su propia alma, y la temperatura de la audiencia basándose en llamado y respuesta, siente permiso para avanzar. Los cinco o diez minutos anunciados se convierten en treinta minutos porque, en la conversación consigo mismo, con la audiencia y con Dios, sintió la libertad de extrapolar. En otra ocasión dice: "¡Esto es muy bueno!", o "¡Dios mío!", "siento que debo predicar esto hoy". Está comprobando la temperatura de su propia alma basándose en lo que está predicando, y con este tipo de indicaciones da testimonio de que la temperatura espiritual es elevada en su propia alma.

En segundo lugar, de modo parecido a como el médico palpa buscando un bulto, comprueba la temperatura espiritual de la audiencia y la evalúa mediante su respuesta. En este ejemplo, él impulsa, sugiere y dirige su respuesta.[12] A lo largo del sermón dice: "¿Están oyendo lo que digo?". "Vamos, Potter's House, ¡hagan lo que saben hacer!". "¿Me están siguiendo?". "Voy a demostrarles esto. ¡Puedo demostrarles esto!". "¿Me entendieron?". "¿Dónde está mi gente bendita?". "¡Animen a su muchacho!". "¿No es bueno eso?". "¿A quién estoy predicando aquí?". "¡Denme treinta segundos de loca alabanza!". "Siento el poder de Dios en este lugar". "¡Que alguien grite SÍ!". "¡Sí! ¡Sí! ¡Sí! ¡Sí! ¡Sí!". "Abre tu boca y grítale a Dios!". "¿Puedo predicar esto? ¿Debería predicar esto?". "Todo el que esté siguiendo esta palabra conmigo en esta mañana, toca a tu vecino y di: 'Creo que hay algo en mi interior'". "Estoy hablando a alguien". "Saluda a alguien y di: '¡Atento a esto!'". "¿A quién estoy predicando esta mañana?". "Si les estoy predicando a ustedes, hagan ruido en este lugar". Estas son las preguntas o instrucciones que el predicador ofrece para evaluar y discernir la temperatura de la audiencia, porque esa temperatura da forma a la dirección del mensaje.

En tercer lugar, la audiencia ofrece comentarios no solicitados basándose en la verdad abstracta como el proverbio, el adorno del proverbio y su dramatización. En el último capítulo dijimos que, cuando el predicador dice algo que la gente siente, pero no tiene palabras para ello, la audiencia responderá y endosará lo que se dijo. Las personas de modo voluntario y sin petición directa del predicador ofrecen sus propios comentarios, como gritos, palmadas, asentir con la cabeza, risas, y ponerse de pie en diversos momentos del mensaje. La audiencia dice audiblemente: "Adelante, predicador". "Dibuja la imagen". "¡Ahora estás predicando!". ¡¡Obispo!!". "¡Predícalo!". "¡Sí!". "¡Lo veo!". El predicador no controla esto. Lo que se ha vuelto popular desde la década de los noventa es que la gente se pondrá de pie como afirmación física de la verdad del mensaje. La retroalimentación se ofrece libremente desde los corazones, las bocas y los cuerpos de la audiencia. Han sido tocados y quieren responder, y de nuevo, su respuesta solicitada o no solicitada ayuda a dar forma a la dirección del mensaje.

Todo este proceso (proverbio contemporáneo del texto bíblico, adorno, drama, y llamado y respuesta) es material combustible que el Espíritu Santo hornea en el horno de fuego celestial. De repente, por la gracia de Dios, la presencia de Dios es demostrablemente tangible en el lugar. En términos del Obispo, Dios introduce "el momento", lo cual yo denomino el "momento de la presencia". Al haber experimentado "el momento", lo único que puedo decir como predicador y congregante es que Dios es misericordioso. Dios pone el tesoro celestial en vasos terrenales quebrados. Dios es misericordioso con la familia humana. ¡Gracias sean dadas a Dios!

El momento de la presencia

Muchos saben que el Obispo tiene raíces bautistas y también pentecostales. Por lo general, en círculos bautistas y pentecostales afroamericanos hay un "momento" cuando la presencia del

Espíritu Santo llena el lugar, y se produce una demostración tangible y visceral de la presencia del Espíritu: baile, gritos, aplausos, movimiento de las manos, lloros, correr por los pasillos, saltar, sanidades físicas, y cosas similares. También está el aspecto de la sanidad interior de viejas heridas, sobreponerse al temor, el desengaño y el sufrimiento, y la experiencia de alegría y paz. Tradicionalmente, en la Iglesia Bautista la celebración, la última etapa del sermón, es la mayor expresión de la presencia visible y demostrable del Espíritu Santo.

En las iglesias pentecostales existe un enfoque y énfasis aún mayores en la celebración, de tal modo que el momento de la presencia queda evidenciado por un "bautismo" en el Espíritu Santo, acompañado generalmente de todo lo anterior en la Iglesia Bautista y también de la evidencia de "hablar en lenguas".[13] Pentecostales y neopentecostales hacen hincapié en la demostración y la obra del Espíritu Santo mediante el bautismo en el Espíritu Santo. Yo creo que es principalmente el movimiento del Espíritu en el momento de la presencia en la predicación del Obispo lo que ha conducido a una mayor exposición y fama en todo el planeta. Esta reunión de tradiciones afroamericanas bautistas y pentecostales en la predicación ha dado como resultado erupciones dramáticas y espontáneas del Espíritu Santo en el momento de la presencia que son, para muchos, la marca de la predicación del Obispo.

Este momento de presencia es el resultado del proceso que hasta aquí hemos bosquejado en la predicación del Obispo. Esto no significa que podamos controlar al Espíritu, que cualquier proceso humano pueda demandar la presencia y la agencia de Espíritu, pero podemos decir que el Obispo ofrece lo mejor de sí mismo en la fórmula, y después pide que descienda el Espíritu. Y cuando el Espíritu llega, se producen gritos, baile, movimiento de manos, levantar las manos, etc. El llamado y la respuesta están ahora con el Espíritu Santo. Es más intenso y operativo en el momento de la presencia con un tono febril. El predicador y la congregación quedan englobados en un fervor de Dios que abre y revela liberación y nuevas posibilidades en las vidas de la audiencia. Como reconocimiento de este momento de la presencia en "No sabía que era yo", el Obispo retrocede para explicar e identificar el "momento de la presencia":

> [Gritos/aplausos] Por lo tanto, aquí es donde estamos ahora mismo. La unción de Dios está en este lugar. El Señor los tiene aquí por una razón. Hay algo que Dios está listo para hacer con sus vidas. Hay algo que Dios tiene para ustedes que es importante. Y les digo que no saber es un problema. No saber quiénes son ustedes es un verdadero problema. Vivir su vida basándose en cuál es su valor neto es un verdadero problema. El mensaje se tituló "No sabía que era yo". Que el Señor tenga misericordia. ¡Siento que debo predicar esto hoy! [aplausos/gritos]

A este momento es donde conduce directamente todo en el sermón, la fórmula y el proceso persuasivo. Todo está subordinado al momento en el que Dios está delante y, en primer lugar. El Obispo habla de su propia subordinación al momento de la presencia:

> Y tienen que amar el momento más de lo que aman el mensaje. Cuando Dios ha logrado lo que intenta hacer,

no necesariamente tiene que utilizar todo lo que ustedes han planeado. Y tienen que saber cuándo ceder porque, si no lo hacen, sacrificarán el momento para llegar a los tres últimos puntos del mensaje, y perderán el momento. Por lo tanto, no pueden amar lo que prepararon más de lo que aman a Aquel por quien lo prepararon. Esto no se trata de mí, y no se trata de mi fórmula, mi método, y lo que yo imaginé. Es como se convierte Jesús en Señor cuando nos sometemos a lo que Él quiera hacer en el momento. Yo no intento ser Dios...Hago todo lo que puedo para estudiar, orar y leer...Por lo tanto, nunca estén más comprometidos con la fórmula que con la Presencia.

Como crítico de sermón, también yo estoy más comprometido con la presencia de lo que estoy con la fórmula, pero la fórmula es un modo de ayudar a los predicadores a entender la presencia de Dios en la predicación del Obispo y llegar a la presencia de Dios en su propia predicación. Ciertamente, las fórmulas pueden ser artificiales y una explicación demasiado técnica para fenómenos espirituales. Igual que el Obispo intenta explicar quién es Dios en términos humanos, yo intento describir lo que no puede describirse en términos humanos, la venida del Espíritu Santo en un sermón, y cómo y qué técnicas utilizó el predicador para llegar hasta ahí, cómo llegaron juntos las personas y el predicador, y esto es muy difícil de hacer. Todos estos términos y menciones parecen casi artificiales. Los escribas encuentran fórmulas en un esfuerzo por escribir la receta de los ingredientes de modo que los predicadores contemporáneos, al igual que predicadores en generaciones posteriores, aprendan a ayudar a facilitar el gusto de Dios en la boca, el cuerpo, el corazón y las almas de la gente. Si hay que transmitirlo, debe situarse en una receta, compuesta de fórmulas. Yo nunca estoy más comprometido con las fórmulas que con el momento de la presencia, porque el Espíritu Santo me está ayudando a entender y escribir la fórmula en este momento. Esto no es toda mi visión intelectual y homilética; es parte de eso, pero siento que el Espíritu Santo me está dirigiendo en este proceso. ¡¡Gracias sean dadas a Dios!!

Voy a ilustrar un poco más este punto. Una vez tuve un mentor de predicación a quien le dije lo siguiente: "Usted hace una tarea asombrosa de predicación, y rompe cada una de las fórmulas y reglas que enseño a mis estudiantes". Me miró directamente a la cara y dijo con buen humor: "Dejé de pintar por números hace mucho tiempo atrás". Yo tuve que reírme porque, a medida que estamos aprendiendo, pintamos por números hasta que ya no los necesitamos. Todos estos términos y descripciones en este capítulo se parecen un poco a pintar por números. Es necesario, pero los números *pueden* ser guiador por el Espíritu Santo hasta que ya no los necesitamos.

Y cuando llega el momento de la presencia del Espíritu Santo, presenta una oportunidad para que haya una profunda transparencia y honestidad, donde oyentes y predicadores pueden mirar dentro de sí mismos y confrontar temor, decepción, dolor, sufrimiento y angustia, y tomar la decisión de confiar y seguir a Dios. Algunas veces, las personas acuden al altar físico, y otras veces el altar está en sus corazones en su propio asiento, o incluso, basándonos en las emisiones en directo, en la sala de la casa de la persona. No en cada sermón, pero ciertamente en este sermón, el Obispo utiliza un llamado al altar como la respuesta al momento de la presencia.

El llamado al altar

Cuando digo el "llamado al altar", no me refiero al llamado al altar como la "invitación al discipulado", o lo que algunos conocerían como la apertura de las "puertas" de la iglesia para recibir a personas nuevas en la familia cristiana. Ese podría ser un tipo de llamado al altar, pero en el ejemplo de "No sabía que era yo" el llamado al altar es una oración colectiva y comunal. El momento de la presencia presenta un espacio en el que, basándonos en la comprensión del ADN o de la idea central del texto, las personas pueden ser sinceras delante de Dios y admitir que, por ejemplo, en este sermón, olvidaron quiénes eran. En el momento de la presencia, reafirman, reconectan, y hacen un compromiso profundo a caminar por la senda de la sabiduría y la bendición que han recibido del predicador y de Dios.

En "No sabía que era yo", tras el momento de la presencia, el llamado al altar comienza con la transparencia del Obispo Jakes:

Yo fui la última persona en saber que era T. D. Jakes. No sabía eso. Se estaban traduciendo libros a diferentes idiomas. Yo no sabía eso. Lo veía, pero no lo veía. Los estadios estaban llenos, las personas se peleaban afuera para poder entrar. No sabía que era yo. No me gusta decirlo porque me hace parecer un poco estúpido. Yo estaba en la lista de éxitos de ventas del *New York Times*; y todavía no pensaba que era yo. Creo que a veces la gracia pone orejeras en nuestros ojos. Podía verlos a todos ustedes, pero no podía verme a mí. Pero había una voz en mi cabeza corrigiendo el pensamiento dañado. Honestamente…les digo que yo tocaba el piano para las personas y las llevaba a lugares. No sabía que era yo. Eso no significa que debería haber sucedido antes, porque creo que las cosas domésticas e insignificantes son las que nos desarrollan. [Aplausos] Creo que son los puntos ciegos los que nos dan enfoque. No estoy intentando apresurar el proceso. Tan solo intento describir un lugar en el que ustedes podrían estar ahora. Lo único que sé es que siempre que estaba cerca de algo que tenía escrito mi destino, me veía atraído a ello. [Aplausos/gritos]

Esta transparencia conduce a que las personas sean transparentes delante de Dios y a que el pastor dirija a las personas en oración en la que se hacen nuevos compromisos y hay vidas renovadas. El proceso del balance entre intelectualismo y demostración espiritual es completo. El Espíritu Santo ha llegado y ha hecho una obra que solamente el Espíritu puede hacer.

Aunque sea débilmente, he intentado definir la fórmula como carne sobre los huesos y como parte de la estrategia persuasiva del Obispo Jakes, dado el contexto del sermón "No sabía que era yo". El proceso de persuasión incluye el principio abstracto hasta el proverbio, el adorno del proverbio, la ilustración del proverbio, llamado y respuesta, el momento de la presencia, y el llamado al altar. También es difícil entender por qué el Obispo Jakes es tan persuasivo sin tener una discusión de la naturaleza performativa de su predicación, la cual denominamos en el último capítulo expresión y uso del cuerpo como instrumento. En el último capítulo era teoría abstracta, y quiero mostrar aquí cómo funciona en el proceso del sermón presente que ayuda a generar el gusto de Dios. Quiero hablar específicamente de cómo el Obispo usa el espacio y camina por el escenario de un lado a otro hacia la audiencia. He denominado personificación al cuerpo como instrumento en este capítulo.

Personificación del mensaje

En la tradición de predicación afroamericana, la Palabra de Dios tiene que ser "personificada", es decir, estar arraigada en la persona total: cabeza (racionalidad), corazón (emociones), y, para nuestros propósitos en este capítulo, el cuerpo (carácter físico) del predicador. La Palabra debe ser encarnada en el cuerpo del predicador y, en el mejor sentido de la palabra, actuada. Relativo a la predicación del Obispo, su actuación corporal de la Palabra de Dios es el telón de fondo, el andamio fundamental sobre el cual todos los conceptos de los que hemos hablado hasta ahora están construidos: llamado y autoridad divina, balance de intelectualismo y demostración espiritual, definición de la fórmula para el balance, y estructura y sincronización. Actuar la Palabra significa una inclusión plena y libre del cuerpo en la predicación, incluyendo movimiento del cuerpo, inflexiones de la voz, gestos de las manos, caminar por el escenario, bajar de la plataforma y caminar entre la congregación, expresiones faciales, movimientos de la cabeza, e incluso momento y coordinación con el órgano. Desde luego, en el último capítulo hablé de la exposición, pero específicamente quiero mirar el modo en que el Obispo usa el espacio y cómo camina de un lado a otro del escenario y a veces baja hasta la audiencia.

Se le acredita al Obispo un movimiento nuevo en la predicación en la década de los noventa que Martha Simmons catalogó como "desde un púlpito hasta el escenario".[14] La predicación pasó de estar de pie directamente detrás del púlpito a moverse libremente y recorrer el escenario de un lado a otro. Aunque puede predicar desde detrás de un púlpito, para el Obispo existe una relación entre espacio, caminar y predicar, porque camina durante la mayor parte del mensaje. Le pregunté sobre el caminar, y me dijo:

> Es muy chistoso porque prediqué a solas por mucho tiempo sin una congregación, caminando en el bosque que había detrás de la casa de mi mamá, y algunas veces caminando de un lado a otro en el sótano. Tengo esta tendencia a estar entre pensamiento y caminar. Cuando camino aquí a la vez predico, estoy de nuevo en la casa de mi mamá.

Y aunque él recorre el escenario de un lado a otro, siempre hay un punto en el mensaje cuando él baja las escaleras y se sitúa ante la audiencia y camina entre la audiencia del mismo modo que caminó sobre el escenario. Le pregunté sobre bajar del escenario y reflexionó que era un modo de conectar, construir relaciones, y comunicar que todos estamos en el mismo nivel:

> Originalmente, en los tiempos de Cristo y la iglesia primitiva, no había plataformas, y toda la idea de un predicador en un lugar elevado y desde una posición más alta era algo por lo que la Escritura tenía desdén. El poder de Jesús era ser uno entre los demás. Para entender el hecho de que Él ha venido para estar con nosotros, Emanuel, Dios con nosotros, toda la ideología narcisista de los nicolaítas con respecto a los púlpitos era para crear aristocracia. Por lo tanto, en definitiva, cuando yo bajo de la plataforma es para tener conexión. Quiero estar cerca de ti. Quiero ser uno entre todos. Quiero sentarme donde te sientas. Quiero mirarte a los ojos. Quiero crear la intimidad que esta plataforma no permitirá... Y se trata de conectar con la audiencia a un nivel más personal, especialmente si vas a lidiar con los temas más personales. Si vas a hablarme sobre mi niñez, mi matrimonio, mis finanzas, y ser abusado cuando tenía doce años, no hagas eso desde una posición elevada de arrogancia. Desciende aquí donde yo estoy y sé uno conmigo, y reconoce que esa vulnerabilidad significa algo. Y esas lágrimas que recorren mis mejillas, es mi vida, mi vida.

Estos son ejemplos de personificación de la palabra en la persona total de los predicadores, y especialmente en el cuerpo. El movimiento corporal y el espacio son muy importantes como parte de la estrategia de persuasión para el Obispo. Se podría decir mucho más en esta discusión de la personificación, pero por falta de espacio y tiempo, el cuerpo participa plenamente en el momento de la predicación. El Obispo utiliza plenamente su cuerpo, con respecto a espacio y caminar, como parte de la estrategia para persuadir a la audiencia.

Quiero pasar a un concepto muy importante y que es una parte fundamental de la estrategia de persuasión del predicador, y del personaje del predicador.

El personaje de Papá

Desde la perspectiva general del modo en que un predicador persuade a una audiencia, todo predicador adopta un personaje. Para Aristóteles, todo orador tenía tres modos de prueba que hacen posible la persuasión: *ethos*, *pathos* y *logos*. *Logos* es la estructura de pensamiento lógico del sermón, que anteriormente describimos como estructura y sincronización; *pathos* es la emoción, convicción compasión que un orador aporta al momento de la oratoria; y finalmente, y lo que Aristóteles dijo que es la más importante de las pruebas, es el *ethos*, o carácter. *Ethos* es la credibilidad que tiene el predicador con la audiencia con respecto al tema que tiene a la mano. La razón de que escuchemos tan intensamente a Warren Buffett cuando habla sobre inversiones es que su historial le da un gran caché de credibilidad. La credibilidad del Obispo es la demostración del poder del Espíritu que ha descendido sobre su predicación en muchos momentos, circunstancias, y oportunidades de predicación anteriores. Él tiene credibilidad espiritual ante la audiencia sobre la base de su desempeño anterior. *Ethos* es la credibilidad del orador con la audiencia.

Como parte de establecer nuestra credibilidad, los oradores desarrollan un personaje para asistirles en ganar autoridad con la audiencia. El personaje es un rol o identidad que construye y adopta el predicador para comunicar *ethos* o credibilidad como parte de la estrategia de persuasión. El personaje es el paquete total de cómo aparece el predicador en el púlpito, incluyendo ropa y vestimenta (desde trajes hasta pantalones tejanos), datos biográficos, currículum, o el perfil en redes sociales, o cualquier otra cosa que los predicadores o quienes presentan a los predicadores decidan destacar de sus antecedentes. Yo estaba predicando en Mississippi, y para establecer mi credibilidad con la audiencia, el pastor que me presentaba hizo hincapié en que yo era uno de ellos porque mi currículum indicaba que había nacido en Mississippi. Al instante tuve credibilidad ante esa audiencia. Algunos podrían llamar a la credibilidad la marca del predicador, pero yo prefiero llamarlo personaje. Históricamente, el término "personaje" se deriva del teatro, de llevar una máscara para representar un papel. En el mejor sentido de la palabra, el personaje es la máscara que el predicador lleva al púlpito, o el aspecto que presenta ante el mundo. En la cultura pop contemporánea, el personaje de Beyoncé sobre el escenario es "Sasha Fierce", indicativo de sus actuaciones de alto octanaje. Sasha Fierce es el personaje de Beyoncé Knowles Carter que actúa sobre el escenario.

Nuestro personaje podría estar engranado o ser inconsciente

porque muchos de nosotros nunca hemos puesto un nombre consicientemente al modo en que aparecemos en el púlpito, aunque conscientemente, de un modo u otro, hemos planeado meticulosamente nuestra llegada. Podría ser que nunca hemos considerado nuestra planificación como una estrategia de persuasión. Todo predicador de modo consciente o inconsciente construye su personaje como una estrategia de persuasión para llegar a una audiencia.

En mis clases de predicación a graduados, presento en un discurso la definición de personaje mencionada anteriormente. Invito a los estudiantes a tomar unos minutos y reflexionar, y después redactar una declaración que mejor represente su comprensión de su propio personaje. Tras redactar su propia declaración, les pido que se dividan en parejas con uno de sus compañeros de clase y tomen media hora cada uno para describir su personaje al otro estudiante. Normalmente, este es un periodo muy conmovedor en clase, y con frecuencia se escuchan tonos de voz bajos, risas calladas, e incluso lágrimas. Cuando termina el tiempo asignado, pido a quienes estén dispuestos que compartan su *ethos* con todo el grupo. Después de escuchar lo que dicen, entonces yo comparto el mío. Comparto el mío para ayudar al lector a entender el concepto. Redacté mi *ethos* aspiracional tal como sigue:

Frank A. Thomas: El hombre bueno que habla bien.
La importancia del carácter moral, la inteligencia, la bondad, y la creencia profunda en Dios.[15]

Basado en oración, reflexión atenta, honestidad y retroalimentación de quienes mejor me conocen, así es como intento presentarme no solo en el púlpito sino también en el mundo. Desde luego, no siempre soy así y, desde luego, a veces me quedo corto, razón por la cual utilicé el término "aspiracional".

Pasemos a plantear esta pregunta: ¿cuál es el personaje de Thomas Dexter Jakes? Observemos que lo llamé Thomas Dexter Jakes porque "Obispo Jakes" es parte del personaje.

Con respecto al discernimiento del personaje de Jakes, él dijo lo siguiente:

> A veces, sacrificaré un momento de predicación para tener un momento de papá para hablarte como debería haber hecho tu papá, para desafiarte... Yo nunca busqué ser un gran orador. Solamente quería ayudar a la gente. Por lo tanto, un año compramos esas flores para el ojal para todos los padres, y se suponía que cada uno le pusiera en el ojal una flor a su papá. Entonces me di cuenta de que la mayoría de las personas no tenían un papá al que ponerle la flor. Se levantó un muchacho pequeño, caminó hasta el frente, y me puso una flor a mí mientras yo estaba allí de pie. Me dijo: "Tú eres el único papá que tengo". Y, uno por uno, hombres y mujeres adultos comenzaron a acercarse y clavarme flores hasta que quedé cubierto de rosas... Así que estaba sangrando literalmente debajo de mi ropa y aun así no los detuve, porque valía la pena soportar el dolor para proporcionar ese momento. Y ser lo que las personas necesitan es siempre doloroso; y siempre hay un sangrado que no se ve. Por lo tanto, no era extraño para

mí que estuviera sangrando debajo de la ropa, porque siempre he estado sangrando debajo de la ropa. Y es una buena ilustración de lo que es el ministerio en su mejor momento. Las rosas que pinchan sobre ti hacen sangrar lugares que no se ven, y sin embargo seguimos allí de pie y llevamos puesta la rosa, y cuando llegamos a nuestra casa nos limpiamos la sangre.

Creo que esta declaración es una ventana al personaje del Obispo: sabio, espiritual, y padre sacrificado. Él habla a la congregación y a la audiencia como un buen padre habla a su familia, evidenciado en el comentario sobre "un momento de papá". La sabiduría de Dios está personificada en él como un papá que dispersa verdad divina en proverbios de modo que las personas saben cómo dirigir sus vidas. Él entiende que ser un papá requiere un gran sacrificio. Como un buen padre, él también se sacrifica por la familia; sigue el ejemplo de Jesús, el Salvador sabio y sacrificial.

Voy a explorar el aspecto final de la estrategia de persuasión de Obispo: predicación que empodera.

La homilética del empoderamiento

Quiero sugerir que, al final, el Obispo Jakes, basado en el llamado de Dios sobre su vida y mediante dones de emprendimiento y comunicación, ofrece a la iglesia, a la nación y al mundo una "homilética de empoderamiento", es decir, mensajes que están pensados para empoderar a las personas para que produzcan un cambio fundamental en sus vidas.[16] La mayoría de los predicadores sugerirían que buscan en su predicación empoderar a las personas, de modo que voy a explicarlo y aclararlo un poco más. La homilética del empoderamiento del Obispo es *un mensaje inequívoco de esperanza y superación, basado en el evangelio de Jesucristo, que conduce a un cambio en la consciencia como estrategia de liberación personal y social.* La predicación de empoderamiento es una estrategia de liberación, con frecuencia emprendedora y económica, que busca levantar a las personas y a una comunidad de la pobreza, la carencia, la desesperanza y el temor, o cualquier emoción o barrera negativa que obstaculice a las personas para alcanzar el futuro que Dios tiene para ellas.

Mientras que la predicación de empoderamiento reconoce barreras estructurales internas que limitan a las personas, como opresión, violencia, racismo (personal e institucional) y odio, todo esto puede ser superado cuando uno descubre el propósito que tiene en Dios. Basada en una relación con Dios, la meta es controlar el destino propio, y especialmente el futuro económico y destino de la persona. Esto difiere drásticamente de la "predicación de la prosperidad", en la que el interés crucial es que los individuos prosperen financieramente, y "sembrar semillas" para obtener bendición y milagros. Esto difiere de la predicación de justicia social, en la que el interés es interrumpir los sistemas sistémicos e institucionales de racismo, odio e intolerancia. En este punto, es mejor permitir que el Obispo hable con sus propias palabras:

Me veo a mí mismo como un catalizador de empoderamiento económico porque intento enseñar a nuestra gente no mediante magia, no mediante lanzar billetes sobre el altar, que existe un modo de levantarse cuando una persona no te permite levantarte. Intento demostrar el espíritu emprendedor, el empoderamiento económico, el alfabetismo financiero, y las segundas oportunidades. Intento enseñar en mi vida, mi enseñanza y mi ministerio que es posible levantarse.

La predicación de empoderamiento detecta e identifica cualquier actitud negativa, lugar de temor, duda, derrotismo, o ser obstaculizado por una opresión interna o externa, y lo derrota con el desafío de ser quien Dios nos creó, o en la charla popular, de vivir el destino divino de la persona. Me disculpo por citar extensamente al Obispo, pero él lo expresa mejor de lo que yo podría explicarlo:

> Me siento más como un mensajero, un Moisés, que como solo un predicador. Tengo el peso del evangelio, pero también tengo el peso de nuestra gente y de sus luchas sobre mi... Quiero verlos lograr cosas. Quiero verlos levantarse. Quiero vernos a todos relatar nuestras propias historias y construir nuestras propias empresas y negocios. Estoy cansado de rogar a otras personas que me den una oportunidad. Prefiero crear mi propia oportunidad y que ellos me rueguen a mí. Sé que, si reunimos nuestros esfuerzos, finanzas y talentos, podemos hacer cualquier cosa; pero hemos sido formados para

pensar que la única manera en que podemos levantarnos es por las bondades de algunas otras personas. Reprendo eso con todo lo que hay en mí... No creo que mi futuro esté en las manos de alguien que me aborrece. Creo que he sido creado maravillosamente; que tengo dones, soy brillante y talentoso; y que puedo crear mi propio lugar en el mundo. Quiero que mi congregación sea implacable y tenaz... Podemos hacer cualquier cosa: construir barrios, comunidades, escuelas y centros comerciales. Podemos construir cualquier cosa.

Semana tras semana, un sermón de domingo tras otro, una cita tras otra para hablar en eventos, en películas, libros, programas, entrevistas, apariciones en televisión, conferencias, productos digitales de empoderamiento, redes sociales, mesas redondas de negocios, y de reunirse con políticos y celebridades, el mensaje es el mismo: *mediante una relación eterna con Dios, cada uno de nosotros es creado maravillosamente, tiene dones, es brillante y talentoso, y podemos crear nuestro propio lugar en el mundo. No tenemos que suplicar a nadie que nos dé un lugar o una oportunidad; mediante una relación con Dios, podemos crear nuestros propios lugares y oportunidades en el mundo.* El Obispo Jakes ofrece su sensación de llamado y autoridad divina, balance de intelectualismo y demostración espiritual, definición de la fórmula para el balance, estructura y sincronización, personificación del mensaje, y el personaje de papá para el Espíritu Santo y la audiencia como una homilética de empoderamiento que intenta persuadir a las personas de que ellas pueden controlar su destino en Dios. El Espíritu Santo ha utilizado esta estrategia de persuasión para poner el sabor de Dios en las bocas, los corazones y las almas de millones de personas en todo el planeta.

Descubrir y mejorar el sabor en tu predicación

En última instancia, nuestra meta es ayudarte a mejorar como predicador y, como resultado, hemos ofrecido este análisis del sabor del sermón del Obispo con la esperanza de que te ayudará a descubrir y mejorar el sabor de tu propia predicación. Creemos que el descubrimiento y la mejora del sabor de tu predicación te hará ser más atractivo en tus sermones y facilitará "momentos de victoria" para ti y para tu audiencia. A continuación, tenemos cuatro sugerencias sobre lo que puedes hacer para descubrir y mejorar el sabor de Dios en tu propia predicación.

En primer lugar, sugeriría que cada predicador regrese a Dios y reconecte con su sensación de llamado y unción, y descubra o redescubra su autoridad divina. Cierto tipo de entusiasmo y anticipación viene a nosotros y es contagioso para la audiencia cuando estamos anclados en nuestro llamado y autoridad divina.

Hace varios años atrás, pasé por un bache en mi predicación. De repente, observé que mi predicación no era edificante e inspiradora para mí, y si no me edificaba y me inspiraba a mí mismo, con toda probabilidad tampoco lo haría con cualquier otra persona. Racionalicé que no siempre podemos predicar nuestros mejores sermones, pero esa misma sensación persistió en mí por varios meses. Mi experiencia es que los predicadores, como los bateadores en el béisbol profesional, pueden entrar en un bache, y pensé que yo saldría de eso igual que los bateadores en el béisbol finalmente salen de sus baches. Un año después, seguía en el mismo bache.

Para no alargar la historia, agarré mi Biblia, fui al santuario y volví a conectar con Dios con respecto a mi llamado, la unción de Dios que estaba sobre mi vida y en mi predicación. Volví a descubrir mi autoridad divina, y desde ese momento en adelante, decidí que nunca más volvería a permitir que nada ni nadie, incluido yo mismo, obstaculizara la libre expresión de un don que Dios me dio, es decir, predicar la Palabra de Dios. Iba a compartir libremente el don de predicación con energía, pasión, fuerza, confianza, perspectiva y claridad. De vez en cuando en nuestro servicio ministerial debemos encontrar un lugar para conectar o reconectar con Dios para descubrir o redescubrir el llamado y la unción de Dios sobre nuestra vida y recibir autoridad divina. Sencillamente no podemos predicar eficazmente sin una sensación de autoridad divina.

En segundo lugar, al haber escuchado la estrategia de persuasión del Obispo, incluyendo una fórmula, compara la fórmula del Obispo con la tuya. ¿Cuál es tu fórmula? ¿Cuál es tu estrategia de persuasión? ¿Adornas o dramatizas? ¿Cuál es tu estructura? Yo sugeriría un sondeo detallado de tu propia predicación basándote en algunas de las técnicas y los procesos definidos aquí. No es cuestión de que tú lo hagas como lo hace el Obispo; se trata de que seas intencional e identifiques lo que tú haces, evalúes lo que haces, y afirmes el bien de lo que haces y después decidas con respecto a áreas de mejora. Predicar como el Obispo no es tu llamado. La predicación del Obispo es un compromiso de toda la vida a un método, una fórmula y una estructura de predicación, junto con el deseo delante de Dios de una mejora continua. Tu llamado es a predicar lo mejor *de ti*. Se trata de añadir un nivel de disciplina y evaluación consistentes a un nivel de talento y don que tienes para así maximizar todo lo que Dios te ha dado.

En tercer lugar, sigue las directivas que compartí en la sección del personaje. ¿Cuál es tu personaje? ¿Cuál es tu *ethos*? ¿Tu credibilidad? ¿Cuál es tu estrategia para persuadir cuando estás en el momento de la predicación? Sugeriría que leas de nuevo "El personaje de Papá" en la sección anterior y sigas las indicaciones que yo utilizo en mis clases. Siéntate contigo mismo en oración y meditación, y anota lo que percibas como tu personaje. Entonces comparte esa percepción con alguien de tu confianza que pueda darte retroalimentación, o compártela con un par de personas en las que confíes, y pide sus comentarios. Obtén perspectivas que te permitan intencionalmente entender tu personaje, tu estrategia general para persuadir a una audiencia. Obtener esta perspectiva te alentará permitiéndote ser más intencional en cuanto a persuadir a personas.

En cuarto lugar, yo di el paso valiente de mencionar la homilética del Obispo Jakes, su estrategia general de predicación y persuasión. Si tú tuvieras que mencionar tu homilética, ¿cómo la denominarías? Sé que esto suena abrumador, pero haz el intento. Ten un tiempo de oración, reflexiona un poco y comprueba lo que Dios te revela. Eso mejorará tu predicación; llevará al nivel consciente lo que has estado haciendo inconscientemente todo el tiempo. Cuando lo mencionas, puedes apropiarte de ello, criticarlo, celebrarlo, todo ello en el esfuerzo por ser más efectivo en la predicación.

Notas

Capítulo 5

1. https://americansongwriter.com/tom-waits-on-tom-waits -interview/.

Capítulo 10

1. Para más información sobre el mensaje central de este sermón, ver Martha Simmons y Frank A. Thomas, eds., *Preaching with Sacred Fire: An Anthology of African American Preaching 1750–Present* (New York: W. W. Norton, 2010), pp. 509–14.
2. Para más información sobre la predicación de "The Eagle Stirreth Her Nest", ver Charles Lyell's *A Second Visit to North America*, 3rd ed., vol. 1 (London: Spottiswoodes and Shaw, New-Street-Square, 1855), especialmente el Capítulo 2.
3. Lerone A. Martin, *The Phonograph and the Shaping of Modern African American Religion* (New York: New York University Press, 2014), pp. 67–68.

Capítulo 12

1. https://www.linguisticsociety.org/content/how-many 03-languages-are -there-world, con acceso el 29 de septiembre, 2020.

Capítulo 13

1. El Reverendo Jesse Louis Jackson dijo esto en el prefacio al libro de Jeff Todd Titon *Give Me This Mountain: Life History and Selected Sermons* (Urbana, IL: University of Illinois Press, 1989).

2. "Do You See This Woman? A Little Exercise in Homiletical Theology", en David Schnasa Jacobsen, ed., *Theologies of the Gospel in Context: The Crux of Homiletical Theology* (Eugene, OR: Cascade Publishing, 2017).

3. Las cuatro novelas de Hurston, sus dos libros de folklore, una autobiografía, sus historias cortas, y sus obras son una fuente invaluable sobre la retórica de las culturas orales de los afroamericanos. Ella y su trabajo fueron prácticamente olvidados hasta que, en 1975, *Ms. Magazine* publicó el ensayo de Alice Walker, "In Search of Zora Neale Hurston", que revivió el interés en la autora. El ensayo se volvió a publicar en el libro de Walker *In Search of Our Mothers' Gardens* (New York: Mariner Books; repr., 2003) como "Looking for Zora", pp. 93–118. En 1973, las palabras "Novelista", "Folklorista", y "Un genio del Sur" se inscribieron en el poste erigido en la tumba de Zora Neale Hurston en Eatonville, Florida, por Alice Walker.

4. Valerie Boyd, *Wrapped in Rainbows: The Life of Zora Neale Hurston* (New York: Scribner, 2004), p. 296.

5. Hurston escribió estas reflexiones en *The Sanctified Church: The Folklore Writings of Zora Neale Hurston* (Berkeley, CA: Turtle Island Foundation, 1981), publicado como edición póstuma que reunió varios ensayos sobre folklore, leyenda, y mitología popular negra publicado por primera vez entre finales de la década de los veinte y principios de la de los cuarenta.

Capítulo 14

1. Siguiendo a Cicerón e Isócrates, Michael Charles Leff establece su argumento en "Tradition and Agency in Humanistic Rhetoric", en Antonio DeVelasco, John Angus Campbell, r David Henry, eds, *Rethinking Rhetorical Theory, Criticism, and Pedagogy: The Living Art of Michael Charles Leff* (East Lansing: Michigan State University, 2016), p. 18.

2. Kari Jobe, "You Are for Me", https://www.youtube.com /watch?v=6d9 Lkgy-Nkc.

Capítulo 15

1. Edwin H. Friedman, "The Play's the Thing", presentado originalmente en Georgetown University Medical School, el 20 de marzo de 1980, como "The Therapeutic Reversal as Psychodrama".

Apéndice

1. El video del sermón "No sabía que era yo" se puede ver en https://www .youtube.com/watch?v=h2J7cqnvAOc.
2. "Dem Bones" (llamado también "Dry Bones" y "Dem Dry Bones") es un espiritual negro. Según *Wikipedia*, la melodía fue compuesta por el autor y compositor James Weldon Johnson (1871–1938) y su hermano, J. Rosamond Johnson. Fue grabado por primera vez por los Famous Myers Jubilee Singers en 1928. Una versión extensa y otra corta de la canción se conocen extensamente. La letra está inspirada en Ezequiel 37:1-14, donde el profeta Ezequiel visita el "Valle de los huesos secos" y profetiza que un día serán resucitados por mandato de Dios, imaginando el cumplimiento de la Nueva Jerusalén, https://www.youtube .com/watch?v=GiLrnhcPQrU.
3. H. Grady Davis, *Design for Preaching* (Filadelfia: Fortress Press, 1958, impresión núm. 14, 1985), p. 165.
4. Paul Scott Wilson argumenta que Milton Crum originó la descripción de la escuela problema/gracia, que es la mayor escuela en la predicación actualmente. Wilson reconoce la predicación afroamericana como una importante fuerza en la escuela de problema/gracia. Ver Paul Scott Wilson, *Preaching and Homiletical Theory* (St. Louis: Chalice Press, 2004), pp. 101–115.
5. Ibid., p. 98.
6. Para más información sobre la estructura (es decir, situación, complicación, resolución y celebración), ver Frank A. Thomas, *They Like to Never*

Quit Praisin' God: The Role of Celebration in Preaching (Cleveland: Pilgrim Press, ed. rev., 2013) y *Preaching as Celebration: Digital Lecture Series and Workbook* (Indianapolis: Hope for Life International, ed. rev., 2018).

7. Alyce M. McKenzie es profesora de homilética en Perkins School of Theology, donde tiene el George W. and Nell Ayers LeVan Endowed Chair of Preaching and Worship. Su presentación en 2018 se titula "Holy Boldness: The Four Virtues of the Wise Preacher". Ver también su *Preaching Proverbs: Wisdom for the Pulpit* (Louisville: John Knox Press, 1996) y *Preaching Biblical Wisdom in a Self-Help Society* (Nashville: Abingdon Press, 2002).

8. El Obispo Jakes normalmente comienza el sermón con alguna ilustración familiar o historia arraigada en la experiencia del oyente para construir una buena relación con el oyente y con su interés. En este caso, comienza con Dios, un concepto abstracto para muchos, y tiene que trabajar más duro para construir la relación.

9. El Obispo Jakes dijo en una entrevista: "La aliteración es la aparición de la misma letra o sonido al inicio de palabras adyacentes o muy relacionadas. Algunos predicadores preparan sus bosquejos aliterados, haciendo que todos sus puntos comiencen con la misma letra. A veces, solo los puntos principales están aliterados, y otras veces lo están los subpuntos, y hay otras en que los sub, subpuntos están aliterados.

10. Anáfora es la repetición de cierta palabra o frase al inicio de líneas sucesivas de redacción u oratoria. Puede utilizarse en novelas e historias cortas, pero se ve más comúnmente en poesía, ensayos, y discursos formales. La anáfora apela a los sentimientos o las emociones de la audiencia. Repetir una palabra o frase hace que los lectores o los oyentes comiencen a anticipar la línea siguiente. Son atraídos a tus palabras mediante una sensación de participación. Como saben lo que llegará a continuación, son más receptivos a la identificación emocional que se intenta comunicar.

11. El Obispo Jakes establece el patrón de pensamiento abstracto, adorno, y después ilustración dramática, pero en mitad del sermón, lo que llamaremos la resolución o enseñanza, el Obispo pasa directamente del

proverbio textual a lo que trataremos a continuación: la ilustración del proverbio con drama y palabras de acción, y no abstracciones.

12. En el periodo de las décadas de los ochenta y los noventa, hubo un cambio de tal modo que el histórico "llamado y respuesta" de la iglesia de color fue sustituido por una repuesta dirigirá por el predicador. Por ejemplo, los congregantes ya no comenzaban o terminaban las frases de los predicadores según su cuerpo compartido de jerga de adoración o el llamado tradicional a los "Amén", o recursos retóricos como "Ustedes no me escuchan". En cambio, los predicadores indicaban a la gente: "toquen a dos personas", "den un aplauso de alabanza al Señor", "choquen la mano con un amigo", "toquen a su vecino", o a repetir algo indicado por el predicador. Ver también *Preaching with Sacred Fire*, p. 590.

13. Jakes creció como bautista y se volvió pentecostal en la iglesia Greater Emmanuel Apostolic, donde fue ordenado Obispo y más adelante dimitió. Bautistas y pentecostales (y neopentecostales) son dos grupos similares dentro del cristianismo protestante que creen en la obra del Espíritu Santo de maneras muy diferentes. Los pentecostales creen que la glosolalia, "hablar en lenguas", es la evidencia inicial del bautismo en el Espíritu Santo, y la persona no ha sido "salva" hasta que ha creído, ha sido bautizada, y ha recibido este "don del Espíritu Santo". Los bautistas no creen en la evidencia inicial del bautismo en el Espíritu Santo. Los creyentes reciben el Espíritu Santo, pero no existe el requisito de esa evidencia inicial.

14. Ver Martha Simmons, "Whooping: The Musicality of African American Preaching Past and Present", en *Preaching as Sacred Fire*, p. 875.

15. Esta declaración fue muy influenciada por Quintiliano, quien creía que la retórica no era tan solo saber hablar bien, sino que añadió la dimensión ética del carácter del orador, de ahí que hombre bueno habla bien. Alguien no podría ser un buen orador si no fuera una buena persona.

16. Para más información sobre las cuatro categorías de predicación y predicación de empoderamiento en sí, ver *Preaching as Sacred Fire*, pp. 9-12.

Acerca de los Autores

T. D. Jakes: uno de los líderes espirituales más inspiracionales, influyentes y queridos de nuestro tiempo, es el autor número uno de éxitos de ventas del *New York Times* de más de cuarenta libros. Es el director general de la destacada firma TDJ Enterprises, que abarca cine, televisión, radio, publicaciones, podcasts y un sello discográfico galardonado. Es productor musical, galardonado con un premio Grammy, y sus exitosas películas han alcanzado el éxito taquillero internacional. Sus conferencias inspiracionales (Megafest; Mujer, eres libre) continúan teniendo un impacto global profundo. El Obispo Jakes es un maestro comunicador cuya voz de confianza se escucha en más de 80 millones de hogares diariamente y también entre una inmensa audiencia mundial a través de las redes sociales. Reside en Dallas, Texas.

El **Dr. Frank A. Thomas** trabaja actualmente como profesor de homilética en Nettie Sweeney and Hugh Th. Miller y es director de la academia de predicación y celebración en el Seminario Teológico Cristiano en Indianápolis, Indiana. Indicativo de su gran amor por la predicación, se publicó en agosto de 2013 una versión actualizada y revisada de *They Like to Never Quit Praisin' God: The*

Role of Celebration in Preaching, considerado por muchos un clásico de la homilética. Por muchos años, Thomas también ha enseñado predicación a estudiantes de nivel de doctorado y maestría en el Seminario Teológico McCormick en Chicago, Illinois, y en el Seminario Teológico de Memphis en Memphis, Tennessee. Es el director general de Hope for Life International, Inc., que anteriormente publicó *The African American Pulpit*. Con un largo historial de experiencia en la predicación y los métodos de predicación, Thomas fue incluido en la prestigiosa junta Martin Luther King Jr. Board of Preachers de Morehouse College en abril de 2003. Thomas sirve también como miembro de la junta internacional de *Societas Homiletica*, una sociedad internacional de maestros de predicación. Thomas es el autor de *American Dream 2.0: A Christian Way Out of the Great Recession*, publicado por Abingdon Press en agosto de 2012. También fue coeditor de *Preaching with Sacred Fire: An Anthology of African American Sermons, 1750 to the Present* con Martha Simmons, publicado por W. W. Norton & Company en 2010. Este libro aclamado por la crítica ofrece una perspectiva poco común del papel no anunciado del predicador afroamericano en la historia estadounidense. Thomas es también autor de varios otros libros sobre asuntos que van desde temas de oración a madurez espiritual. Ha servido con distinción como pastor principal de dos congregaciones notables: New Faith Baptist Church de Matteson, Illinois, y Mississippi Boulevard Christian Church de Memphis, Tennessee, por dieciocho años y trece años respectivamente. Thomas tiene un doctorado en Comunicaciones (retóricas) de la Universidad de Memphis, un doctorado en Divinidades del Christian Theological Seminary, doctorados en

Ministerio del Chicago Theological Seminary y el United Theological Seminary, una maestría en Divinidades del Chicago Theological Seminary, y una maestría en Estudios Africano-caribeños de la Universidad Northeastern Illinois. Thomas y su esposa, la Rev. y doctora Joyce Scott Thomas, obtuvieron ambos su Certificado de Coaching Certificado Profesional (CPC, por sus siglas en inglés) del Institute for Professional Excellence in Coaching (iPEC). Aunque están equipados para ser *coaches* en entornos empresariales, ejecutivos, de negocios, de vida, personales o grupales, su mayor pasión es capacitar a pastores y cónyuges de pastores, al igual que dar coaching en el área de la predicación. El libro más reciente de Thomas, *The Choice: Living Your Passion Inside Out*, publicado por Hope For Life International Press en octubre de 2012, explica y explora el proceso espiritual y de coaching para vivir tu pasión desde dentro hacia fuera. Thomas es un orador y conferencista muy solicitado nacionalmente e internacionalmente. Thomas y su esposa tienen dos hijos adultos.